CODE CIVIL

DES

FRANÇAIS.

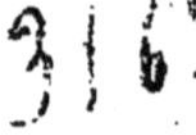

CODE CIVIL
DES FRANÇAIS,

Avec les Discours qui ont été prononcés par les Orateurs du Gouvernement, nommés par le Premier Consul pour exposer, devant le Corps Législatif, le motif des Lois dont ce Code est composé;

SUIVI

Des lois transitoires sur *l'adoption*, *le divorce* et *les enfans naturels*;

Du tableau des distances de Paris aux chefs-lieux des départemens, avec une table des titres et chapitres en tête de chaque livre;

Et une TABLE ALPHABÉTIQUE et complette à la fin de l'Ouvrage.

Edition nouvelle et conforme a l'édition originale.

A PARIS,

Au Bureau du Journal du Palais, rue et vis-à-vis l'hôtel des Deux-Ecus, Nos. 2 et 463.

AN XII.

TABLE DES TITRES
ET CHAPITRES DES MATIÈRES

CONTENUES DANS LE LIVRE PREMIER DU CODE CIVIL.

TITRE PRÉLIMINAIRE.

DISCOURS DES ORATEURS DU GOUVERNEMENT. . . . Pag. 1

De la publication, des effets et de l'application des Lois en général 18

LIVRE PREMIER.

DES PERSONNES.

DISCOURS DES ORATEURS DU GOUVERNEMENT. 20

TIT. Ier. *De la jouissance et de la privation des droits civils*. 35

CHAP. I. De la jouissance des drois civils. . . . . Ibid.

CHAP. II. De la privation des droits civils. 36

SECT. I. De la privation des droits civils, par la perte de la qualité de Français. . . . . Ibid.

SECT. II. De la privation des droits civils par suite des condamnations judiciaires. 38

DISCOURS DES ORATEURS DU GOUVERNEMENT 41

TIT. II. *Des actes de l'état civil.* 56

CHAP. I. Dispositions générales. . . . . Ibid.

CHAP. II. Des actes de naissance. 59

CHAP. III. Des actes de mariage. 61

CHAP. IV. Des actes de décès. 64
CHAP. V. Des actes de l'état civil concernant les militaires hors du territoire de la République. 67
CHAP. VI. De la rectification des actes de l'état civil. 69

DISCOURS DES ORATEURS DU GOUVERNEMENT. 70
TIT. III. *Du domicile*. 74

DISCOURS DES ORATEURS DU GOUVERNEMENT 76
TIT. IV. *Des absens*. 96
CHAP. I. De la présomption d'absence. . . . . . Ibid.
CHAP. II. De la déclaration d'absence.. . . . . . . Ibid.
CHAP. III. Des effets de l'absence. 97
SECT. I. Des effets de l'absence, relativement aux biens que l'absent possédait au jour de sa disparition. . . . . Ibid.
SECT. II. Des effets de l'absence, relativement aux droits éventuels qui peuvent compéter à l'absent. 101
SECT. III. Des effets de l'absence, relativement au mariage. . . . . Ibid.
CHAP. IV. De la surveillance des enfans mineurs du père qui a disparu. 102

DISCOURS DES ORATEURS DU GOUVERNEMENT 103
TIT. V. *Du mariage*. 145
CHAP. I. Des qualités et conditions requises pour pouvoir contracter mariage. . . . . . Ibid.
CHAP. II. Des formalités relatives à la célébration du mariage. 148
CHAP. III. Des oppositions au mariage. 149
CHAP. IV. Des demandes en nullité de mariage . . . 150
CHAP. V. Des obligations qui naissent du mariage. 154
CHAP. VI. Des droits et des devoirs respectifs des époux. 155

Chap. VII. De la dissolution du mariage. 157
Chap. VIII. Des seconds mariages. . . . . Ibid.

DISCOURS DES ORATEURS DU GOUVERNEMENT. 158

TIT. VI. *Du divorce* 180
Chap. I. Des causes du divorce . . . . Ibid.
Chap. II. Du divorce pour cause déterminée . . . 181
Sect. I. Des formes du divorce pour cause déterminée . . . . Ibid.
Sect. II. Des mesures provisoires auxquelles peut donner lieu la demande en divorce pour cause déterminée 187
Sect. III. Des fins de non-recevoir contre l'action en divorce pour cause déterminée 189
Chap. III. Du divorce par consentement mutuel . . Ibid.
Chap. IV. Des effets du divorce 194
Chap. V. De la séparation de corps 196

DISCOURS DES ORATEURS DU GOUVERNEMENT. 198

TIT. VII. *De la paternité et de la filiation* 222
Chap. I. De la filiation des enfans légitimes ou nés dans le mariage . . . . Ibid.
Chap. II. Des preuves de la filiation des enfans légitimes 223
Chap. III. Des enfans naturels 225
Sect. I. De la légitimation des enfans naturels . Ibid.
Sect. II. De la reconnaissance des enfans naturels 226

DISCOURS DES ORATEURS DU GOUVERNEMENT. 228

TIT. VIII. *De l'adoption et de la tutelle officieuse.* 244
Chap. I. De l'adoption . . . . Ibid.
Sect. I. De l'adoption et de ses effets . . . . Ibid.
Sect. II. Des formes de l'adoption 247
Chap. II. De la tutelle officieuse 248

DISCOURS DES ORATEURS DU GOUVERNEMENT 251

TIT. IX. *De la puissance paternelle*. 263

DISCOURS DES ORATEURS DU GOUVERNEMENT. 267

TIT. X. *De la minorité, de la tutelle et de l'émancipation* 278

CHAP. I. De la minorité . . . . Ibid.

CHAP. II. De la tutelle 279

SECT. I. De la tutelle des père et mère . . . . Ibid.

SECT. II. De la tutelle déférée par le père ou la mère 280

SECT. III. De la tutelle des ascendans 281

SECT. IV. De la tutelle déférée par le conseil de famille. 282

SECT. V. Du subrogé tuteur. 285

SECT. VI. Des causes qui dispensent de la tutelle . 286

SECT. VII. De l'incapacité, des exclusions et destitutions de la tutelle. 289

SECT. VIII. De l'administration du tuteur 290

SECT. IX. Des comptes de la tutelle. 295

CHAP. III. De l'émancipation. 296

DISCOURS DES ORATEURS DU GOUVERNEMENT. 299

TIT. XI. *De la majorité, de l'interdiction, et du conseil judiciaire*. 308

CHAP. I. De la majorité. . . . . Ibid.

CHAP. II. De l'interdiction. . . . . Ibid.

CHAP. III. Du conseil judiciaire. 312

Fin de la Table du Livre premier.

CODE CIVIL.

TITRE PRÉLIMINAIRE,

De la publication, des effets, et de l'application des lois en général.

LE PREMIER CONSUL a nommé, pour présenter la loi formant le titre préliminaire du CODE CIVIL, et pour en soutenir la discussion, les cit. *Portalis*, *Lacuée* et *Miot*, Conseillers d'État.

Introduits dans la salle du Corps Législatif, le 4 ventose an 11, l'un d'eux, portant la parole, a prononcé le discours suivant :

CITOYENS LÉGISLATEURS,

LE projet de loi que je viens vous présenter, au nom du Gouvernement, est relatif *à la publication*, *aux effets*, et *à l'application des lois en général.*

Le moment est arrivé où votre sagesse va fixer la législation civile de la France. Il ne faut que de la violence pour détruire ; il faut de la constance, du courage et des lumières pour édifier.

Nos travaux touchent à leur terme.

Le vœu des Français, celui de toutes nos assemblées nationales, seront remplis. Jusqu'ici la diversité des coutumes formait, dans un même État, cent États différens. La loi, par-tout opposée à elle-même, divisait les citoyens au lieu de les unir. Cet ordre de choses ne saurait exister plus long-tems. Des hommes qui, à la voix puissante de la patrie, et par un élan sublime et généreux, ont subitement renoncé à leurs privilèges et à leurs habitudes, pour reconnaître un intérêt commun, ont conquis le droit inappréciable de vivre sous une commune loi.

C'est dans le moment de cette grande et salutaire révolution dans nos lois, qu'il importe de proclamer quelques-unes de ces maximes fécondes qui ont été consacrées par tous les peuples policés, et qui servent à diriger la marche de toute législation bien ordonnée. Ces maximes sont l'objet du projet de loi que je présente; elles n'appartiennent à aucun code particulier; elles sont comme les prolégomènes de tous les codes.

Mais il nous a paru que leur véritable place était en avant du code civil, parce que cette espèce de code est celle qui, plus que toute autre, embrasse l'universalité des choses et des personnes.

Publication des lois.

Dans un Gouvernement, il est essentiel que les citoyens puissent connaître les lois sous lesquelles ils vivent, et auxquelles ils doivent obéir.

De-là, les formes établies chez toutes les nations, pour la promulgation et la publication des lois.

On a cru devoir s'occuper de ces formes, auxquelles l'exécution des lois se trouve nécessairement liée.

Il est sans doute une justice naturelle émanée de la raison seule, et cette justice, qui constitue pour ainsi dire le cœur humain, n'a pas besoin de promulgation. C'est une lumière qui éclaire tout homme venant en ce monde, et qui, du fond de la conscience, réfléchit sur toutes les actions de la vie.

Mais, faute de sanction, la justice naturelle, qui dirige sans contraindre, serait vaine pour la plupart des hommes, si la raison ne se déployait avec l'appareil de la puissance, pour unir les droits aux devoirs, pour substituer l'obligation à l'instinct, et appuyer, par les commandemens de l'autorité, les inspirations honnêtes de la nature.

Quand on a la force de faire ce que l'on veut, il est difficile de ne pas croire qu'on en a le droit. On se résignerait peu à se soumettre à des gênes, si l'on pouvait avec impunité, se livrer à ses penchans.

Ce que nous appellons le *droit naturel* ne suffisait donc pas ; il fallait des commandemens ou des préceptes formels et coactifs.

On voit donc la différence qui existe entre une règle de morale et une loi d'État.

Or, ce sont les lois d'État qui ont besoin d'être promulguées pour devenir exécutoires. Car ces sortes de lois, qui n'ont pas toujours existé, qui changent souvent, et qui ne peuvent tout embrasser, ont leur époque déterminée et leur objet particulier. On ne saurait être tenu de leur obéir sans les connaître.

Sous l'ancien régime, la loi était une volonté du prince.

Cette volonté était adressée aux Cours souveraines, qui étaient chargées de la vérification et du dépôt des lois.

La loi n'était point exécutoire dans un ressort, avant d'y avoir été vérifiée et enregistrée.

La vérification était un examen, une discussion de la loi nouvelle. Elle représentait la délibération qui est de l'essence de toutes les lois. L'enregistrement était la transcription sur le registre de la loi vérifiée.

Les Cours pouvaient suspendre l'enregistrement d'une loi, ou même le refuser. Elles pouvaient modifier la loi, en l'enregistrant ; et dès-lors, ces modifications faisaient partie de la loi même.

Une loi pouvait être refusée par une Cour souveraine, et acceptée par une autre. Elle pouvait être diversement modifiée par les diverses Cours.

La législation marchait aussi d'un pas chancelant, timide et incertain. Dans cette confusion et dans ce conflit de volontés différentes, il ne pouvait y avoir d'unité, de certitude, ni de majesté dans les opérations du législateur. On ne savait jamais si l'État était régi par la volonté générale, ou s'il était livré à l'anarchie des volontés particulières.

Tout cela tenait à la constitution d'alors.

La France, dans les tems qui ont précédé la révolution, présentait moins une nation particulière, qu'un assemblage de nations diverses, successivement réunies ou conquises, distinctes par le climat, par le sol, par les privilèges, par les coutumes, par le droit civil, par le droit politique.

Le prince gouvernait ces différentes nations, sous les titres différens de duc, de roi, de comte. Il avait promis de maintenir chaque pays dans ses coutumes et dans ses franchises. On sent que, dans une pareille situation, c'était un prodige quand une même loi pouvait convenir à toutes les parties de l'empire. Une marche uniforme dans la législation était donc impossible.

S'il n'y avait point d'unité dans l'exercice du pouvoir législatif, par rapport au fond même des lois, il ne pouvait y en avoir dans le mode de leur promulgation.

Chaque province de France formant un état à part, il fallait, pour naturaliser une loi dans chaque province, que cette loi y fût expressément acceptée, et promulguée en vertu de cette acceptation.

Il fallait donc dans chaque province une promulgation particulière.

Dans certains ressorts, la loi était censée promulguée, et elle devenait exécutoire pour tous les habitans du pays, du jour qu'elle avait été enregistrée par le parlement de la province.

Dans d'autres ressorts, on ne regardait l'enregistrement dans les Cours, que comme le complément de la loi, considérée en elle-même, et non comme sa promulgation ou sa publication. On jugeait que, la formation de la loi était consommée par l'enregistrement; mais qu'elle n'était promulguée que par l'envoi aux sénéchaussées et bailliages, et qu'elle n'était exécutoire, dans chaque territoire, que du jour de la publication faite à l'audience par la sénéchaussée ou par le bailliage de ce territoire.

Les choses changèrent sous l'Assemblée constituante.

Un décret de cette Assemblée, du 2 novembre 1790, porta qu'une loi était complète, dès l'instant qu'elle avait été sanctionnée par le roi; que la transcription et la publication de la loi, faites par les corps administratifs et par les tribunaux, étaient toutes également de même valeur, et que la loi était obligatoire du moment où la publication en avait été faite, soit par le corps administratif, soit par le tribunal de l'arrondissement, sans qu'il fût nécessaire qu'elle eût été faite par tous les deux.

Le même décret voulait que la publication fût faite par lecture, placards et affiches.

La Convention ordonna l'impression d'un bulletin des lois, et l'envoi de ce bulletin à toutes les autorités constituées. Elle décida que, dans chaque lieu, la promulgation de loi serait faite dans les vingt-quatre heures de la réception, par une publication au son de trompe ou de tambour, et que la loi y deviendrait obligatoire, à compter du jour de la promulgation. La même Assemblée nationale, après avoir achevé la constitution de l'an 4, et avant de se séparer, fit, le 12 vendémiaire, un nouveau décret sur la promulgatiou et la publication des lois. Par ce décret, elle supprima les publications au son de trompe ou au bruit du tambour. Elle conserva l'usage d'un bulletin officiel, que le ministre de la justice fut chargé d'adresser aux présidens des administrations départementales et municipales, et aux divers fonctionnaires mentionnés dans le décret. Elle déclara que les lois et actes du corps législatif obligeraient dans l'étendue de chaque département, du jour auquel le bulletin officiel serait distribué au chef-lieu du département, et que ce jour serait constaté par un registre, où les administrateurs de chaque département certifieraient l'arrivée de chaque numéro.

L'envoi d'un bulletin officiel aux administrations et aux tribunaux, est encore aujourd'hui le mode que l'on suit pour la promulgation et pour la publication des lois.

Dans le projet de code civil, les rédacteurs se sont occupés de cet objet. Ils ont consacré le principe que les lois doivent être adressées aux autorités chargées de les exécuter ou de les appliquer.

Ils ont pensé que les lois, dont l'application appartient aux tribunaux, devraient être exécutoires dans chaque partie de la République, du jour de leur publication par les tribunaux d'appel; et que les lois administratives devraient être exécutoires, du jour de la publication faite par les corps administratifs.

Ils ont ajouté que les lois dont l'exécution et l'application appartiendraient à la fois aux tribunaux et à d'autres autorités, leur seraient respectivement adressées; et qu'elles seraient exécutoires, en ce qui est relatif à la compétence de chaque autorité, du jour de la publication par l'autorité compétente.

Les avantages et les inconvéniens des divers systêmes ont été balancés par le Gouvernement, et il a su s'élever aux véritables principes.

Une loi peut être considérée sous deux rapports : 1°. relativement à l'autorité dont elle est émanée; 2°. relativement au peuple ou à la nation pour qui elle est faite.

Toute loi suppose un législateur.

Toute loi suppose encore un peuple qui l'observe, et qui lui obéisse.

Entre la loi et le peuple pour qui elle est faite, il faut un moyen ou un lieu de communication : car il est nécessaire que le peuple sache ou puisse savoir que la loi existe, et qu'elle existe comme loi.

La promulgation est le moyen de constater l'existence de la loi auprès du peuple, et de lier le peuple à l'observation de la loi.

Avant la promulgation, la loi est parfaite relativement à l'autorité dont elle est l'ouvrage; mais elle n'est point encore obligatoire pour le peuple en faveur de qui le législateur dispose.

La promulgation ne fait pas la loi; mais l'exécution de la loi ne peut commencer qu'après la promulgation de la loi : *Non obligat lex nisi promulgata.*

La promulgation est la vive voix du législateur.

En France, la forme de la promulgation est constitutionnelle ; car la constitution règle que les lois seront promulguées, et qu'elles le seront par le PREMIER CONSUL.

D'après la constitution, et d'après les maximes du droit public universel, nous avons établi dans le projet, que les lois seraient exécutoires en vertu de la promulgation faite par le PREMIER CONSUL. Si la voix de ce premier magistrat pouvait retentir à la fois dans tout l'univers français, toute précaution ultérieure deviendrait inutile. Mais la nature même des choses résiste à une telle supposition.

Il faut pourtant que la promulgation soit connue ou puisse l'être.

Il n'est certainement pas nécessaire d'atteindre chaque individu. La loi prend les hommes en masse. Elle parle, non à chaque particulier, mais au corps entier de la société.

Il suffit que les particuliers aient pu connaître la loi. C'est leur faute s'ils l'ignorent, quand ils ont pu et dû la connaître ; *idem est scire, aut scire debuisse, aut potuisse.* L'ignorance du droit n'excuse pas.

La loi était autrefois un mystère jusqu'à sa formation. Elle était préparée dans les conseils secrets du prince. Lors de la vérification qui en était faite par les Cours, la discussion n'en était pas publique ; tout était dérobé constamment à la curiosité des citoyens. La loi n'arrivait à la connaissance des citoyens que comme l'éclair qui sort du nuage.

Aujourd'hui il en est autrement. Toutes les discussions et toutes les délibérations se font avec solennité et en présence du public. Le législateur ne se cache jamais derrière un voile. On connaît ses pensées avant même qu'elles soient réduites en commandement. Il prononce la loi au moment même où elle vient d'être formée, et il la prononce publiquement.

Un délai de dix jours précède la promulgation, et pendant ce délai, la loi circule dans toutes les parties de l'empire.

Elle est donc déja publique avant d'être promulguée.

Cependant, comme ce n'est là qu'une publication de fait, nous avons cru devoir encore garantir cette publicité de droit qui produit l'obligation, et qui force l'obéissance.

Après la promulgation, nous avons en conséquence ménagé de nouveaux délais, pendant lesquels la loi promulguée dans le lieu où siége le Gouvernement, peut être successivement parvenue jusqu'aux extrémités de la République.

On avait jeté l'idée d'un délai unique, d'un délai uniforme, après lequel la loi aurait été, dans le même instant, exécutoire par-tout.

Mais cette idée ne présentait qu'une fiction démentie par la réalité. Tout est successif dans la marche de la nature : tout doit l'être dans la marche de la loi.

Il eût été absurde et injuste que la loi fût sans exécution dans le lieu de sa promulgation, et dans les contrées environnantes, parce qu'elle ne pouvait pas encore être connue dans les parties les plus éloignées du territoire national.

Personne n'est affligé de la dépendance des choses ; on l'est de l'arbitraire de l'homme.

J'ajoute que de grands inconvéniens politiques auraient pu être la suite d'une institution aussi contraire à la justice, qu'à la raison, et à l'ordre physique des choses.

Nous avons donc gradué les délais d'après les distances.

Le système du projet de loi fait disparaître tout ce que les différens systêmes admis jusqu'à ce jour, offraient de vicieux.

Je ne parle point de ce qui se pratiquait sous l'ancien régime ; les institutions d'alors sont inconciliables avec les nôtres.

Mais j'observe que, dans ce qui s'est pratiqué depuis la révolution, on avait trop subordonné l'exécution de la loi au fait de l'homme.

Par-tout on exigeait des lectures, des transcriptions de la loi ; et la loi n'était point exécutoire avec ces transcriptions et ces lectures. A chaque instant la négligence ou la mauvaise foi d'un officier public pouvait paralyser la législation, au grand préjudice de l'Etat et des citoyens.

Les transcriptions et les lectures peuvent figurer comme moyens secondaires, comme précautions de secours.

Mais il ne faut pas que la loi soit abandonnée au caprice des hommes. Sa marche doit être assurée et imperturbable. Image de l'ordre éternel, elle doit, pour ainsi dire, se suffire à elle-même. Nous lui rendons toute son indépendance, en ne subordonnant son exécution qu'à des délais, à des précautions commandées par la nature même.

Le plan des rédacteurs du projet de code joignait, au vice de tous les autres systèmes, un vice de plus.

Dans ce plan, on distinguait les lois administratives d'avec les autres; et, pour la publication, on faisait la part des tribunaux et celle des administrateurs.

Il fallait donc, avec un pareil plan, juger chaque loi pour fixer l'autorité qui devait en faire la publication. Cela eût entraîné des difficultés interminables, et des questions indiscrètes qui eussent pû compromettre la dignité des lois.

Le projet que je présente prévient tous les doutes, remplit tous les intérêts, et satisfait à toutes les convenances.

Effets rétroactifs.

Après avoir fixé l'époque à laquelle les lois deviennent exécutoires, nous nous sommes occupés des effets.

C'est un principe général, que les lois n'ont pas d'effet rétroactif.

A l'exemple de toutes nos assemblées nationales, nous avons proclamé ce principe.

Il est des vérités utiles qu'il ne suffit pas de publier une fois, mais qu'il faut publier toujours, et qui doivent sans cesse frapper l'oreille du magistrat, du juge, du législateur, parce qu'elles doivent constamment être présentes à leur esprit.

L'office des lois est de régler l'avenir. Le passé n'est plus en leur pouvoir.

Par-tout où la rétroactivité des lois serait admise, non-seulement la sûreté n'existerait plus, mais son ombre même.

La loi naturelle n'est limitée ni par le tems, ni par les lieux, parce qu'elle est de tous les pays et de tous les siècles.

Mais les lois positives, qui sont l'ouvrage des hommes, n'existent pour nous que quand on les promulgue, et elles ne peuvent avoir d'effet que quand elles existent.

La liberté civile consiste dans le droit de faire ce que la loi ne prohibe pas. On regarde comme permis tout ce qui n'est pas défendu.

Que deviendrait donc la liberté civile, si le citoyen pouvait craindre qu'après coup il serait exposé au danger d'être recherché dans ses actions, ou troublé dans ses droits acquis, par une loi postérieure?

Ne confondons pas les jugemens avec les lois. Il est de la nature des jugemens de régler le passé, parce qu'ils ne peuvent intervenir que sur des actions ouvertes, et sur des faits auxquels ils appliquent les lois existantes. Mais le passé ne saurait être du domaine des lois nouvelles qui ne le régissaient pas.

Le pouvoir législatif est la toute-puissance humaine.

La loi établit, conserve, change, modifie, perfectionne. Elle détruit ce qui est; elle crée ce qui n'est pas encore. La tête d'un grand législateur est une espèce d'Olympe d'où partent ces idées vastes, ces conceptions heureuses qui président au bonheur des hommes et à la destinée des Empires. Mais le pouvoir de la loi ne peut s'étendre sur des choses qui ne sont plus, et qui par-là même sont hors de tout pouvoir.

L'homme, qui n'occupe qu'un point dans le tems comme dans l'espace, serait un être bien malheureux, s'il ne pouvait pas se croire en sûreté, même pour sa vie passée. Pour cette portion de son existence, n'a-t-il pas déjà porté tout le poids de sa destinée? Le passé peut laisser des regrets; mais il termine toutes les incertitudes. Dans l'ordre de la nature, il n'y a d'incertain que l'avenir, et encore l'incertitude est alors adoucie par l'espérance, cette compagne fidèle de notre faiblesse.

Ce serait empirer la triste condition de l'humanité, que de vouloir changer, par le système de la législation, le système de la nature, et de chercher, pour un tems qui n'est plus, à faire revivre nos craintes, sans pouvoir nous rendre nos espérances.

Loin de nous l'idée de ces lois à deux faces qui, ayant sans cesse un œil sur le passé, et l'autre sur l'avenir, dessécherait la source de la confiance, et deviendrait un principe éternel d'injustice, de bouleversement et de désordre !

Pourquoi, dira-t-on, laisser impunis des abus qui existaient avant la loi que l'on promulgue pour les réprimer ? Parce qu'il ne faut pas que le remède soit pire que le mal. Toute loi naît d'un abus. Il n'y aurait donc point de loi qui ne dût être réotractive. Il ne faut point exiger que les hommes soient avant la loi ce qu'ils ne doivent devenir que par elle.

Lois de police et de sûreté.

Toutes les lois, quoique émanées du même pouvoir, n'ont point le même caractère, et ne sauraient conséquemment avoir la même étendue dans leur application, c'est-à-dire, les mêmes effets; il a donc fallu les distinguer.

Il est des lois, par exemple, sans lesquelles un Etat ne pourrait subsister. Ces lois sont toutes celles qui maintiennent la police de l'Etat, et qui veillent à sa sûreté.

Nous déclarons que des lois de cette importance obligent indistinctement tous ceux qui habitent le territoire.

Il ne peut, à cet égard, exister aucune différence entre les citoyens et les étrangers.

Un étranger devient le sujet casuel de la loi du pays dans lequel il passe ou dans lequel il réside. Dans le cours de son voyage, ou pendant le tems plus ou moins long de sa résidence, il est protégé par cette loi : il doit donc la respecter à son tour. L'hospitalité qu'on lui donne, appelle et force sa reconnaissance.

D'autre part, chaque Etat a le droit de veiller à sa conservation; et c'est dans ce droit que réside la souveraineté. Or, comment un Etat pourrait-il se conserver et se maintenir, s'il existait dans son sein des hommes qui pussent impunément enfreindre sa police et troubler sa tranquillité? Le pouvoir souverain ne pourrait remplir la fin pour laquelle il est établi, si des hommes étrangers ou nationaux étaient indépendans de ce pouvoir. Il ne peut être limité, ni quant aux choses, ni quant aux personnes. Il n'est rien, s'il n'est tout. La qualité d'étranger ne saurait être une exception légitime pour celui qui s'en prévaut contre la puissance publique qui régit le pays dans lequel il réside. Habiter le territoire, c'est se soumettre à la souveraineté. Tel est le droit politique de toutes les nations.

A ne consulter même que le droit naturel, tout homme peut repousser la violence par la force. Comment donc ce droit qui compète à tout individu, serait-il refusé aux grandes sociétés contre un étranger qui troublerait l'ordre de ces sociétés? Des millions d'hommes réunis en corps d'Etat, seraient-ils dépouillés du droit de la défense naturelle, tandis qu'un pareil droit est sacré dans la personne du moindre individu?

Aussi, chez toutes les nations, les étrangers qui délinquent sont traduits devant les tribunaux du pays.

Nous ne parlons pas des ambassadeurs; ce qui les concerne est réglé par le droit des gens et par les traités.

Lois personnelles.

S'agit-il des lois ordinaires? on a toujours distingué celles qui sont relatives à l'état et à la capacité des personnes, d'avec celles qui règlent la disposition des biens. Les premières sont appellées *personnelles*, et les secondes *réelles*.

Les lois personnelles suivent la personne par-tout. Ainsi la loi française, avec des yeux de mère, suit les Français jusques dans les régions les plus éloignées; elle les suit jusqu'aux extrémités du globe.

La qualité de Français, comme celle d'étranger, est l'ouvrage de la nature ou celui de la loi. On est Français par la nature, quand on l'est par sa naissance, par son origine. On l'est par la loi, quand on le devient, en remplissant toutes les conditions que la loi prescrit pour effacer les vices de la naissance ou de l'origine.

Mais il suffit d'être Français pour être régi par la loi française, dans tout ce qui concerne l'état de la personne.

Un Français ne peut faire fraude aux lois de son pays, pour aller contracter mariage en pays étranger sans le consentement de ses père et mère, avant l'âge de vingt-cinq ans. Nous citons cet exemple, entre mille autres pareils, pour donner une idée de l'étendue et de la force des lois personnelles.

Les différens peuples, depuis les progrès du commerce et de la civilisation, ont plus de rapport entr'eux qu'ils n'en avaient autrefois. L'histoire du commerce est l'histoire de la communication des hommes. Il est donc plus important qu'il ne l'a jamais été, de fixer la maxime que, dans tout ce qui regarde l'état et la capacité de la personne, le Français, quelque part qu'il soit, continue d'être régi par la loi française.

Lois réelles.

Les lois qui règlent la disposition des biens, sont appellées réelles : ces lois régissent les immeubles, lors même qu'ils sont possédés par des étrangers.

Ce principe dérive de ce que les publicistes appellent *le domaine éminent du souverain.*

Point de méprise sur les mots, *domaine éminent ;* ce serait une erreur d'en conclure que chaque État a un droit universel de propriété sur tous les biens de son territoire.

Les mots, *domaine éminent*, n'expriment que le droit qu'a la puissance publique de régler la disposition des biens par des lois civiles, de lever sur ces biens des impôts proportionnés aux besoins publics, et de disposer de ces mêmes biens pour quelque objet d'utilité publique, en indemnisant les particuliers qui les possèdent.

Au citoyen appartient la propriété, et au souverain l'empire. Telle est la maxime de tous les pays et de tous les tems; mais les propriétés particulières des citoyens, réunies et contigües, forment le territoire public d'un État; et, relativement aux nations étrangères, ce territoire forme un seul tout qui est sous l'empire du souverain ou de l'État. La souveraineté est un droit à la fois réel et personnel. Conséquemment, aucune partie du territoire ne peut être soustraite à l'administration du souverain, comme aucune personne habitant le territoire ne peut être soustraite à sa surveillance, ni à son autorité.

La souveraineté est indivisible. Elle cesserait de l'être, si les portions d'un même territoire pouvaient être régies par des lois qui n'émaneraient pas du même souverain.

Il est donc de l'essence même des choses, que les immeubles dont l'ensemble forme le territoire public d'un peuple, soient exclusivement régis par les lois de ce peuple, quoiqu'une partie de ces immeubles puisse être possédée par des étrangers.

Règles pour les Juges.

Il ne suffisait pas de parler des effets principaux des lois; il fallait encore présenter aux juges quelques règles d'application.

La justice est la première dette de la souveraineté : c'est pour acquitter cette dette sacrée que les tribunaux sont établis.

Mais les tribunaux ne rempliraient pas le but de leur établissement, si, sous prétexte du silence, de l'obscurité ou de l'insuffisance de la loi, ils refusaient de juger. Il y avait des juges avant qu'il y eût des lois, et les lois ne peuvent prévoir tous les cas qui peuvent s'offrir aux juges. L'administration de la justice serait donc perpétuellement interrompue, si un juge s'abstenait de juger, toutes les fois que la contestation qui lui est soumise n'a pas été prévue par une loi.

L'office des lois est de statuer sur les cas qui arrivent le plus fréquemment. Les accidens, les cas fortuits, les cas extraordinaires ne sauraient être la matière d'une loi.

Dans les choses mêmes qui méritent de fixer la sollicitude du législateur, il est impossible de tout fixer par des règles précises. C'est une sage prévoyance de penser qu'on ne peut tout prévoir.

De plus, on peut prévoir une loi à faire, sans croire devoir la précipiter. Les lois doivent être préparées avec une sage lenteur. Les Etats ne meurent pas, et il n'est pas expédient de faire tous les jours de nouvelles lois.

Il est donc nécessairement une foule de circonstances dans lesquelles un juge se trouve sans loi. Il faut donc laisser alors au juge la faculté de suppléer à la loi par les lumières naturelles de la droiture et du bon sens. Rien ne serait plus puérile que de vouloir prendre des précautions suffisantes pour qu'un juge n'eût jamais qu'un texte précis à appliquer. Pour prévenir les jugemens arbitraires, on exposerait la société à mille jugemens iniques, et, ce qui est pis, on l'exposerait à ne pouvoir plus se faire rendre justice; et avec la folle idée de décider tous les cas, on ferait de la législation un dédale immense dans lequel la mémoire et la raison se perdraient également.

Quand la loi se tait, la raison naturelle parle encore : si la prévoyance des législateurs est limitée, la nature est infinie; elle s'applique à tout ce qui peut intéresser les hommes : pourquoi voudrait-on méconnaître les ressources qu'elle nous offre ?

Nous raisonnons comme si les législateurs étaient des Dieux, et comme si les juges n'étaient pas même des hommes.

De tous les tems, on a dit que l'équité était le supplément des lois. Or, qu'ont voulu dire les jurisconsultes romains quand ils ont ainsi parlé de l'*équité* ?

Le mot *équité* est susceptible de diverses acceptions. Quelquefois il ne désigne que la volonté constante d'être juste, et, dans ce sens, il n'exprime qu'une vertu. Dans d'autres occasions, le mot *équité* désigne une certaine aptitude ou disposition d'esprit qui distingue le juge éclairé, de celui qui ne l'est pas, ou qui l'est moins. Alors l'*équité* n'est dans le magistrat, que le coup-d'œil d'une raison exercée par l'observation, et dirigée par l'expérience. Mais tout cela n'est relatif qu'à l'équité morale, et non à cette équité judiciaire dont les jurisconsultes romains se sont occupés, et qui peut être définie un retour à la loi naturelle, dans le silence, l'obscurité ou l'insuffisance des lois positives.

C'est cette *équité* qui est le vrai supplément de la législation, et sans laquelle le ministère du juge, dans le plus grand nombre des cas, deviendrait impossible.

Car il est rare qu'il naisse des contestations sur l'application d'un texte précis. C'est toujours parce que la loi est obscure ou insuffisante, ou même parce qu'elle se tait, qu'il y a matière à litige. Il faut donc que le juge ne s'arrête jamais. Une question de propriété ne peut demeurer indécise. Le pouvoir de juger n'est pas toujours dirigé dans son exercice par des préceptes formels. Il l'est par des maximes, par des usages, par des exemples, par la doctrine. Aussi, le vertueux chancelier *d'Aguesseau* disait très-bien que le temple de la justice n'était pas moins consacré à la science qu'aux lois, et que la véritable doctrine, qui consiste dans la connaissance de l'esprit des lois, est supérieure à la connaissance des lois mêmes.

Pour que les affaires de la société puissent marcher, il faut donc que le juge ait le droit d'interpréter les lois et d'y suppléer. Il ne peut y avoir d'exception à ces règles que pour les matières criminelles; et encore, dans ces matières, le juge choisit le parti le plus doux, si la loi est obscure ou insuffisante; et il absout l'accusé, si la loi se tait sur le crime.

Mais, en laissant à l'exercice du ministère du juge toute la latitude convenable, nous lui rappellons les bornes qui dérivent de la nature même de son pouvoir.

Un juge est associé à l'esprit de législation; mais il ne saurait partager le pouvoir législatif. Une loi est un acte de souveraineté; une décision n'est qu'un acte de jurisdiction ou de magistrature.

Or, le juge deviendrait législateur, s'il pouvait, par des réglemens, statuer sur les questions qui s'offrent à son tribunal. Un jugement ne lie que les parties entre lesquelles il intervient. Un réglement lierait tous les justiciables et le tribunal lui-même.

Il y aurait bientôt autant de législations que de ressorts.

Un tribunal n'est pas dans une région assez haute, pour délibérer des réglemens et des lois. Il serait circonscrit dans ses vues, comme il l'est dans son territoire; et ses méprises ou ses erreurs pourraient être funestes au bien public.

L'esprit de judicature qui est toujours appliqué à des détails, et qui ne prononce que sur des intérêts particuliers, ne pourrait souvent s'accorder avec l'esprit du législateur qui voit les choses plus généralement, et d'une manière plus étendue et plus vaste.

Au surplus, les pouvoirs sont réglés; aucun ne doit franchir ses limites.

Conventions contraires à l'ordre public et aux bonnes mœurs.

Le dernier article du projet de loi porte qu'on ne peut déroger, par des conventions particulières, aux lois qui intéressent l'ordre public et les bonnes mœurs. Ce n'est que pour maintenir l'ordre public, qu'il y a des gouvernemens et des lois.

Il est donc impossible qu'on autorise entre les citoyens des conventions capables d'altérer ou de compromettre l'ordre public.

Des jurisconsultes ont poussé le délire jusqu'à croire que des particuliers pouvaient traiter entre eux, comme s'ils vivaient dans ce qu'ils appellent l'état de nature, et consentir tel contrat qui peut convenir à leurs intérêts, comme s'ils n'étaient gênés par aucune loi. De tels contrats, disent-ils, ne peuvent être protégés par des lois qu'ils offensent. Mais comme la bonne-foi doit être gardée entre des parties qui se sont engagées réciproquement, il faudrait obliger la partie qui refuse d'exécuter le pacte, à fournir par équivalent ce que les lois ne permettaient pas d'exécuter en nature.

Toutes ces dangereuses doctrines, fondées sur des subtilités, et éversives des maximes fondamentales, doivent disparaître devant la sainteté des lois.

Le maintien de l'ordre public dans une société, est la loi suprême. Protéger des conventions contre cette loi, ce serait placer des volontés particulières au-dessus de la volonté générale, ce serait dissoudre l'État.

Quant aux conventions contraires aux bonnes mœurs, elles sont proscrites chez toutes les nations policées. Les bonnes mœurs peuvent suppléer les bonnes lois : elles sont le véritable ciment de l'édifice social. Tout ce qui les offense, offense la nature et les lois. Si on pouvait les blesser par des conventions, bientôt l'honnêteté publique ne serait plus qu'un vain nom, et toutes les idées d'honneur, de vertu, de justice, seraient remplacées par les lâches combinaisons de l'intérêt personnel, et par les calculs du vice.

Tel est le projet de loi qui est soumis à votre sanction. Il n'offre aucune de ces matières problématiques qui peuvent prêter à l'esprit de système. Il rappelle toutes les grandes maximes des Gouvernemens ; il les fixe, il les consacre. C'est à vous, citoyens Législateurs, à les décréter par vos suffrages. Chaque loi nouvelle qui tend à promulguer des vérités utiles, affermit la prospérité de l'Etat, et ajoute à votre gloire.

Suit le texte de la loi.

TITRE PRÉLIMINAIRE,

De la publication, des effets, et de l'application des lois en général.

Article premier. — Les lois sont exécutoires dans tout le territoire français, en vertu de la promulgation qui en est faite par le Premier Consul.

Elles seront exécutées dans chaque partie de la République, du moment où la promulgation en pourra être connue.

La promulgation faite par le PREMIER CONSUL, sera réputée connue dans le département où siégera le gouvernement, un jour après celui de la promulgation; et dans chacun des autres départemens, après l'expiration du même délai augmenté d'autant de jours qu'il y aura de fois dix myriamètres (environ 20 lieues) entre la ville où la promulgation en aura été faite, et le chef-lieu de chaque département.

Art. 2. — La loi ne dispose que pour l'avenir; elle n'a point d'effet rétroactif.

Art. 3. — Les lois de police et de sûreté, obligent tous ceux qui habitent le territoire.

Les immeubles, même ceux possédés par des Etrangers, sont régis par la loi française.

Les lois concernant l'état et la capacité des personnes, régissent les Français, même résidant en pays étrangers.

Art. 4. — Le juge qui refusera de juger, sous prétexte du silence, de l'obscurité, ou de l'insuffisance de la loi, pourra être poursuivi comme coupable de déni de justice.

Art. 5. — Il est défendu aux juges de prononcer, par voie de disposition générale et réglémentaire, sur les causes qui leur sont soumises.

Art. 6. — On ne peut déroger, par des conventions particulières, aux lois qui intéressent l'ordre public et les bonnes mœurs.

CODE CIVIL.

TITRE PREMIER,

De la jouissance et de la privation des droits civils.

LE PREMIER CONSUL, a nommé pour présenter la loi formant le titre premier du CODE CIVIL, et pour en soutenir la discussion, les cit. *Treilhard*, *Regnaud* (de Saint-Jean-d'Angely), et *Petiet*, Conseillers d'État.

Introduits dans la salle du Corps-Législatif, le 6 ventose an 11; l'un d'eux, portant la parole, a prononcé le discours suivant:

CITOYENS LÉGISLATEURS,

L'ÉCLAT de la victoire, la prépondérance d'un Gouvernement également fort et sage, donnent sans doute un grand prix à la qualité de *Citoyen Français*; mais cet avantage serait plus brillant que solide, il laisserait encore d'immenses vœux à remplir, si la législation intérieure ne garantissait pas à chaque individu une existence douce et paisible, et si, après avoir tout fait pour la gloire de la Nation, on ne s'occupait pas avec le même succès du bonheur des personnes.

La sûreté, la propriété, voilà les grandes bases de la félicité d'un peuple ; c'est par la loi seule que leur stabilité peut être garantie, et l'on reconnaîtra sans peine que la conservation des droits civils influe sur le bonheur individuel, bien plus encore que le maintien des droits politiques, parce que ceux-ci ne peuvent s'exercer qu'à des distances plus ou moins éloignées, et que la loi civile se fait sentir tous les jours, et à tous les instans.

La loi sur la jouissance et la privation des droits civils, offre donc un grand intérêt, et mérite toute l'attention du législateur.

Le projet que vous avez entendu contient deux chapitres. Le premier a pour titre : *De la jouissance des droits civils ;* le deuxième : *De la privation des droits civils.* Celui-ci se divise en deux sections, parce que l'on peut être privé des droits civils, ou par la perte de la qualité de Français, ou par une suite des condamnations judiciaires.

A quelles personnes sera donc accordée la jouissance des droits civils ? On sent assez que tout Français a droit à cette jouissance ; mais si le tableau de notre situation peut inspirer aux Etrangers un vif désir d'en partager les douceurs, la loi civile ne doit certainement pas élever, entre eux et nous, des barrières qu'ils ne puissent pas franchir.

Cependant cette communication facile, établie pour nous enrichir de la population et de l'industrie des autres nations, pourrait aussi quelquefois nous apporter leur écume : tout n'est pas toujours bénéfice dans un pareil commerce, et l'on ne trouva quelquefois que des germes de corruption et d'anarchie, où l'on avait droit d'espérer des principes de vie et de prospérité.

Cette réflexion si naturelle vous explique déjà une grande partie des dispositions du projet.

Tout Français jouit des droits civils ; mais l'individu né en France d'un Etranger, celui né en pays étranger d'un Français, l'Etrangère qui épouse un Français, seront-ils aussi réputés Français ? Voilà les premières questions qui se sont présentées ; le projet les décide d'après les notions universellement reçues.

La femme suit par-tout la condition de son mari ; elle devient donc Française quand elle épouse un Français.

Le fils a l'état de son père; il est donc Français quand son père est Français : peu importe le lieu où il est né, si son père n'a pas perdu sa qualité.

Quant au fils de l'Etranger qui reçoit accidentellement le jour en France, on ne peut pas dire qu'il ne naît pas étranger; mais ses premiers regards ont vu le sol français; c'est sur cette terre hospitalière qu'il a souri, pour la première fois, aux caresses maternelles, qu'il a senti ses premières émotions, que se sont développés ses premiers sentimens : les impressions de l'enfance ne s'effacent jamais; tout lui retracera, dans le cours de la vie, ses premiers jeux, ses premiers plaisirs : pourquoi lui refuserait-on le droit de réclamer, à sa majorité, la qualité de Français, que tant et de si doux souvenirs pourront lui rendre chère? C'est un enfant adoptif qu'il ne faut pas repousser quand il promettra de se fixer en France, et qu'il y établira de fait son domicile : c'est la disposition de l'art. 9 du projet.

Si nous recevons l'Etranger en France, rejetterons-nous de notre sein celui qui sera né en pays étranger, mais d'un père qui aurait perdu la qualité de Français? Le traiterons-nous avec plus de rigueur que l'Etranger né sur notre sol? Non, sans doute : c'est toujours du sang français qui coule dans ses veines; l'inconstance ou l'inconduite du père n'en ont pas tari la source; le souvenir de toute une famille n'est pas effacé par quelques instans d'erreur d'un père; le fils doit être admis à les réparer, et peut-être encore les remords du père ont-ils mieux fait sentir au fils le prix de la qualité perdue : elle lui sera d'autant plus chère, qu'il saura d'avance de combien de regrets la perte en est accompagnée.

J'arrive à la question la plus importante, et dont la solution pourrait présenter plus de difficultés. L'Etranger jouira-t-il en France des droits civils? Ici la question se divise; l'Etranger peut établir son domicile en France, ou il peut continuer de résider dans son pays.

Supposons d'abord que l'Etranger fixe son domicile en France.

Ne perdons pas de vue qu'il ne s'agit pas ici du titre de

Citoyen Français : la loi constitutionnelle règle les conditions auxquelles l'étranger peut devenir *Citoyen* ; il faut, pour acquérir ce titre, que l'Etranger, âgé de vingt-un ans accomplis, déclare l'intention de se fixer en France, et qu'il y réside pendant dix années consécutives. Quand il aura rempli ces conditions, il sera citoyen français.

Cependant, quand il aura déclaré son intention de se fixer en France, et du moment qu'il y aura transporté son domicile, quel sera son sort dans sa patrie ? Dans sa patrie! il n'en a plus depuis la déclaration qu'il a faite de vouloir se fixer en France ; la patrie ancienne est abdiquée, la nouvelle n'est pas encore acquise ; il ne peut exercer de droits politiques ni dans l'une ni dans l'autre ; peut-être même a-t-il déjà perdu l'exercice des droits civils dans sa terre natale, uniquement parce qu'il aura transporté son domicile sur le sol français. S'il faut, pour participer à ces droits dans la nouvelle patrie, attendre encore un long espace de tems, comment pourra-t-on supposer qu'un Étranger s'exposera à cette espèce de mort civile, pour acquérir un titre qui ne lui sera conféré qu'au bout de dix années ?

Ces considérations motivent assez l'article du projet qui accorde l'exercice des droits civils à l'Etranger admis par le Gouvernement, à établir son domicile parmi nous.

La loi politique a sagement prescrit une résidence de dix années pour l'acquisition des droits politiques ; la loi civile attache, avec la même sagesse, le simple exercice des droits civils à l'établissement en France.

Mais le caractère personnel de l'Étranger qui se présente, sa moralité plus ou moins grande, le moment où il veut se placer dans nos rangs, la position respective des deux peuples, et une foule d'autres circonstances, peuvent rendre son admission plus ou moins désirable ; et pour s'assurer qu'une faveur ne tournera pas contre le peuple qui l'accorde, la loi n'a dû faire participer aux droits civils que l'Etranger admis par le Gouvernement.

L'Etranger qui ne quitte pas le sol natal, jouira-t-il aussi en France de la totalité ou d'une partie des droits civils? L'admettra-t-on sans restrictions, sans conditions ? ou plutôt, ne doit-on pas, adoptant la règle d'une juste réciprocité, restreindre les droits de l'Etranger à ceux dont un Français peut jouir dans le pays de cet Etranger ?

Cette question a été si souvent et si profondément agitée, qu'il est difficile de porter de nouveaux apperçus dans sa discussion ; et quelque parti qu'on embrasse, on pourra toujours s'autoriser sur de grandes autorités, ou sur de grands exemples.

Ceux qui veulent accorder aux Etrangers une participation totale et absolue à nos droits civils, recherchent l'origine du droit d'aubaine dans celle de la féodalité, et regardent la suppression entière de ce droit comme une conséquence nécessaire de l'abolition du régime féodal. L'intérêt national, suivant eux, en sollicite la suppression aussi puissamment que la barbarie de sa source. L'ancien Gouvernement avait lui-même reconnu la nécessité de le proscrire dans une foule de traités qui en avaient au moins modifié la rigueur ; il avait senti que ce droit ne devait plus subsister, depuis que le commerce avait rattaché tous les peuples par les liens d'un intérêt commun. Telle a été, disent-ils, l'opinion des plus grands publicistes ; *Montesquieu* avait dénoncé le droit d'aubaine à toutes les nations comme un droit *insensé* ; et l'Assemblée constituante, ce foyer de toutes les lumières, ce centre de tous les talens, en avait prononcé l'abolition intégrale et absolue, sans condition de réciprocité, comme un moyen d'appeller un jour tous les peuples au bienfait d'une fraternité universelle.

Le projet de détruire les barrières qui séparent tous les peuples, de confondre tous leurs intérêts, et de ne plus former, s'il est permis de le dire, qu'une seule nation sur la terre, est sans doute une conception également hardie et généreuse : mais ceux qui en ont été capables, ont-ils vu les hommes tels qu'ils sont, ou tels qu'ils les désirent ?

Consultons l'histoire de tous les tems, de tous les peuples, et jettons sur-tout nos regards autour de nous. Si l'on fit tant d'efforts pénibles, et trop souvent inutiles, pour maintenir l'harmonie dans une seule Nation, dans une seule famille, pouvons-nous raisonnablement espérer la réalisation d'une harmonie universelle; et le monde moral doit-il être, plus que le monde physique, à l'abri des ouragans et des tempêtes?

Au lieu de se livrer aux illusions trop souvent trompeuses des théories, ne vaut-il pas mieux faire des lois qui s'appliquent aux caractères et aux esprits que nous connaissons? L'admission indéfinie des Etrangers peut avoir quelques avantages; mais nous ne savons que trop qu'on ne s'enrichit pas toujours des pertes ou des désertions de ses voisins, et qu'un ennemi peut faire quelquefois des présens bien funestes. On sera du moins forcé de convenir que le principe de la réciprocité, d'après les traités, a cet avantage bien réel, que les traités étant suspendus par le fait seul de la déclaration de guerre, chaque peuple redevient le maître, dans ces momens critiques, de prendre l'intérêt du moment, pour unique règle de sa conduite.

Eh! pourquoi donnerions-nous à nos voisins des privilèges qu'ils s'obstineraient à nous refuser? Il sera toujours utile, nous dit-on, d'attirer sur notre sol des Etrangers riches de leurs possessions, de leurs talens, de leur industrie; j'en conviens: mais viendront-ils sur notre sol, ces opulens et précieux Etrangers, si, par leur établissement en France, ils deviennent eux-mêmes tout-à-coup Etrangers à leur sol natal; s'ils ne peuvent aspirer au titre de Français, sans sacrifier tous leurs droits acquis ou éventuels dans leur patrie, parce qu'elle nous refuse les avantages de la réciprocité, et qu'elle persiste à ne voir, dans les Français, que des Etrangers? Encore une fois, méfions-nous des théories, quelque brillantes qu'elles paraissent, et consultons plutôt l'expérience.

Lorsque l'ancien Gouvernement français annonça l'intention de supprimer, d'adoucir du moins les droits d'aubaine envers les peuples qui partageraient ses principes, plusieurs Gouvernemens s'empressèrent de traiter avec la France, et de s'assurer, par un juste retour, le bienfait de la suppression ou de la modification du droit d'aubaine. On donna, pour acquérir; car l'intérêt est la mesure des traités entre Gouvernemens, comme il est la mesure des transactions entre particuliers.

Mais, depuis l'abolition absolue du droit d'aubaine de la part de la France, de tous les peuples qui n'avaient pas auparavant traité avec elle, il n'en est pas un seul qui ait changé sa législation. Ils n'avaient plus besoin de faire participer chez eux les Français à la jouissance des droits civils, pour obtenir la même participation en France; aussi ont-ils maintenu à cet égard, contre les Français, toute la sévérité de leur législation : en sorte qu'il est actuellement prouvé que si l'intérêt général des peuples sollicite en effet l'abolition entière du droit d'aubaine, il faut, pour ce même intérêt, établir une loi de réciprocité, parce que seule elle peut amener le grand résultat que l'on désire.

Est-il nécessaire actuellement de répondre aux autorités? *Montesquieu* a qualifié le droit d'aubaine de droit *insensé*; mais *Montesquieu*, dans la phrase qu'on cite, plaça sur la même ligne les droits de naufrage et ceux d'aubaine, qu'il appelle tous les deux des droits *insensés*. Il y a cependant loin du droit barbare de naufrage, qui, punissant le malheur comme un crime, confisquait les hommes et les choses jetés sur le rivage par la tempête, au droit d'aubaine fondé sur le principe (erroné si l'on veut, mais du moins nullement atroce) d'une jouissance exclusive des droits civils en faveur des Nationaux.

Montesquieu, d'ailleurs, a-t-il prétendu qu'une Nation seule devait se hâter de proclamer chez elle la suppression absolue du droit d'aubaine, quand ce droit était établi et maintenu chez tous les autres peuples? Il savait trop bien que certaines institutions qui, en elles-mêmes, ne sont pas bonnes, mais qui réfléchissent sur d'autres nations, ne pourraient être abolies chez un seul peuple, sans compromettre sa prospérité, tant qu'il existerait chez les étrangers une espèce de conspiration pour les maintenir.

Le régime des douanes a aussi été jugé sévèrement par des hommes graves qui desiraient la chute de toutes les barrières: en conclura-t-on qu'un peuple seul ferait un grand acte de sagesse, en supprimant tout-à-coup et absolument le régime des douanes? Et n'est-il pas, au contraire, plus convenable d'engager les autres nations à nous faciliter l'usage des productions de leur sol qui peuvent nous être utiles, par la libre communication que nous pouvons leur donner des productions françaises dont ils auront besoin?

Tout le monde convient qu'un état militaire excessif est un grand fardeau pour les peuples; mais lorsque cet état militaire, quelque grand qu'il puisse être, n'est que proportionné à l'état militaire des Nations rivales, donnerait-il une grande opinion de sa prudence, le Gouvernement qui, sans consulter les dispositions de celles-ci, réduirait cet état sur le pied où il devrait être, s'il n'avait ni voisins ni rivaux?

Une institution peut n'être pas bonne, et cependant sa suppression absolue peut être dangereuse; et c'est ici le cas de rappeller cette maxime triviale, que *le mieux est souvent un grand ennemi du bien.*

L'Assemblée constituante prononça l'abolition du droit d'aubaine! Je sens tout le poids de cette autorité: mais qui osera dire que l'Assemblée constituante, que de si grands souvenirs recommanderont à la postérité, ne fut pas quelquefois jetée au-delà d'une juste mesure par des idées philantropiques que l'expérience ne pouvait pas encore régler? Et sans sortir de l'objet qui nous occupe, l'appel que l'Assemblée constituante fit aux autres Nations, a-t-il été entendu d'elles? En est-il une seule qui ait répondu? N'ont-elles pas, au contraire, conservé toutes leurs règles sur le droit d'aubaine? Concluons de-là que si l'Assemblée constituante a voulu préparer l'abolition totale du droit d'aubaine, le plus sûr moyen de réaliser cette conception libérale, c'est d'admettre la règle de la réciprocité qui peut amener un jour les autres peuples, par la considération de leurs intérêts, à consentir aussi l'abolition de ce droit.

Ces motifs puissans ont déterminé la disposition du projet qui n'assure en France, à l'Etranger, que les mêmes droits civils accordés aux Français par les traités de la nation à laquelle les Etrangers appartiennent.

Voilà la seule règle qu'on dut établir dans un code civil,

parce qu'en préparant pour l'avenir la suppression totale du droit d'aubaine, elle n'exclut d'ailleurs aucune des concessions particulières qui pourraient être dans la suite sollicitées par les circonstances, et pour l'intérêt du peuple français.

Je ne crois pas devoir m'arrêter à quelques autres articles du premier chapitre; la simple lecture en fait sentir assez la sagesse ou la nécessité; et je passe au deuxième chapitre *de la privation des droits civils.*

On peut être privé des droits civils par la perte de la qualité de Français, et par une suite de condamnations judiciaires. La première section de ce chapitre a pour objet la perte de la qualité de Français.

Il serait superflu de rappeller qu'il ne s'agit pas ici de droits politiques et de la perte du titre de citoyen, mais du simple exercice des droits civils; droits acquis à un grand nombre de Français qui ne sont pas, qui ne peuvent pas être citoyens : ainsi toute cause qui prive du titre de citoyen, ne doit pas nécessairement priver des droits civils et de la qualité de Français. Cette qualité ne doit se perdre que par des causes qui supposent une renonciation à sa patrie.

L'article 17 du projet en présente quatre : 1°. La naturalisation acquise en pays étranger. 2°. L'acceptation, non autorisée par le Gouvernement, de fonctions publiques conférées par un Gouvernement étranger. 3°. L'affiliation à toute corporation étrangère qui exigera des distinctions de naissance. 4°. Tout établissement fait en pays étranger, sans esprit de retour. L'article 13 assigne une cinquième cause, c'est le mariage d'une Française avec un Etranger. Enfin, l'article 21 place aussi au nombre des causes qui font perdre la qualité de Français, l'entrée, sans autorisation du Gouvernement, au service militaire de l'étranger, ou l'affiliation à une corporation militaire étrangère.

Il est assez évident que, dans tous ces cas, la qualité de Français ne peut plus se conserver : on ne peut pas avoir deux patries. Comment celui qui s'est fait naturaliser en pays étranger, celui qui a accepté du service ou des fonctions publiques chez une Nation rivale, celui qui a abjuré le principe le plus sacré de notre pacte social, en courant après des distinctions incompatibles avec l'égalité, celui enfin qui aurait abandonné la France sans retour, aurait-il pu conserver le titre de Français? Cependant, dans le nombre des causes qui détruisent cette qualité, on doit faire une distinction. Il en est quelques-unes qui ne sont susceptibles d'aucune interprétation favorable ; celles, par exemple, de la naturalisation en pays étranger, et de l'abjuration du principe de l'égalité : mais il en est d'autres, telles que l'acceptation de fonctions publiques, ou de service chez l'étranger, qui peuvent quelquefois être excusées : un peuple ami peut réclamer auprès du Gouvernement Français, des secours que notre intérêt même ne permet pas de refuser. Aussi n'a-t-on dû attacher la perte de la qualité de Français, qu'à une acceptation, non autorisée par le Gouvernement, de services ou de fonctions publiques chez l'Etranger.

Mais les Français même qui ont perdu leur qualité par l'une des causes déjà expliquées, ne pourront-ils jamais la recouvrer? Ne peut-on pas supposer qu'en quittant la France, ils ont uniquement cédé à l'impulsion d'un caractère léger ; qu'ils ont voulu sur-tout améliorer leur situation par leur industrie, pour jouir ensuite, au milieu de leurs concitoyens, de l'aisance qu'ils se seront procurée ? Ne doit-on pas supposer du moins que leur désertion a été suivie de vifs regrets, et leurs frères pourront-ils être toujours insensibles, quand ces transfuges viendront se jeter dans leurs bras ?

Vous supposer, citoyens Législateurs, cette rigoureuse inflexibilité, ce serait mal vous connaître. Une mère ne repousse jamais des enfans qui viennent à elle. Que les Français qui ont perdu cette qualité reviennent se fixer en France, qu'ils renoncent à toutes distinctions contraires à nos lois, et ils seront encore reconnus Français.

Cependant l'indulgence ne doit pas être aveugle et imprudente ; le retour de ces Français ne doit être ni un moyen de trouble dans l'Etat, ni un signal de discorde dans leurs familles : il faut que leur rentrée soit autorisée par le Gouvernement qui peut connaître leur conduite passée et leurs sentimens secrets; et ils ne doivent acquérir que l'exercice des droits ouverts à leur profit depuis leur réintégration.

Il est même une classe pour qui l'on a dû être plus sévère, c'est celle des Français qui ont pris du service militaire chez l'Etranger sans l'autorisation du Gouvernement. Cette circonstance a un caractère de gravité qui le distingue : ce n'est plus un simple acte de légèreté, une démarche sans conséquence; c'est un acte de dévouement particulier à la défense d'une Nation, aujourd'hui notre alliée si l'on veut, mais qui demain peut être notre rivale, et même notre ennemie. Le Français a dû prévoir qu'il pouvait s'exposer, par son acceptation, à porter les armes contre sa patrie. En vain dirait-il que, dans le cas d'une rupture entre les deux Nations, il n'aurait pas balancé à rompre ses nouveaux engagemens : quel garant pourrait-il donner de son assertion? La puissance qui l'a pris à sa solde a-t-elle entendu cette restriction? L'aurait-elle laissé maître du choix? On a pensé que, dans cette circonstance, une épreuve plus rigoureuse était indispensable; que l'individu qui se trouve dans cette position, ne pouvait rentrer, comme de raison, sans l'autorisation du Gouvernement; mais qu'il ne devait encore recouvrer la qualité de Français qu'en remplissant les conditions imposées à l'Etranger pour devenir citoyen.

Je passe actuellement à la seconde section, à la privation des droits civils par suite de condamnations judiciaires.

Le projet qui vous est présenté n'a pas pour objet de déterminer celles des peines dont l'effet sera de priver le condamné, de toute participation aux droits civils; c'est dans un autre moment, dans un autre code, que ces peines seront indiquées : il suffit, quant à présent, de savoir qu'il doit exister des peines (ne fût-ce que la condamnation à mort naturelle) qui emporteront de droit, et pour jamais, le retranchement de la société, et ce qu'on appelle *mort civile*.

Qu'est-ce que la mort civile, me dira-t-on? pourquoi souiller notre code de cette expression proscrite et barbare?

Citoyens Législateurs, celui qui est condamné légalement

pour avoir dissous, autant qu'il était en lui, le corps social, ne peut plus en réclamer les droits; la société ne le connaît plus, elle n'existe plus pour lui; il est mort à la société : voilà la mort civile. Pourquoi proscrire une expression usitée, qui rend parfaitement ce qu'on veut exprimer, dont tout le monde connaît la valeur et le sens, et que ceux même qui l'improuvent, n'ont encore pu remplacer par aucune expression équivalente?

Ce n'est pas du mot qu'il s'agit, c'est de la chose. Quelqu'un peut-il prétendre que l'individu légalement retranché de la société peut encore être avoué par elle comme un de ses membres? Peut-on dire que la faculté et la nécessité de ce retranchement n'ont pas été reconnues par tous les peuples, dans des cas rares, il est vrai, mais qui, cependant ne se représentent encore que trop souvent?

Le principe une fois admis, les conséquences ne sont plus douteuses. La loi civile ne reconnait plus le condamné; donc il perd tous les droits qu'il tenait de la loi civile : il n'existe plus aux yeux de la loi; donc il ne peut participer encore à ses bienfaits. Il est mort enfin pour la société : il n'a plus de famille, il ne succède plus; sa succession est ouverte, ses héritiers occupent à l'instant sa place : et si sa vie physique vient à se prolonger, et qu'au jour de son trépas il laisse quelques biens, il meurt sans héritiers, comme le célibataire qui n'a pas de parens.

Vous sentez, citoyens Législateurs, que l'une des conséquences de la mort civile doit être la dissolution du mariage du condamné, *quant aux effets civils;* car la loi ne peut le reconnaître en même-tems comme existant, et comme n'existant pas; elle ne peut lui enlever une partie de ses droits civils comme mort, et lui en conserver cependant une partie comme vivant. Il pourra bien se prévaloir du droit naturel, tant qu'il existera physiquement; mais il ne pourra réclamer l'exercice d'aucun droit civil, puisqu'il est mort en effet civilement. Toute autre théorie ne produirait que contradictions et inconséquences.

Je n'ai pas besoin, sans doute, d'observer que l'on n'a dû considérer le mariage que comme un acte civil, et dans ses rapports civils, abstraction faite de toute idée religieuse et de toute espèce de culte, dont le code civil ne doit pas s'occuper.

A quelle époque commencera la mort civile? C'est un point sur lequel on ne peut s'expliquer avec trop de précision, parce que c'est l'instant de la mort qui donne ouverture aux droits des héritiers, et qui détermine ceux à qui la succession doit appartenir.

Quand le jugement de condamnation est contradictoire, la mort civile commence au jour de l'exécution réelle, ou par effigie.

Cette règle peut-elle s'appliquer aux jugemens de contumace? Le condamné n'a pas été présent, et ne s'est par conséquent pas défendu; la loi lui donne cinq ans pour se représenter : s'il meurt, ou s'il paraît dans cet intervalle, le jugement est anéanti, il meurt alors dans l'intégrité de son état; ou s'il vit, et s'il est présent, l'instruction recommencera comme s'il n'avait pas été jugé.

Dans l'ancienne jurisprudence, on s'attachait servilement au principe qui fait commencer la mort civile du jour de l'exécution. Par une conséquence rigoureuse de cette maxime, si le condamné décédait après les cinq ans, et sans s'être représenté, il était réputé mort civilement au moment de cette exécution. Mais que d'embarras, de contradictions et d'inconséquences découlent de ce principe !

L'époux condamné pouvait avoir des enfans dans l'intervalle des cinq années : il aurait donc fallu, pour être conséquent, déclarer ces enfans légitimes, si leur père mourait ou se représentait dans cet intervalle ; et les déclarer illégitimes, si leur père mourait après les cinq ans sans s'être représenté. Ainsi leur état eût dû dépendre d'un fait évidemment étranger à leur naissance.

Des successions pouvaient s'ouvrir au profit du condamné, dans l'intervalle des cinq années : à qui appartenaient-elles ? Le condamné devait être héritier, s'il mourait ou s'il se représentait dans les cinq ans ; il ne devait pas être héritier, s'il mourait

après

après les cinq ans sans s'être représenté. Ainsi son droit, le droit des appelés après lui, eût dû dépendre d'un fait absolument étranger aux règles des successions : le titre d'héritier restait incertain, et comme l'héritier, à l'instant du décès, pouvait ne pas se trouver l'héritier à l'expiration des cinq années, c'est par la volonté du condamné, qui pouvait se représenter ou ne se représenter pas, que se trouvait déféré le titre d'héritier, dans la succession d'une tierce personne.

La femme du condamné pouvait se remarier ; il eût fallu la déclarer adultère, si le condamné mourait, on se représentait dans les cinq ans : elle eût dû être épouse légitime, s'il plaisait au condamné de ne pas se représenter.

Voilà une partie des embarras que présente l'attachement trop scrupuleux à la règle qui fait commencer, même pour le contumace, la mort civile au moment de l'exécution.

Ces considérations et une foule d'autres qu'on supprime, nous ont fait adopter une règle différente, et qui ne traîne après elle aucune difficulté.

Puisque le condamné par contumace a cinq ans pour se représenter, que sa mort ou sa comparution dans l'intervalle ont l'effet de détruire son jugement, il est sans contredit plus convenable de ne fixer qu'à l'expiration des cinq années, l'instant où la mort civile commencera : alors seulement, la condamnation aura tout son effet, ainsi s'évanouiront tous les embarras du système contraire. Le condamné a vécu civilement jusqu'à ce moment : il a pu succéder, il a été époux et père ; mais à cet instant fatal commence sa mort civile.

En vain dirait-on qu'il y a de la contradiction à exécuter le jugement de condamnation par effigie, et à reculer cependant, jusqu'au terme de cinq années, le commencement de la mort civile.

Cette contradiction, si elle était réelle, serait bien moins choquante que celle qui résulte, dans l'autre système, d'une mort provisoire suivie d'une résurrection réelle, qui, présentant successivement la même personne comme morte et comme vivante, peuvent laisser dans une incertitude funeste, et même porter de violentes atteintes aux droits de plusieurs familles.

Mais la règle adoptée par le projet ne se trouve en contradiction avec aucune autre. Un jugement peut ne pas recevoir, dans le même moment, toute son exécution : un tribunal suspend quelquefois cette exécution, en tout ou en partie, par des motifs très-légitimes : la loi peut, à plus forte raison, en maintenant, pour l'exemple, l'exécution par effigie au moment de la condamnation, reculer cependant l'époque de la mort civile, à l'expiration des cinq ans donnés au contumace pour se représenter, le condamné n'est encore qu'un absent ; ce terme arrivé, sa condamnation devient definitive, et produit tout son effet.

Le contumace peut néanmoins se représenter même après le terme de cinq années. Quelque forte présomption que puisse élever, contre lui, sa longue absence, quoiqu'on ait droit de soupçonner qu'une comparution si tardive n'est due qu'à l'éloignement des témoins à charge, au dépérissement de preuves que le tems amène toujours après lui, à cet affaiblissement des premières impressions qui, disposant les esprits à l'indulgence et à la pitié, peut faire entrevoir au coupable son impunité, l'humanité ne permet cependant pas qu'on refuse d'entendre celui qui ne s'est pas défendu. Il sera jugé, il pourra être absous, il sera absous ; mais il ne rentrera dans ses droits que pour l'avenir seulement, et à compter du jour où il aura paru en justice.

Il pourra commencer une nouvelle vie, mais sans troubler l'état des familles, ni contester les droits acquis pendant la durée de sa mort civile. Ainsi se trouveront conciliés les intérêts du contumace, et les intérêts non moins précieux de toute la société.

Suit le texte de la loi.

LIVRE PREMIER.

DES PERSONNES.

TITRE PREMIER.

De la jouissance et de la privation des droits civils.

Décrété le 17 ventose an XI. Promulgué le 27 du même mois.

CHAPITRE PREMIER.

De la jouissance des droits civils.

Article 7. — L'exercice des droits civils est indépendant de la qualité de *citoyen*, laquelle ne s'acquiert et ne se conserve que conformément à la loi constitutionnelle.

Art. 8. — Tout Français jouira des droits civils.

Art. 9. — Tout individu né en France d'un étranger, pourra, dans l'année qui suivra l'époque de sa majorité, réclamer la qualité de *Français*, pourvu que, dans le cas où il résiderait en France, il déclare que son intention est d'y fixer son domicile; et que, dans le cas où il résiderait en pays étranger, il fasse sa soumission de fixer en France son domicile, et qu'il l'y établisse dans l'année à compter de l'acte de soumission.

Art. 10. — Tout enfant né d'un Français, en pays étranger, est Français.

Tout enfant né en pays étranger, d'un Français qui aurait perdu la qualité de Français, pourra toujours recouvrer cette qualité, en remplissant les formalités prescrites par l'art. 9.

Art. 11. — L'étranger jouira en France des mêmes

droits civils que ceux qui sont ou seront accordés aux Français, par les traités de la nation à laquelle cet étranger appartiendra.

Art. 12. — L'étrangère qui aura épousé un Français, suivra la condition de son mari.

Art. 13. — L'étranger qui aura été admis par le Gouvernement à établir son domicile en France, y jouira de tous les droits civils, tant qu'il continuera d'y résider.

Art. 14. — L'étranger, même non résidant en France, pourra être cité devant les tribunaux français, pour l'exécution des obligations par lui contractées en France avec un Français : il pourra être traduit devant les tribunaux de France pour les obligations par lui contractées, en pays étranger, envers des Français.

Art. 15. — Un Français pourra être traduit devant un tribunal de France pour des obligations par lui contractées en pays étranger, même avec un étranger.

Art. 16. — En toutes matières autres que celles de commerce, l'étranger qui sera demandeur, sera tenu de donner caution pour le paiement des frais et dommages-intérêts résultant du procès, à moins qu'il ne possède en France des immeubles d'une valeur suffisante pour assurer ce paiement.

CHAPITRE II.

De la privation des droits civils.

SECTION PREMIÈRE.

De la privation des droits civils par la perte de la qualité de Français.

Article 17. — La qualité de Français se perdra, 1°. par la naturalisation acquise en pays étranger ; 2°. par l'acceptation, non autorisée par le Gouvernement, de fonctions publiques conférées par un Gouvernement étranger; 3°. par l'affiliation à toute corporation étrangère qui exigera des distinctions de naissance; 4°. enfin, par tout établissement fait en pays étranger, sans esprit de retour.

Les établissemens de commerce ne pourront jamais être considérés comme ayant été faits sans esprit de retour.

Art. 18. — Le Français qui aura perdu sa qualité de Français, pourra toujours la recouvrer en entrant en France avec l'autorisation du Gouvernement, et en déclarant qu'il veut s'y fixer, et qu'il renonce à toute distinction contraire à la loi française.

Art. 19. — Une femme française qui épousera un étranger, suivra la condition de son mari.

Si elle devient veuve, elle recouvrera la qualité de Française, pourvu qu'elle réside en France, ou qu'elle y rentre avec l'autorisation du Gouvernement, et en déclarant qu'elle veut s'y fixer.

Art. 20. — Les individus qui recouvreront la qualité de Français dans les cas prévus par les articles 10, 18 et 19, ne pourront s'en prévaloir qu'après avoir rempli les conditions qui leur sont imposées par ces articles, et seulement pour l'exercice des droits ouverts à leur profit depuis cette époque.

Art. 21. — Le Français qui, sans autorisation du Gouvernement, prendrait du service militaire chez l'étranger, ou s'affilierait à une corporation militaire étrangère, perdra sa qualité de Français.

Il ne pourra rentrer en France qu'avec la permission du Gouvernement, et recouvrer la qualité de Français, qu'en remplissant les conditions imposées à l'étranger pour devenir citoyen; le tout sans préjudice des peines prononcées par la loi criminelle contre les Français qui ont porté ou porteront les armes contre leur patrie.

SECTION II.

De la privation des droits civils, par suite des condamnations judiciaires.

Article 22. — Les condamnations à des peines dont l'effet est de priver celui qui est condamné, de toute participation aux droits civils ci-après exprimés, emporteront la mort civile.

Art. 23. — La condamnation à la mort naturelle emportera la mort civile.

Art. 24. — Les autres peines afflictives perpétuelles n'emporteront la mort civile, qu'autant que la loi y aurait attaché cet effet.

Art. 25. — Par la mort civile, le condamné perd la propriété de tous les biens qu'il possédait; sa succession est ouverte au profit de ses héritiers, auxquels ses biens sont dévolus de la même manière que s'il était mort naturellement et sans testament.

Il ne peut plus ni recueillir aucune succession, ni transmettre, à ce titre, les biens qu'il a acquis par la suite.

Il ne peut ni disposer de ses biens, en tout ou en partie, soit par donation entre-vifs, soit par testament, ni recevoir à ce titre, si ce n'est pour cause d'alimens.

Il ne peut être nommé tuteur, ni concourir aux opérations relatives à la tutelle.

Il ne peut être témoin dans un acte solennel ou authentique, ni être admis à porter témoignage en justice.

Il ne peut procéder en justice, ni en défendant, ni en demandant, que sous le nom et par le ministère d'un curateur spécial, qui lui est nommé par le tribunal où l'action est portée.

Il est incapable de contracter un mariage qui produise aucun effet civil.

Le mariage qu'il avait contracté précédemment, est dissous, quant à tous ses effets civils.

Son époux et ses héritiers peuvent exercer respectivement les droits et les actions auxquels sa mort naturelle donnerait ouverture.

Art. 26. — Les condamnations contradictoires n'emportent la mort civile qu'à compter du jour de leur exécution, soit réelle, soit par effigie.

Art. 27. — Les condamnations par contumace n'emporteront la mort civile qu'après les cinq années qui suivront l'exécution du jugement par effigie, et pendant lesquelles le condamné peut se représenter.

Art. 28. — Les condamnés par contumace seront, pendant les cinq ans, ou jusqu'à ce qu'ils se représentent ou qu'ils soient arrêtés pendant ce délai, privés de l'exercice des droits civils.

Leurs biens seront administrés et leurs droits exercés de même que ceux des absens.

Art. 29. — Lorsque le condamné par contumace se présentera volontairement dans les cinq années, à compter du jour de l'exécution, ou lorsqu'il aura été saisi et constitué prisonnier dans ce délai, le jugement sera anéanti de plein droit; l'accusé sera remis en possession de ses biens : il sera jugé de nouveau; et si, par ce nouveau jugement, il est condamné à la même peine ou à une peine différente, emportant également la mort civile, elle n'aura lieu qu'à compter du jour de l'exécution du second jugement.

Art. 30. — Lorsque le condamné par contumace, qui ne se sera représenté, ou qui n'aura été constitué prisonnier qu'après les cinq ans, sera absous par le nouveau jugement, ou n'aura été condamné qu'à une peine qui n'emportera pas la mort civile, il rentrera dans la plénitude de ses droits civils, pour l'avenir, et à compter du jour où il aura reparu en justice; mais le premier jugement conservera, pour le passé, les effets que la mort civile avait produits dans l'intervalle écoulé depuis l'époque de l'expiration des cinq ans jusqu'au jour de sa comparution en justice.

Art. 31. — Si le condamné par contumace meurt dans le délai de grace des cinq années, sans s'être représenté, ou sans avoir été saisi ou arrêté, il sera réputé mort dans l'intégrité de ses droits. Le jugement de contumace sera anéanti de plein droit, sans préjudice néanmoins de l'action de la partie civile, laquelle ne pourra être intentée, contre les héritiers du condamné, que par la voie civile.

Art. 3[illegible]. — En aucun cas, la prescription de la peine ne réintégrera le condamné dans ses droits civils pour l'avenir.

Art. 33. — Les biens acquis par le condamné, depuis la mort civile encourue, et dont il se trouvera en possession au jour de sa mort naturelle, appartiendront à la nation par droit de déshérence.

Néanmoins le Gouvernement en pourra faire, au profit de la veuve, des enfans ou parens du condamné, telles dispositions que l'humanité lui suggérera.

TITRE II.

Des Actes de l'état civil.

LE PREMIER CONSUL a nommé, pour présenter la loi formant le Titre II du CODE CIVIL, et pour en soutenir la discussion, les cit. *Thibaudeau*, *Français* (de Nantes) et *Jolivet*, Conseillers d'État.

Introduits dans la salle du Corps Législatif, le 9 ventose an 11 ; l'un d'eux, portant la parole, a prononcé le discours suivant.

CITOYENS LÉGISLATEURS,

LE projet de loi que nous sommes chargés de vous présenter renferme beaucoup de dispositions qui peuvent d'abord paraître minutieuses ; cependant elles sont d'une grande importance, puisqu'elles ont pour objet de fixer l'état des individus : il s'agit ici de la base fondamentale de la société et de la constitution des familles. Nous n'analyserons point toutes ces dispositions ; il y en a beaucoup qu'il suffira de lire pour que leur utilité soit facilement sentie.

Ce projet de loi contient six parties distinctes ; cette division était indiquée par la nature des choses.

Trois grandes époques constituent l'état des hommes, et sont la source de tous les droits civils : la naissance, le mariage et le décès.

Lorsqu'un individu reçoit le jour, il y a deux choses qu'il importe de constater, le fait de la naissance, et la filiation.

Le mariage a pour but de perpétuer régulièrement l'espèce, et de distinguer les familles; il faut donc des règles qui impriment à ce contrat un caractère uniforme et légal.

La mort rompt les liens qui attachaient l'homme à la société : en cessant de vivre, il transmet des droits. Les naissances, les mariages et les décès sont donc soumis à des règles qui leur sont particulières.

Il y a néanmoins des règles également applicables à tous ces actes, et des principes généraux qui doivent les régir : on les a compris dans un titre préliminaire de dispositions générales. Un titre règle ce qui concerne les actes de l'état civil des militaires hors du territoire de la République. Enfin, malgré la prévoyance du Législateur, il peut se glisser des erreurs dans la rédaction des actes : les parties intéressées ont intérêt d'en demander la rectification; il a fallu déterminer la forme des actions, la compétence des tribunaux, et les effets des jugemens. Voilà le système et l'ensemble de la loi.

Avant d'examiner chacun des titres, nous devons prévenir une réflexion qui se présente naturellement. On pourrait croire que la loi est incomplète, en ce qu'elle ne parle point du divorce et de l'adoption; mais il aurait été prématuré de déterminer les formes des actes relatifs à ces institutions, avant de les avoir soumises au Législateur; nous ne traitons ici que des formes; le fond doit faire l'objet d'autres lois. Les naissances et les décès sont des faits physiques; le mariage est une institution nécessaire et consacrée : il ne peut y avoir à cet égard de dissentiment, ni aucune espèce de discussion. Il n'en est pas ainsi de l'adoption et du divorce. On a donc cru plus régulier et plus convenable de renvoyer à chacune de ces matières les formes dans lesquelles les actes qui les concernent seront rédigés.

L'Assemblée constituante avait décidé qu'il serait établi pour tous les Français, sans distinction, un mode de constater les naissances, mariages et décès. Elle voulait rendre la validité des actes civils indépendante des dogmes religieux. L'Assemblée législative organisa ce principe par la loi du 20 septembre 1792, qui est encore exécutée; mais cette loi ne statua pas seulement sur les formes des actes, elle régla les conditions du mariage. Tout ce que cette loi contenait d'essentiel sur la forme des actes a été conservé dans le projet de loi; on y a seulement fait des additions ou des modifications, qui sont le résultat de l'expérience de plusieurs années : telles sont les dispositions qui rappellent expressément aux officiers de l'état civil qu'ils n'ont aucune jurisdiction, et qu'instrumens passifs des actes, ils ne doivent y insérer que ce qui est déclaré par les comparans; celle qui veut que les témoins soient du sexe masculin, et âgés de vingt-un ans. En effet, il serait inconséquent de ne pas adopter, pour les actes de l'état civil, les mêmes formes que pour les contrats ordinaires; celle qui permet à toute personne de se faire délivrer des expéditions des actes de l'état civil. Les lois qui semblaient avoir limité cette faculté aux parties intéressées, étaient injustes. L'état civil des hommes doit être public, et il y avait de l'inconvénient à laisser les officiers civils juges des motifs sur lesquels pouvait être fondée la demande d'une expédition.

Quant aux registres, la déclaration de 1736 n'en avait établi que deux, c'est-à-dire un seul pour tous les actes, mais tenu double. La loi de 1792 en établit six, c'est-à-dire trois tenus doubles; un pour les naissances, un pour les mariages, et l'autre pour les décès. On avait cru que cette multiplicité de registres faciliterait la distinction de chaque espèce d'acte; mais l'expérience a prouvé que l'on s'était trompé. C'est à cette multiplicité de registres qu'il faut au contraire attribuer l'état déplorable où ils sont dans un trop grand nombre de communes. Comment, en effet, espérer que des administrateurs municipaux, souvent peu instruits, et chargés gratuitement de la rédaction des actes, ne commissent pas un grand nombre d'erreurs et de confusions? Lorsque le registre des actes de décès était rempli avant la fin de l'année, l'officier de l'état civil inscrivait ces actes sur le registre des naissances où il restait des feuillets blancs; et ce qui n'était qu'une transposition, a souvent paru une lacune ou une omission. On a donc pensé qu'il était plus convenable de n'avoir qu'un seul registre tenu double, pour l'inscription des actes de toute espèce à la suite les uns des autres, et que ce procédé était beaucoup plus simple, exigeait moins d'attention, et exposait à moins d'erreurs. Cette forme ne rend pas plus difficiles les relevés que le Gouvernement est dans le cas d'ordonner pour les travaux relatifs à la population. Cependant la règle de l'unité des registres n'est pas posée d'une manière si absolue, que le Gouvernement ne puisse y faire exception pour les villes où les officiers de l'état civil ont plus de lumières, et où la rédaction des actes est plus multipliée. Cette latitude parut même nécessaire dans les discussions qui précédèrent la loi du 20 novembre : on disait alors que la tenue de six registres serait plus embarrassante qu'utile dans les endroits qui n'étaient pas très-peuplés.

La loi de 1792 attribuait à l'autorité administrative une sorte de jurisdiction et de police sur la tenue des registres. En effet, elle disposait qu'ils seraient cotés et paraphés par le président du directoire de district, que l'un des doubles serait transmis à cette administration, qui vérifierait si les actes avaient été dressés, et les registres tenus dans les formes prescrites; et que ce double serait ensuite envoyé au directoire du département avec les observations, déposé et conservé aux archives de cette administration. On motivait ces dispositions sur les relations des citoyens avec les administrations de département, les relations des administrations avec le Ministre de l'intérieur et le Corps législatif. On prétendait que les registres seraient mieux conservés dans les archives des administrations que dans les greffes; que ce dépôt n'avait rien de commun avec les fonctions judiciaires; que les rapports des citoyens avec les tribunaux, quant à leur état civil, étaient purement accidentels; qu'au contraire l'administration devait donner les états de population, et répartir les contributions dont la population est une des grandes bases.

D'un autre côté, on dit avec raison que l'état civil des citoyens est une propriété qui repose, comme toutes les autres propriétés, sous l'égide des tribunaux. Les registres doivent être cotés et paraphés par le juge, parce que sans cela, en cas de contestation, il serait obligé de faire vérifier la signature et le paraphe des préfets ou sous-préfets. Ainsi lorsque les registres étaient tenus par les curés, ils étaient déposés aux greffes des bailliages, et conservés par l'autorité chargée de protéger l'état des citoyens. On n'attente point aux droits de l'autorité administrative : ses fonctions, qui ne sont à cet égard que de police, se bornent à pourvoir les communes de registres ; car s'il y a des altérations, s'il survient des procès, cela ne regarde plus que les tribunaux. Il importe que le dépositaire du registre soit, autant que possible, permanent; et les agens de l'autorité judiciaire sont plus stables que ceux de l'autorité administrative. Si les préfets ont besoin des registres pour les états de population, on pourra les autoriser à prendre aux greffes des tribunaux tous les renseignemens qui leur seront nécessaires ; d'ailleurs, le double qui doit être déposé aux archives de chaque commune est toujours à leur disposition.

C'est d'après ces motifs que l'on propose de faire coter et parapher les registres par le président du tribunal de première instance, de faire déposer l'un des doubles au greffe de ce tribunal, et d'annexer à ce double les procurations ou autres pièces dont la présentation aura été exigée.

Il ne suffisait pas de régler la forme dans laquelle les registres doivent être tenus, et d'en prescrire le dépôt; il fallait encore rendre les officiers civils responsables, prononcer des peines contre ceux qui se rendraient coupables de contraventions ou de délits, imposer à une autorité étrangère à la tenue des registres, le devoir d'en vérifier l'état, et de poursuivre l'application des peines, et réserver les dommages-intérêts des parties lésées.

On doit, en effet, distinguer les simples contraventions qui sont le résultat de l'erreur ou de la négligence, les délits qui supposent des intentions criminelles, tels que les faux ou les altérations. Les contraventions ne sont punies que d'une amende qui ne peut excéder 100 francs; les délits sont punis de peines qu'il n'appartient qu'au Code pénal de déterminer.

Le commissaire du Gouvernement près le tribunal de première instance vérifie l'état des registres, lorsqu'ils sont déposés au greffe; il en dresse procès-verbal sommaire ; il dénonce les délits, et requiert la condamnation aux amendes.

Cette vérification ne lui donne pas le droit, ni au tribunal, de rien changer d'office à l'état des registres; ils doivent demeurer avec leurs omissions, leurs erreurs ou leurs imperfections : il serait du plus grand danger que, même sous le prétexte de régulariser, de corriger ou de perfectionner, aucune autorité pût porter la main sur les registres. L'allégation d'un vice dans un acte est un fait à prouver; il peut être contesté par les tiers auxquels l'erreur prétendue a acquis des droits; c'est la matière d'un procès: les tribunaux ne peuvent en connaître que dans ce dernier cas, comme on le verra au titre de la *rectification des actes*. S'il en était autrement, l'état, la fortune des citoyens, seraient à chaque instant compromis et toujours incertains.

Il n'y a que l'autorité des titres publics et de la possession qui rende l'état civil inébranlable. La loi naturelle a établi la preuve qui naît de la possession; la loi civile a établi la preuve qui naît des registres; la preuve testimoniale seule n'est pas d'un poids ni d'un caractère qui puissent suppléer à ces espèces de preuves, ni leur être opposés.

Toutes les ordonnances animées de cet esprit, ont donc voulu que la preuve de la naissance fût faite par les registres publics; et, en cas de perte des registres publics, que l'on eût recours aux registres et papiers domestiques des pères et mères décédés, pour ne pas faire dépendre uniquement l'état, la filiation, l'ordre et l'harmonie des familles, de preuves équivoques et dangereuses, telles que la preuve testimoniale seule, dont l'incertitude a toujours effrayé les législateurs.

L'ordonnance de 1667 avait, par une disposition formelle, consacré ces principes; la jurisprudence y a toujours été conforme, et le projet de loi les rappelle.

Il était nécessaire de régler ce qui concerne l'état civil des Français qui sont momentanément à l'étranger. La loi leur permet de suivre les formes établies dans les pays où ils se trouvent, ou de profiter du bénéfice de la loi française, en s'adressant aux agens diplomatiques de leur nation, qui sont considérés comme officiers de l'état civil. On a donné, à cet égard, quelqu'extension aux dispositions de l'ordonnance de 1681.

Le titre 2 règle ce qui concerne les actes de naissance.

Les anciennes lois exigeaient simplement dans les actes de baptême la signature du père, s'il était présent, et celle du parrain et de la marraine.

La loi de septembre 1792 exigea davantage : elle imposa au père et à l'accoucheur présens à la naissance, ou à la personne chez laquelle une femme aurait accouché, l'obligation de déclarer la naissance à l'officier de l'état civil ; elle punit de deux mois de prison la contravention à cette disposition : mais on reconnut bientôt que la loi était incomplète, puisqu'elle ne déterminait pas le délai dans lequel la déclaration devait être faite. Cette omission fut réparée par la loi additionnelle du 19 décembre 1792, qui fixa ce délai à trois jours de la naissance et du décès, et qui porta la peine jusqu'à six mois de prison, en cas de récidive. On ne voit point dans la discussion de ces lois le motif de ce nouveau systême des déclarations ; cependant il est facile de le reconnaître lorsqu'on se reporte aux circonstances. Les dissentions religieuses et politiques faisaient dissimuler des naissances. Il y avait des parens qui, par esprit d'opposition à la nouvelle législation, ou par les alarmes qu'on jetait dans leur conscience, refusaient de présenter leurs enfans à l'officier civil ; l'état de ces enfans était compromis : mais il fallait éclairer plutôt que punir. La menace de la peine ne convertit point les parens de mauvaise foi ; elle ne décida point les consciences timorées et crédules : tout le monde sait que la loi ne continua pas moins à être éludée.

Maintenant que les circonstances sont changées, que la liberté des cultes existe réellement, que les persécutions religieuses ont entièrement cessé, qu'en attribuant à l'autorité civile la rédaction des actes relatifs à l'état des hommes, on ne défend point aux parens de les faire sanctifier par les solemnités de leur religion, il est inutile d'employer des moyens de rigueur, dont l'effet est d'ailleurs toujours illusoire. La déclaration des naissances n'a donc été conservée que comme un conseil, et comme l'indication d'un devoir à remplir par les parens ou autres témoins de l'accouchement. On a pensé que la peine ne servirait qu'à éloigner de la mère les secours de l'amitié, de l'art et de la charité, dans le moment où donnant le jour à un être faible, elle en a le plus besoin pour elle et pour lui. Car quel est celui qui ne redouterait pas d'être témoin d'un fait à l'occasion duquel il pourrait être un jour, quoique innocent, recherché et puni de deux ou six mois de prison ? D'ailleurs, pour punir le défaut de déclaration, il faut évidemment fixer un délai dans lequel cette obligation devra être remplie; et si, par des circonstances que le législateur ne peut prévoir, cette déclaration n'a pas été faite dans le temps prescrit, il en résultera que l'on continuera à dissimuler la naissance de l'enfant, plutôt que de s'exposer à subir une peine en faisant une déclaration tardive; ainsi les précautions que l'on croirait prendre pour assurer l'état des hommes, ne feraient au contraire que le compromettre.

Les déclarations de naissance seront faites dans les trois jours de l'accouchement à l'officier civil, par le père ou autres personnes qui auront assisté à l'accouchement; l'acte sera dressé de suite en présence de deux témoins.

L'enfant sera toujours présenté à l'officier civil. Cette formalité est nécessaire pour prévenir beaucoup d'abus : elle n'interdit point à l'officier civil de se transporter vers l'enfant, suivant l'urgence des cas.

Un article règle ce qui concerne les enfans trouvés, comme dans la loi de 1792 : on a seulement évité d'employer toute expression qui tendrait à occasionner des recherches sur la paternité. Constater la naissance de l'enfant et le lieu où il est déposé, pourvoir à ses besoins, recueillir avec soin tout ce qui peut servir à le faire un jour reconnaître par ses parens; voilà les droits et les obligations de la société; voilà ce qui se pratique chez toutes les nations policées. Les recherches que

l'autorité

l'autorité ferait de la paternité seraient funestes aux enfans; elles mettraient aux prises l'honneur avec la tendresse maternelle, la pudeur avec la nature; elles renouvelleraient le scandale de ces crimes affreux que provoquait une législation barbare.

On a prévu le cas où un enfant naîtrait pendant un voyage de mer; on a pourvu à ce que son acte de naissance ne se perdît point en cas de naufrage.

Enfin, comme au titre *de la filiation*, il est traité de la reconnaissance des enfans nés hors mariage; un article statue que les actes de reconnaissance seront inscrits sur les registres.

Le titre III traite des actes de mariage.

On en a soigneusement écarté tout ce qui est relatif aux conditions, aux empêchemens, aux nullités : tous ces objets tenant à la validité du mariage, ont été renvoyés au titre qui concerne cet important contrat.

Le mariage intéresse toute la société : son premier caractère est d'être public. L'ordonnance de Blois voulait : » Que toute » personne, de quelque état et condition qu'elle fût, ne pût » contracter valablement mariage sans proclamation précédente » de bans, faite par trois divers jours de fête avec intervalle » compétent, dont on ne pourrait obtenir dispense, sinon après » la première publication, et seulement pour quelque urgente » et légitime cause. »

Mais les dispositions de cette loi furent éludées; la formalité des publications n'était plus observée que par ceux qui n'avaient pas le moyen de payer les dispenses; ces trois publications étaient devenues l'exception, et les dispenses, la règle habituelle.

La loi de 1792 n'exigeait qu'une publication faite huit jours avant la célébration du mariage, et affichée pendant ce délai.

Il est si important de prévenir les abus des mariages clandestins, que l'on propose de faire deux publications à huit jours d'intervalle.

Mais les publications ne produisent réellement la publicité que lorsqu'elles sont faites les jours où les citoyens se réunissent; c'est par ce motif que l'on a désigné le dimanche : cependant les publications n'en seront pas moins un acte civil absolument étranger aux institutions religieuses; c'est l'officier civil qui est chargé de les faire, et devant la porte de la maison commune.

On a encore ajouté la précaution de l'affiche pendant les huit jours d'intervalle de l'une à l'autre publication, et le mariage ne pourra être célébré que trois jours après la deuxième publication.

Il serait superflu de détailler ici les énonciations qui doivent être faites dans ces sortes d'actes, ainsi que la forme du registre sur lequel elles doivent être inscrites.

Il fallait prévoir le cas où le mariage n'aurait pas été célébré après les publications, ni dans l'année qui les suit; alors on dispose qu'il ne pourra plus l'être sans de nouvelles publications : le motif de cette disposition n'a pas besoin d'être développé.

Plusieurs articles règlent la forme des oppositions, de leur notification et de leur main-levée, la mention sur le registre des publications. En cas d'opposition, l'officier de l'état civil ne peut passer outre au mariage, sous peine de trois cents francs d'amende et des dommages-intérêts.

Comme la validité du mariage dépend de l'âge des contractans, ils sont tenus de représenter leur extrait de naissance à l'officier de l'état civil : mais il y a des circonstances où la représentation de cet acte est impossible; il est juste alors d'y suppléer; la faveur due au mariage l'exige.

On le fera en rapportant un acte de notoriété qui devra être homologué par un tribunal qui appréciera les causes qui empêchent de rapporter l'acte de naissance.

Après avoir pris toutes les précautions pour assurer la publicité du mariage, et après avoir désigné les pièces que les contractans doivent produire relativement à leur état, la loi règle la célébration.

Elle doit avoir lieu dans la commune où l'un des deux époux

a son domicile : ce domicile, quant au mariage, s'établit par six mois d'habitation ; c'est un principe consacré par toutes les lois : c'est l'officier de l'état civil qui célèbre le mariage au jour désigné par les futurs époux, et dans la maison commune.

L'acte de célébration doit être inscrit sur les registres.

Le titre IV règle ce qui concerne les décès.

Les dispositions de la loi sont conformes à celles de 1792, sauf quelques modifications.

L'inhumation ne peut être faite sans une autorisation de l'officier de l'état civil, qui ne pourra la délivrer qu'après s'être transporté auprès de la personne décédée, pour s'assurer du décès, et que vingt-quatre heures après le décès ; la loi ajoute : *hors les cas prévus par les réglemens de police.* Cette exception a été réclamée par plusieurs tribunaux. Il y a en effet des circonstances où le délai de vingt-quatre heures pourrait devenir funeste ; il est d'une bonne police d'y pourvoir.

Le transport de l'officier de l'état civil auprès de la personne décédée, est une précaution indispensable pour constater le décès : la loi l'a exigé dans des cas où celle de 1792 l'avait omis ; comme ceux de décès dans les hôpitaux, prisons et autres établissemens publics.

Il y a des décès qui, par leur nature et leurs causes, font exception ; la loi de 1792 n'avait réglé que ce qui concernait les corps trouvés avec des indices de mort violente.

Le projet de loi embrasse encore ce qui concerne les exécutions à mort, ou les décès dans les maisons de réclusion et de détention.

L'usage était d'inscrire sur les registres le procès-verbal d'exécution à mort ; la loi du 21 janvier 1790 l'abolit, et ordonna qu'il ne serait plus fait sur les registres aucune mention du genre de mort.

On a pensé qu'il fallait étendre cette disposition à trois espèces qui les renferment toutes.

La mort violente, qui comprend le duel, et sur-tout le suicide.

La mort en prison, ou autres lieux de détention; ce qui comprend l'état d'arrestation, d'accusation et de condamnation.

Enfin, l'exécution à mort par suite d'un jugement.

Quoique, aux yeux de la raison, les peines et la flétrissure qui en résultent, soient personnelles, on ne peut pas se dissimuler qu'un préjugé contraire a encore beaucoup d'empire sur le plus grand nombre des hommes : dès-lors la loi qui ne peut l'effacer subitement, doit en adoucir les effets, et venir au secours des familles qui auraient à en supporter l'injustice. Elle a donc consacré formellement le principe de celle de 1790, en disposant que, dans tous ces cas, les actes de décès seront simplement rédigés dans les formes communes aux décès ordinaires.

Elle règle ensuite ce qui concerne le décès en mer, comme elle l'a fait pour les naissances.

Après avoir embrassé, dans sa prévoyance, la naissance, le mariage et la mort; après avoir prescrit toutes les précautions capables d'assurer l'état des hommes, et de prévenir les abus que la fraude, la négligence ou l'erreur peuvent introduire, la loi a dû s'occuper de ce qui concerne les militaires hors du territoire de la République : c'est l'objet du titre V.

Les armées de la République sont composées de toute la jeunesse française; ce sont les fils des citoyens que la loi y appelle sans exception. En obéissant à la voix de la patrie, chaque soldat n'en continue pas moins d'appartenir à une famille; il ne cesse point d'avoir le libre usage des droits civils, dans les limites qui sont compatibles avec l'état militaire. Ainsi, lorsqu'il est sur le territoire français, ses droits sont réglés par la loi commune; mais en temps de guerre, lorsque l'armée est sur le territoire étranger, il y a nécessairement exception.

On aurait pu rigoureusement, dans le projet de loi, se contenter de l'article du titre des dispositions générales, qui porte: Que tous actes de l'état civil des Français, faits en pays étrangers, feront foi, lorsqu'ils auront été rédigés dans les formes usitées dans ces pays.

Mais, quant à cette matière, on a pensé, avec raison, que la France était momentanément par-tout où une armée française portait ses pas; que la patrie, pour des militaires, était toujours attachée au drapeau.

Pendant la dernière guerre, on s'est joué du plus saint des contrats, du mariage. Des héritiers dont l'origine a été inconnue aux familles, viennent chaque jour y porter le trouble : des parens sont toujours dans l'incertitude sur l'existence de leurs enfans. Il y a eu, sans doute, des abus que le caractère extraordinaire de cette guerre ne permettait pas de prévenir; mais il en est un grand nombre qu'on peut attribuer à l'imprévoyance de la législation.

Il y aura donc un registre de l'état civil dans chaque corps de troupes et à l'état-major de chaque armée, pour les officiers sans troupes et pour les employés.

Les fonctions d'officier de l'état civil seront remplies, dans les corps, par le quartier-maître; et à l'état-major, par l'inspecteur aux revues.

Les actes seront inscrits sur ces registres, et expédition en sera envoyée à l'officier de l'état civil du domicile des parties, pour y être inscrite sur les registres. A la rentrée des armées sur le territoire de la République, les registres de l'état civil des militaires seront déposés aux archives de la guerre.

Les publications de mariage continueront d'être faites au lieu du dernier domicile des époux, et mises en outre à l'ordre du jour des corps ou de l'armée, vingt-cinq jours avant la célébration du mariage.

Le titre sixième du projet de loi contient quelques dispositions relatives à la rectification des actes de l'état civil.

Il y a eu à cet égard deux systêmes.

Dans le projet du Code, on avait décidé que les ratures et renvois non approuvés ne viciaient point le surplus de l'acte, et qu'on aurait tel égard que de raison aux abréviations et dates mises en chiffres. S'il y avait des nullités, le commissaire près le tribunal devait requérir que les parties et les témoins qui avaient souscrit les actes nuls, fussent tenus de comparaître devant l'officier de l'état civil, pour rédiger un nouvel acte ; ce qui devait être ordonné par le tribunal. En cas de mort ou d'empêchement des témoins, ils étaient remplacés par d'autres témoins.

La rectification pouvait aussi être ordonnée par les tribunaux, sur la demande des parties intéressées : le jugement ne pouvait jamais être opposé à celles qui n'avaient point requis la rectification, ou qui n'y avaient point été appelées.

Les jugemens de rectification, rendus en dernier ressort, ou passés en force de chose jugée, devaient être inscrits sur les registres, en marge de l'acte réformé.

Ainsi l'on distinguait, à cet égard, deux juridictions ; l'une, que nous appellerons *gracieuse*, lorsque le tribunal ordonnait d'office la rectification ; l'autre *contentieuse*, lorsque la rectification était ordonnée sur la demande des parties ; ce dernier mode forme le second système.

Le premier système a paru susceptible d'inconvéniens, en ce que l'on entamait la question des nullités des actes de l'état civil, qu'il est impossible de préciser assez exactement, et qu'il vaut mieux laisser en litige et à l'arbitrage des juges, suivant les circonstances, sauf quelques cas graves spécialement déterminés aux divers titres du Code civil, tels que ceux du mariage et de la filiation.

Ensuite on a pensé que rien ne justifiait cette vérification d'office requise par le commissaire, et ordonnée par le tribunal : on ne conçoit pas comment elle pourrait être faite sans donner lieu à de graves inconvéniens. Les registres de l'état civil sont, comme nous l'avons déjà dit, un dépôt sacré ; nulle autorité n'a le droit de modifier ou de rectifier d'office les actes qui y sont inscrits. Si le commissaire près le tribunal est tenu de vérifier l'état des registres, lorsqu'ils sont déposés au greffe, ce ne peut être que pour constater les contraventions ou les délits commis par les officiers de l'état civil, et pour en requérir la punition : c'est une vérification de police qui ne doit nullement influer sur la validité des actes : c'est ainsi que la loi de 1792 l'avait décidé. Les erreurs, les omissions et tous les vices qui peuvent se rencontrer dans les actes de l'état civil, acquièrent des droits à des tiers. S'il y a lieu à rectification, elle ne doit être ordonnée que sur la demande des parties, contradictoirement avec tous les intéressés ; en un mot, la rectification officieuse serait absolument inutile, puisque les partisans de ce système ne peuvent pas s'empêcher de convenir qu'elle ne pourrait être opposée à ceux qui n'y auraient pas consenti, ou qui n'y auraient pas été appelés.

Le projet de loi n'adopte donc la rectification que sur la demande des parties, et contradictoirement avec tous les intéressés. La rectification ne peut jamais être opposée à ceux qui y ont été étrangers. Lorsque le jugement qui l'ordonne est rendu en dernier ressort, ou passé en force de chose jugée, il doit être inscrit sur les registres, en marge de l'acte réformé.

Il n'y a point de modèles, ou formules d'actes annexés à la loi. Il peut être utile d'en transmettre aux officiers de l'état civil pour en faciliter la rédaction, et pour la rendre uniforme ; mais ces modèles sont susceptibles de perfection. Il faut que l'on puisse y faire les changemens dont l'expérience démontrera l'utilité. Il serait fâcheux d'être lié, à cet égard, par une loi, par un Code civil dont la perpétuité doit être dans le vœu des législateurs et des citoyens. Le Code règle la forme des actes : des modèles ne sont plus qu'un acte d'exécution, dont, à la rigueur, on pourrait se passer ; mais le Gouvernement y pourvoira.

Tels sont, citoyens Législateurs, les motifs du projet de loi qui vous est présenté.

Suit le texte de la loi.

TITRE II.

Des actes de l'état civil.

Décrété le 20 ventose an XI. Promulgué le 30 suivant.

CHAPITRE PREMIER.

Dispositions générales.

Article 34. — Les actes de l'état civil énonceront l'année, le jour et l'heure où ils seront reçus, les prénoms, noms, âge, profession et domicile de tous ceux qui y seront dénommés.

Art. 35. — Les officiers de l'état civil ne pourront rien insérer dans les actes qu'ils recevront, soit par note, soit par énonciation quelconque, que ce qui doit être déclaré par les comparans.

Art. 36. — Dans les cas où les parties intéressées ne seront point obligées de comparaître en personne, elles pourront se faire représenter par un fondé de procuration spéciale et authentique.

Art. 37. — Les témoins produits aux actes de l'état civil ne pourront être que du sexe masculin, âgés de 21 ans au moins, parens ou autres, et ils seront choisis par les personnes intéressées.

Art. 38. — L'officier de l'état civil donnera lecture des actes aux parties comparantes, ou à leurs fondés de procuration, et aux témoins.

Il y sera fait mention de l'accomplissement de cette formalité.

Art. 39. — Ces actes seront signés par l'officier de l'état civil, par les comparans et les témoins ; ou mention sera faite de la cause qui empêchera les comparans et les témoins de signer.

Art. 40. — Les actes de l'état civil seront inscrits, dans chaque commune, sur un ou plusieurs registres tenus doubles.

Art. 41. — Les registres seront cotés par première et dernière, et paraphés, sur chaque feuille, par le président du tribunal de première instance, ou par le juge qui le remplacera.

Art. 42. — Les actes seront inscrits sur les registres, de suite, sans aucun blanc. Les ratures et les renvois seront approuvés et signés de la même manière que le corps de l'acte. Il n'y sera rien écrit par abréviation, et aucune date ne sera mise en chiffres.

Art. 43. — Les registres seront clos et arrêtés par l'officier de l'état civil, à la fin de chaque année; et dans le mois, l'un des doubles sera déposé aux archives de la commune, l'autre au greffe du tribunal de première instance.

Art. 44. — Les procurations et les autres pièces qui doivent demeurer annexées aux actes de l'état civil, seront déposées, après qu'elles auront été paraphées par la personne qui les aura produites, et par l'officier de l'état civil, au greffe du tribunal, avec le double des registres, dont le dépôt doit avoir lieu audit greffe.

Art. 45. — Toute personne pourra se faire délivrer, par les dépositaires des registres de l'état civil, des extraits de ces registres. Les extraits délivrés conformes aux registres, et légalisés par le président du tribunal de première instance, ou par le juge qui le remplacera, feront foi jusqu'à inscription de faux.

Art. 46. — Lorsqu'il n'aura pas existé de registres ou

qu'ils seront perdus, la preuve en sera reçue tant par titres que par témoins; et dans ces cas, les mariages, naissances et décès pourront être prouvés tant par les registres et papiers émanés des pères et mères décédés, que par témoins.

Art. 47. — Tout acte de l'état civil des Français et des Étrangers, fait en pays étranger, fera foi, s'il a été rédigé dans les formes usitées dans ledit pays.

Art. 48. — Tout acte de l'état civil des Français en pays étranger, sera valable, s'il a été reçu, conformément aux lois françaises, par les agens diplomatiques, ou par les commissaires des relations commerciales de la République.

Art. 49. — Dans tous les cas où la mention d'un acte relatif à l'état civil devra avoir lieu en marge d'un autre acte déjà inscrit, elle sera faite, à la requête des parties intéressées, par l'officier de l'état civil, sur les registres courans, ou sur ceux qui auront été déposés aux archives de la commune, et par le greffier du tribunal de première instance, sur les registres déposés au greffe; à l'effet de quoi l'officier de l'état civil en donnera avis, dans les trois jours, au commissaire du Gouvernement près ledit tribunal, qui veillera à ce que la mention soit faite, d'une manière uniforme, sur les deux registres.

Art. 50. — Toute contravention aux articles précédens, de la part des fonctionnaires y dénommés, sera poursuivie devant le tribunal de première instance, et punie d'une amende qui ne pourra excéder cent francs.

Art. 51. — Tout dépositaire des registres sera civilement responsable des altérations qui y surviendront, sauf son recours, s'il y a lieu, contre les auteurs desdites altérations.

Art. 52. — Toute altération, tout faux dans les actes

de l'état civil, toute inscription de ces actes, faite sur une feuille volante, et autrement que sur les registres à ce destinés, donneront lieu aux dommages-intérêts des parties, sans préjudice des peines portées au Code pénal.

Art. 53. — Le commissaire du Gouvernement près le tribunal de première instance sera tenu de vérifier l'état des registres, lors du dépôt qui en sera fait au greffe; il dressera un procès-verbal sommaire de la vérification, dénoncera les contraventions ou délits commis par les officiers de l'état civil, et requerra contre eux la condamnation aux amendes.

Art. 54. — Dans tous les cas où un tribunal de première instance connaîtra des actes relatifs à l'état civil, les parties intéressées pourront se pourvoir contre le jugement.

CHAPITRE II.

Des actes de naissance.

Article 55. — Les déclarations de naissance seront faites, dans les trois jours de l'accouchement, à l'officier de l'état civil du lieu; l'enfant lui sera présenté.

Art. 56. — La naissance de l'enfant sera déclarée par le père, ou, à défaut du père, par les docteurs en médecine ou en chirurgie, sages-femmes, officiers de santé ou autres personnes qui auront assisté à l'accouchement; et lorsque la mère sera accouchée hors de son domicile, par la personne chez qui elle sera accouchée.

L'acte de naissance sera rédigé de suite, en présence de deux témoins.

Art. 57. — L'acte de naissance énoncera le jour, l'heure et le lieu de la naissance, le sexe de l'enfant et les prénoms qui lui seront donnés, les prénoms, noms, profession et domicile des père et mère, et ceux des témoins.

Art. 58. — Toute personne qui aura trouvé un enfant nouveau-né, sera tenue de le remettre à l'officier de l'état civil, ainsi que les vêtemens et autres effets trouvés avec l'enfant, et de déclarer toutes les circonstances du temps et du lieu où il aura été trouvé.

Il en sera dressé un procès-verbal détaillé, qui énoncera, en outre, l'âge apparent de l'enfant, son sexe, les noms qui lui seront donnés, l'autorité civile à laquelle il sera remis. Ce procès-verbal sera inscrit sur les registres.

Art. 59. — S'il naît un enfant pendant un voyage de mer, l'acte de naissance sera dressé dans les vingt-quatre heures, en présence du père, s'il est présent, et de deux témoins pris parmi les officiers du bâtiment, ou, à leur défaut, parmi les hommes de l'équipage. Cet acte sera rédigé, savoir, sur les bâtimens de l'Etat, par l'officier d'administration de la marine; et sur les bâtimens appartenant à un armateur ou négociant, par le capitaine, maître ou patron du navire. L'acte de naissance sera inscrit à la suite du rôle d'équipage.

Art. 60. — Au premier port où le bâtiment abordera, soit de relâche, soit pour toute autre cause que celle de son désarmement, les officiers de l'administration de la marine, capitaine, maître ou patron, seront tenus de déposer deux expéditions authentiques des actes de naissance qu'ils auront rédigés; savoir, dans un port français, au bureau du préposé à l'inscription maritime; et dans un port étranger, entre les mains du commissaire des relations commerciales.

L'une de ces expéditions restera déposée au bureau de l'inscription maritime, ou à la chancellerie du commissariat; l'autre sera envoyée au ministre de la marine, qui fera parvenir une copie, de lui certifiée, de chacun desdits actes, à l'officier de l'état civil du domicile du père de l'enfant, ou de la mère, si le père est inconnu: cette copie sera inscrite de suite sur les registres.

Art. 61. — A l'arrivée du bâtiment dans le port du désarmement, le rôle d'équipage sera déposé au bureau du préposé à l'inscription maritime, qui enverra une expédition de l'acte de naissance, de lui signée, à l'officier de l'état civil du domicile du père de l'enfant, ou de la mère, si le père est inconnu: cette expédition sera inscrite de suite sur les registres.

Art. 62. — L'acte de reconnaissance d'un enfant sera inscrit sur les registres, à sa date; et il en sera fait mention en marge de l'acte de naissance, s'il en existe un.

CHAPITRE III.

Des actes de mariage.

Article 63. — Avant la célébration du mariage, l'officier de l'état civil fera deux publications, à huit jours d'intervalle, un jour de dimanche, devant la porte de la maison commune. Ces publications, et l'acte qui en sera dressé, énonceront les prénoms, noms, professions et domiciles des futurs époux, leur qualité de majeurs ou de mineurs, et les prénoms, noms, professions et domiciles de leurs pères et mères. Cet acte énoncera, en outre, les jours, lieux et heures où les publications auront été faites: il sera inscrit sur un seul registre, qui sera coté et paraphé, comme il est dit en l'article 41, et déposé, à la fin de chaque année, au greffe du tribunal de l'arrondissement.

Art. 64. — Un extrait de l'acte de publication sera et restera affiché à la porte de la maison commune, pendant les huit jours d'intervalle de l'une à l'autre publication.

Le mariage ne pourra être célébré avant le troisième jour, depuis et non compris celui de la seconde publication.

Art. 65. — Si le mariage n'a pas été célébré dans l'année, à compter de l'expiration du délai des publications, il ne pourra plus être célébré qu'après que de nouvelles publications auront été faites dans la forme ci-dessus prescrite.

Art. 66. — Les actes d'opposition au mariage seront signés sur l'original et sur la copie par les opposans ou par leurs fondés de procuration spéciale et authentique; ils seront signifiés, avec la copie de la procuration, à la personne ou au domicile des parties, et à l'officier de l'état civil, qui mettra son *visa* sur l'original.

Art. 67. — L'officier de l'état civil fera, sans délai, une mention sommaire des oppositions sur le registre des publications; il fera aussi mention, en marge, de l'inscription desdites oppositions, des jugemens, ou des actes de main-levée dont expédition lui aura été remise.

Art. 68. — En cas d'opposition, l'officier de l'état civil ne pourra célébrer le mariage avant qu'on lui en ait remis la main-levée, sous peine de trois cents francs d'amende et de tous dommages-intérêts.

Art. 69. — S'il n'y a point d'opposition, il en sera fait mention dans l'acte de mariage; et si les publications ont été faites dans plusieurs communes, les parties remettront un certificat délivré par l'officier de l'état civil de chaque commune, constatant qu'il n'existe point d'opposition.

Art. 70 — L'officier de l'état civil se fera remettre l'acte de naissance de chacun des futurs époux. Celui des époux qui serait dans l'impossibilité de se le procurer, pourra le suppléer en rapportant un acte de notoriété délivré par le juge de paix du lieu de sa naissance, ou par celui de son domicile.

Art. 71. — L'acte de notoriété contiendra la déclaration faite par sept témoins, de l'un ou de l'autre sexe, parens ou non parens, des prénoms, nom, profession et domicile du futur époux, et de ceux de ses père et mère, s'ils sont connus; le lieu, et, autant que possible, l'époque de sa naissance, et les causes qui empêchent d'en rapporter l'acte. Les témoins signeront l'acte de notoriété avec le juge de paix; et s'il en est qui ne puissent ou ne sachent signer, il en sera fait mention.

Art. 72. — L'acte de notoriété sera présenté au tribunal de première instance du lieu où doit se célébrer le mariage. Le tribunal, après avoir entendu le commissaire du Gouvernement, donnera ou refusera son homologation, selon qu'il trouvera suffisantes ou insuffisantes les déclarations des témoins, et les causes qui empêchent de rapporter l'acte de naissance.

Art. 73. — L'acte authentique du consentement des pères et mères, ou aïeuls et aïeules, ou, à leur défaut, celui de la famille, contiendra les prénoms, noms, professions et domiciles du futur époux, et de tous ceux qui auront concouru à l'acte, ainsi que leur degré de parenté.

Art. 74. — Le mariage sera célébré dans la commune où l'un des deux époux aura son domicile. Ce domicile, quant au mariage, s'établira par six mois d'habitation continue dans la même commune.

Art. 75. — Le jour désigné par les parties, après les délais des publications, l'officier de l'état civil, dans la maison commune, en présence de quatre témoins, parens ou non parens, fera lecture aux parties, des pièces ci-dessus mentionnées, relatives à leur état et aux formalités du mariage, et du chapitre 6 du *Titre du mariage, sur les droits et les devoirs respectifs des époux*. Il recevra de chaque partie, l'une après l'autre, la déclaration qu'elles veulent se prendre pour mari et femme ; il prononcera, au nom de la loi, qu'elles sont unies par le mariage, et il en dressera acte sur-le-champ.

Art. 76. — On énoncera dans l'acte de mariage,

1°. Les prénoms, noms, professions, âge, lieu de naissance et domiciles des époux ;

2°. S'ils sont majeurs ou mineurs ;

3°. Les prénoms, noms, professions et domiciles des pères et mères ;

4°. Le consentement des pères et mères, aïeuls et aïeules, et celui de la famille, dans les cas où ils sont requis ;

5°. Les actes respectueux, s'il en a été fait.

6°. Les publications dans les divers domiciles ;

7°. Les oppositions, s'il y en a eu ; leur main-levée, ou la mention qu'il n'y a point eu d'opposition ;

8°. La déclaration des contractans de se prendre pour époux, et le prononcé de leur union par l'officier public ;

9°. Les prénoms, noms, âge, professions et domiciles des témoins, et leur déclaration s'ils sont parens ou alliés des parties, de quel côté et à quel degré.

CHAPITRE IV.

Des actes de décès.

Article 77. — Aucune inhumation ne sera faite sans une autorisation, sur papier libre et sans frais, de l'officier de l'état civil, qui ne pourra la délivrer qu'après

s'être

s'être transporté auprès de la personne décédée, pour s'assurer du décès, et que vingt-quatre heures après le décès, hors les cas prévus par les réglemens de police.

Art. 78. — L'acte de décès sera dressé par l'officier de l'état civil, sur la déclaration de deux témoins. Ces témoins seront, s'il est possible, les deux plus proches parens ou voisins, ou, lorsqu'une personne sera décédée hors de son domicile, la personne chez laquelle elle sera décédée, et un parent ou autre.

Art. 79. — L'acte de décès contiendra les prénoms, nom, âge, profession et domicile de la personne décédée; les prénoms et nom de l'autre époux, si la personne décédée était mariée ou veuve; les prénoms, noms, âge, professions et domiciles des déclarans; et, s'ils sont parens, leur degré de parenté.

Le même acte contiendra de plus, autant qu'on pourra le savoir, les prénoms, noms, profession et domicile des père et mère du décédé, et le lieu de sa naissance.

Art. 80. — En cas de décès dans les hôpitaux militaires, civils, ou autres maisons publiques, les supérieurs, directeurs, administrateurs et maîtres de ces maisons, seront tenus d'en donner avis, dans les vingt-quatre heures, à l'officier de l'état civil, qui s'y transportera pour s'assurer du décès, et en dressera l'acte, conformément à l'article précédent, sur les déclarations qui lui auront été faites, et sur les renseignemens qu'il aura pris.

Il sera tenu, en outre, dans lesdits hôpitaux et maisons, des registres destinés à inscrire ces déclarations et ces renseignemens.

L'officier de l'état civil enverra l'acte de décès à celui du dernier domicile de la personne décédée, qui l'inscrira sur les registres.

E. *

Art. 81. — Lorsqu'il y aura des signes ou indices de mort violente, ou d'autres circonstances qui donneront lieu de le soupçonner, on ne pourra faire l'inhumation qu'après qu'un officier de police, assisté d'un docteur en médecine ou en chirurgie, aura dressé procès-verbal de l'état du cadavre et des circonstances y relatives, ainsi que des renseignemens qu'il aura pu recueillir sur les prénoms, nom, âge, profession, lieu de naissance et domicile de la personne décédée.

Art. 82. — L'officier de police sera tenu de transmettre de suite à l'officier de l'état civil du lieu où la personne sera décédée, tous les renseignemens énoncés dans son procès-verbal, d'après lesquels l'acte de décès sera rédigé.

L'officier de l'état civil en enverra une expédition à celui du domicile de la personne décédée, s'il est connu: cette expédition sera inscrite sur les registres.

Art. 83. — Les greffiers criminels seront tenus d'envoyer, dans les vingt-quatre heures de l'exécution des jugemens portant peine de mort, à l'officier de l'état civil du lieu où le condamné aura été exécuté, tous les renseignemens énoncés en l'article 79, d'après lesquels l'acte de décès sera rédigé.

Art. 84. — En cas de décès dans les prisons ou maisons de réclusion et de détention, il en sera donné avis sur-le-champ, par les concierges ou gardiens, à l'officier de l'état civil, qui s'y transportera, comme il est dit en l'article 80, et rédigera l'acte de décès.

Art. 85. — Dans tous les cas de mort violente, ou dans les prisons et maisons de réclusion, ou d'exécution à mort, il ne sera fait sur les registres aucune mention de ces circonstances, et les actes de décès seront simplement rédigés dans les formes prescrites par l'article 79.

Art. 86. — En cas de décès pendant un voyage de mer, il en sera dressé acte dans les vingt-quatre heures, en présence de deux témoins pris parmi les officiers du bâtiment, ou, à leur défaut, parmi les hommes de l'équipage. Cet acte sera rédigé, savoir, sur les bâtimens de l'Etat, par l'officier d'administration de la marine; et sur les bâtimens appartenant à un négociant ou armateur, par le capitaine, maître ou patron du navire. L'acte de décès sera inscrit à la suite du rôle de l'équipage.

Art. 87. — Au premier port où le bâtiment abordera, soit de relâche, soit pour toute autre cause que celle de son désarmement, les officiers de l'administration de la marine, capitaine, maître ou patron, qui auront rédigé des actes de décès, seront tenus d'en déposer deux expéditions, conformément à l'article 60.

A l'arrivée du bâtiment dans le port du désarmement, le rôle d'équipage sera déposé au bureau du préposé à l'inscription maritime; il enverra une expédition de l'acte de décès, de lui signée, à l'officier de l'état civil du domicile de la personne décédée: cette expédition sera inscrite de suite sur les registres.

CHAPITRE V.

Des actes de l'état civil concernant les militaires hors du territoire de la République.

Article 88. — Les actes de l'état civil faits hors du territoire de la République, concernant des militaires ou autres personnes employées à la suite des armées, seront rédigés dans les formes prescrites par les dispositions précédentes; sauf les exceptions contenues dans les articles suivans.

Art. 89. — Le quartier-maître dans chaque corps d'un

ou plusieurs bataillons ou escadrons, et le capitaine commandant dans les autres corps, rempliront les fonctions d'officiers de l'état civil : ces mêmes fonctions seront remplies, pour les officiers sans troupes et pour les employés de l'armée, par l'inspecteur aux revues attaché à l'armée ou au corps d'armée.

Art. 90. — Il sera tenu, dans chaque corps de troupes, un registre pour les actes de l'état civil relatifs aux individus de ce corps, et un autre à l'état-major de l'armée ou d'un corps d'armée, pour les actes civils relatifs aux officiers sans troupes et aux employés : ces registres seront conservés de la même manière que les autres registres des corps et états-majors, et déposés aux archives de la guerre, à la rentrée des corps ou armées sur le territoire de la République.

Art. 91. — Les registres seront cotés et paraphés, dans chaque corps, par l'officier qui le commande ; et à l'état-major, par le chef de l'état-major-général.

Art. 92. — Les déclarations de naissance à l'armée, seront faites dans les dix jours qui suivront l'accouchement.

Art. 93. — L'officier chargé de la tenue du registre de l'état civil devra, dans les dix jours qui suivront l'inscription d'un acte de naissance audit registre, en adresser un extrait à l'officier de l'état civil du dernier domicile du père de l'enfant, ou de la mère si le père est inconnu.

Art. 94. — Les publications de mariage des militaires et employés à la suite des armées, seront faites au lieu de leur dernier domicile : elles seront mises en outre, vingt-cinq jours avant la célébration du mariage, à l'ordre du jour du corps, pour les individus qui tiennent à un corps ; et à celui de l'armée ou du corps d'armée, pour les officiers sans troupes, et pour les employés qui en font partie.

Art. 95. — Immédiatement après l'inscription sur le registre, de l'acte de célébration du mariage, l'officier chargé de la tenue du registre en enverra une expédition à l'officier de l'état civil du dernier domicile des époux.

Art. 96. — Les actes de décès seront dressés, dans chaque corps, par le quartier-maître; et pour les officiers sans troupes et les employés, par l'inspecteur aux revues de l'armée, sur l'attestation de trois témoins; et l'extrait de ces registres sera envoyé, dans les dix jours, à l'officier de l'état civil du dernier domicile du décédé.

Art. 97. — En cas de décès dans les hôpitaux militaires ambulans ou sédentaires, l'acte en sera rédigé par le directeur desdits hôpitaux, et envoyé au quartier-maître du corps, ou à l'inspecteur aux revues de l'armée ou du corps d'armée dont le décédé faisait partie: ces officiers en feront parvenir une expédition à l'officier de l'état civil du dernier domicile du décédé.

Art. 98. — L'officier de l'état civil du domicile des parties auquel il aura été envoyé de l'armée expédition d'un acte de l'état civil, sera tenu de l'inscrire de suite sur les registres.

CHAPITRE VI.

De la rectification des actes de l'état civil.

Article 99. — Lorsque la rectification d'un acte de l'état civil sera demandée, il y sera statué, sauf l'appel, par le tribunal compétent, et sur les conclusions du commissaire du Gouvernement. Les parties intéressées seront appelées, s'il y a lieu.

Art. 100. — Le jugement de rectification ne pourra, dans aucun temps, être opposé aux parties intéressées qui ne l'auraient point requis, ou qui n'y auraient pas été appelées.

Art. 101. — Les jugemens de rectification seront inscrits sur les registres par l'officier de l'état civil, aussitôt qu'ils lui auront été remis ; et mention en sera faite en marge de l'acte réformé.

TITRE III.

Du domicile.

LE PREMIER CONSUL a nommé, pour présenter la loi formant le Titre III du CODE CIVIL, et pour en soutenir la discussion, les citoyens *Emmery*, *Berlier* et *Dupuy*, Conseillers d'État.

Introduits dans la salle du Corps Législatif, le 11 ventose an 11; l'un d'eux, portant la parole, a prononcé le discours suivant.

CITOYENS LÉGISLATEURS,

LE maintien de l'ordre social exige qu'il y ait des règles, d'après lesquelles on puisse juger du vrai domicile de chaque individu.

Il n'appartient qu'à la constitution de poser celles du domicile politique.

Les règles du domicile, considéré relativement à l'exercice des droits civils, sont du ressort de la loi civile. Il n'est ici question que de celles-ci.

Le citoyen cité devant un magistrat est obligé de comparaître; mais cette obligation suppose qu'il a été touché de la citation.

Il n'est pas toujours possible de la donner à la personne; on peut toujours la remettre à son domicile.

On entend par-là le lieu où une personne, jouissant de ses droits, a établi sa demeure, le centre de ses affaires, le siége de sa fortune, le lieu d'où cette personne ne s'éloigne qu'avec le désir et l'espoir d'y revenir, dès que la cause de son absence aura cessé.

Le domicile de tout Français, quant à l'exercice de ses droits civils, est donc au lieu où il a son principal établissement.

L'enfant n'a pas d'autre domicile que celui de son père; et le vieillard, après avoir vécu long-temps loin de la maison paternelle, y conserve encore son domicile, s'il n'a pas manifesté la volonté d'en prendre un autre.

Le fait doit toujours concourir avec l'intention. La résidence la plus longue ne prouve rien, si elle n'est pas accompagnée de volonté; tandis que si l'intention est constante, elle opère avec la résidence la plus courte, celle-ci ne fût-elle que d'un jour.

Vous voyez que toute la difficulté, dans cette matière, tient à l'embarras de reconnaître avec certitude quand le fait et l'intention se trouvent réunis. Tant qu'un homme n'a pas abandonné son premier domicile, on ne peut pas lui prêter une volonté contraire à celle que le fait rend sensible.

La difficulté commence lorsque, de fait, il y a changement de résidence, si les motifs de ce changement restent incertains, s'ils sont tels, qu'on ne puisse pas en conclure l'intention de quitter pour toujours l'ancien domicile et d'en prendre un nouveau.

Ces questions tombent nécessairement dans le domaine du juge; l'ancienne législation les y avait laissées, la nouvelle tenterait vainement de les en tirer: il n'y a pas moyen de prévoir tous les cas.

Ce que peut faire le législateur, c'est d'offrir à la bonne foi de ceux qui veulent changer de domicile, un moyen légal de manifester leur volonté sans équivoque, en sorte qu'il n'y ait plus de prétexte aux argumentations qu'on voudrait leur opposer.

On propose, en conséquence, de faire résulter la preuve de l'intention, d'une déclaration expresse qui aurait été faite, tant à la municipalité du lieu qu'on quitte, qu'à celle du lieu où l'on transfère son domicile.

Cette déclaration n'est point obligée : l'homme qui n'aura que des motifs honnêtes pour user de sa liberté naturelle, en changeant de domicile, ne craindra pas d'annoncer hautement sa volonté, que nul n'a le droit de contrarier ; le fait concourant avec elle, l'évidence se rencontrera des deux côtés, et il n'y aura plus matière à contestation.

Mais l'homme qui, par exemple, fuira ses créanciers, n'aura garde de signaler sa fuite par des déclarations ; celui-ci ne pourra pas non plus faire admettre comme certain ce qui restera toujours en question, par rapport à lui : à défaut de déclaration expresse, la preuve de son intention dépendra des circonstances, dont le juge deviendra l'arbitre.

Un citoyen appelé à des fonctions publiques, hors du lieu où il avait son domicile, le perdra-t-il en acceptant des fonctions qui l'obligent de résider ailleurs ? Cette question, d'un intérêt général dans la République, demandait une solution positive.

Il a paru qu'elle sortirait naturellement des principes, si l'on distinguait entre les fonctions temporaires et révocables, et celles qui sont conférées à vie.

Un fonctionnaire a l'intention de remplir ses devoirs dans toute leur étendue, la loi ne peut du moins admettre une autre supposition. Celui qui accepte des fonctions inamovibles, contracte, à l'instant même, l'engagement d'y consacrer sa vie ; lors donc qu'il se transporte au lieu fixé pour l'exercice de ses fonctions, ses motifs ne sont pas douteux ; à côté du fait constant se place une intention moralement évidente : il y a donc translation immédiate du domicile de ce fonctionnaire inamovible, dans le lieu où il doit exercer ses fonctions.

Mais si elles ne sont que temporaires ou révocables, la volonté d'abandonner l'ancien domicile n'est plus également présumable : on le quitte pour remplir des obligations auxquelles on voit un terme ; quand ce terme est arrivé, il n'y a plus de raison pour prolonger le sacrifice de toutes les habitudes de sa vie, pour induire un changement de domicile de l'acceptation de fonctions temporaires ou révocables : il faudra donc que l'intention de renoncer à son ancienne demeure soit clairement manifestée.

L'ancien droit, fondé sur la nature même des choses, doit subsister et subsistera, par rapport aux femmes mariées, aux mineurs non émancipés et aux majeurs interdits. Le domicile des premières est chez leurs maris; celui des autres, chez leurs péres, mères, tuteurs ou curateurs.

Les majeurs qui servent ou qui travaillent habituellement chez autrui, ont le même domicile que la personne qu'ils servent, ou chez laquelle ils travaillent, pourvu qu'ils demeurent avec cette personne, et dans la même maison. Cette condition suffit pour restreindre le principe général dans ses justes bornes, et prévenir toute incertitude dans l'application.

On rappelle, pour la confirmer, la règle en vertu de laquelle le lieu d'ouverture de la succession est déterminé par le domicile du défunt. Il importe à tous les intéressés de savoir précisément à quel tribunal ils doivent porter leurs demandes. Un homme peut mourir loin de chez lui, ses héritiers peuvent être dispersés; ces circonstances feraient naître de grands embarras, s'il n'y était pourvu par le moyen qui est en usage, et qu'il a paru sage de maintenir.

Enfin, Législateurs, on a cru devoir autoriser la convention par laquelle des parties contractantes, ou l'une d'elles, éliraient un domicile spécial et différent du domicile réel, pour l'exécution de tel ou tel acte. La loi ne fait en cela que prêter sa force à la volonté des parties, qui n'a rien que de licite et de raisonnable; seulement on exige que l'élection de domicile soit faite dans l'acte même auquel elle se réfère; et pour qu'on ne puisse pas en abuser, on a soin de restreindre l'effet d'une semblable stipulation aux significations, demandes et poursuites relatives à ce même acte : elles seules pourront être faites au domicile convenu, et devant le juge de ce domicile.

Suit le texte de la loi.

Décrété le 23 ventose an XI. Promulgué le 3 germ. suiv.

TITRE III.

Du domicile.

Article 102. — Le domicile de tout Français, quant à l'exercice de ses droits civils, est au lieu où il a son principal établissement.

Art. 103. — Le changement de domicile s'opérera par le fait d'une habitation réelle dans un autre lieu, joint à l'intention d'y fixer son principal établissement.

Art. 104. — La preuve de l'intention résultera d'une déclaration expresse faite tant à la municipalité du lieu que l'on quittera, qu'à celle du lieu où on aura tranféré son domicile.

Art. 105. — A défaut de déclaration expresse, la preuve de l'intention dépendra des circonstances.

Art. 106. — Le citoyen appelé à une fonction publique temporaire ou révocable, conservera le domicile qu'il avait auparavant, s'il n'a pas manifesté d'intention contraire.

Art. 107. — L'acceptation de fonctions conférées à vie, emportera translation immédiate du domicile du fonctionnaire dans le lieu où il doit exercer ces fonctions.

Art. 108 — La femme mariée n'a point d'autre domicile que celui de son mari. Le mineur non émancipé aura son domicile chez ses père et mère ou tuteur. Le majeur interdit aura le sien chez son curateur.

Art. 109 — Les majeurs qui servent ou travaillent habituellement chez autrui, auront le même domicile que la personne qu'ils servent ou chez laquelle ils travaillent, lorsqu'ils demeureront avec elle dans la même maison.

Art. 110. — Le lieu où la succession s'ouvrira, sera déterminé par le domicile.

Art. 111. — Lorsqu'un acte contiendra, de la part des parties ou de l'une d'elles, élection de domicile pour l'exécution de ce même acte, dans un autre lieu que celui du domicile réel, les significations, demandes et poursuites relatives à cet acte, pourront être faites au domicile convenu, et devant le juge de ce domicile.

TITRE IV.

Des absens.

LE PREMIER CONSUL a nommé, pour présenter la loi formant le Titre IV du CODE CIVIL, et pour en soutenir la discussion, les citoyens *Bigot-Préameneu*, *Cretet* et *Boulay*, Conseillers d'État.

Introduits dans la salle du Corps Législatif, le 12 ventose an 11; l'un d'eux, portant la parole, a prononcé le discours suivant.

CITOYENS LÉGISLATEURS,

LE titre du Code civil, qui a pour objet *les Absens*, offre les exemples les plus frappans de cette admirable surveillance de la loi, qui semble suivre pas à pas chaque individu, pour le protéger aussitôt qu'il se trouve dans l'impuissance de défendre sa personne, ou d'administrer ses biens.

Cette impuissance peut résulter de l'âge ou du défaut de raison, et la loi y pourvoit par les tutelles.

Elle peut venir aussi de ce que l'individu absent n'est plus à portée de veiller à ses intérêts.

Ici la loi et les juges ont besoin de toute leur sagesse.

Leur but est de protéger l'absent; mais lors même qu'ils ne veulent que le garantir des inconvéniens de son absence, ils sont, le plus souvent, exposés aux risques de le troubler dans le libre exercice que chacun doit avoir de ses droits.

L'absence, dans l'acception commune de cette expression, peut s'appliquer à ceux qui sont hors de leur domicile, mais dont on connaît le séjour ou l'existence; il ne s'agit ici que des personnes qui se sont éloignées du lieu de leur résidence ordinaire, et dont on n'a point de nouvelles.

Depuis long-temps le vœu des jurisconsultes était qu'il y eût enfin, à cet égard, des règles fixes.

On n'en trouve presqu'aucune dans le droit romain.

Il n'a point été rendu en France, à cet égard, de loi générale.

Les relations du commerce extérieur, et les temps de troubles, ont, plus que jamais, multiplié les absences.

Enfin, il n'est point de matière sur laquelle la jurisprudence des tribunaux soit plus variée et plus incertaine.

Lorsque l'absence, sans nouvelles, s'est prolongée pendant un certain temps, on en a tiré, dans les usages des différens pays, diverses conséquences.

Dans les uns, et c'est le plus grand nombre, on a pris pour règle, que toute personne absente, et dont la mort n'est pas constatée, doit être présumée vivre jusqu'à cent ans, c'est-à-dire, jusqu'au terme le plus reculé de la vie ordinaire; mais qu'alors même un autre mariage ne peut être contracté.

Dans d'autres pays, on a pensé que, relativement à la possession, et même à la propriété des biens de l'absent, il devait être présumé mort avant l'âge de cent ans, et que le mariage était le seul lien qui dût être regardé comme indissoluble avant l'expiration d'un siècle écoulé depuis la naissance de l'époux absent.

D'autres enfin ont distingué entre les absens qui étaient en voyage, et ceux qui avaient disparu subitement : dans ce dernier cas, on présumait plus facilement leur décès; après un certain temps, on les réputait morts du jour qu'ils avaient disparu; et ce temps était moins long lorsqu'on savait qu'ils avaient couru quelque danger.

Ces diverses opinions manquent d'une base solide, et elles ont conduit à des inconséquences que l'on aura occasion de faire observer.

Il a paru préférable de partir d'idées simples, et qui ne puissent pas être contestées.

Lorsqu'un long temps ne s'est pas encore écoulé depuis que l'individu s'est éloigné de son domicile, la présomption de mort ne peut résulter de cette absence ; il doit être regardé comme vivant.

Mais si, pendant un certain nombre d'années on n'a point de ses nouvelles, on considère alors que les rapports de famille, d'amitié, d'affaires, sont tellement dans le cœur et dans l'habitude des hommes, que leur interruption absolue doit avoir des causes extraordinaires; causes parmi lesquelles se place le tribut même rendu à la nature.

Alors s'élèvent deux présomptions contraires ; l'une de la mort par le défaut de nouvelles, l'autre de la vie par son cours ordinaire. La conséquence juste de deux présomptions contraires, est l'état d'incertitude.

Les années qui s'écoulent ensuite, rendent plus forte la présomption de la mort ; mais il n'est pas moins vrai qu'elle est toujours plus ou moins balancée par la présomption de la vie ; et si, à l'expiration de certaines périodes, il est nécessaire de prendre des mesures nouvelles, elles doivent être calculées d'après les différens degrés d'incertitude, et non pas exclusivement sur l'une ou l'autre des présomptions de vie ou de mort ; ce qui conduit à des résultats très-différens.

Nous avons à parcourir les différentes périodes de l'absence, à examiner sur quel nombre d'années il a été convenable de les fixer, et quelles ont été, dans chacune de ces périodes, les mesures exigées par le propre intérêt de l'absent, par celui de sa famille, et par l'intérêt public, qui veut aussi que les propriétés ne soient pas abandonnées, ou trop long-temps incertaines.

La première période est celle qui se trouve entre le moment du départ et l'époque où les héritiers présomptifs de l'absent peuvent être envoyés, comme dépositaires, en possession de ses biens.

Les usages, sur la durée de cette période, étaient très-variés.

A Paris, et dans une partie assez considérable de la France, elle était de trois ans; dans d'autres pays de cinq, dans d'autres de sept et de neuf ans.

Le cours de trois années n'a point paru suffisant : on doit, en fixant la durée de cette première période, considérer la cause la plus ordinaire de l'absence; ce sont les voyages maritimes, pendant lesquels il est assez ordinaire que plusieurs années s'écoulent, avant qu'on ait pu donner de ses nouvelles.

Mais si, pendant cinq années entières, il n'en a été reçu aucunes, on ne pourra plus se dissimuler qu'il y a incertitude sur la vie; et lorsque les tribunaux auront fait, pour découvrir l'existence de l'absent d'inutiles enquêtes, il y aura, dans le langage de la loi, *absence proprement dite*.

Quant aux précautions à prendre pendant les cinq premières années, la loi ne peut, pour l'intérêt des personnes absentes, que s'en rapporter à la surveillance du ministère public et à la prudence des juges.

L'éloignement fait présumer que l'absence *proprement dite* aura lieu : mais lorsqu'elle n'est encore que présumée, il n'est point censé que la personne éloignée soit en souffrance pour ses affaires; il faut qu'il y en ait des preuves positives; et, lors même que cette personne n'a pas laissé de procuration, on doit croire que c'est à dessein de ne pas confier le secret de sa fortune.

Avec quelle réserve les magistrats eux-mêmes, malgré leur caractère respectable et la confiance qu'ils méritent, doivent-ils donc se décider à pénétrer dans le domicile, qui fut toujours un asyle sacré!

Cependant, celui qui s'est éloigné sans avoir donné une procuration, peut avoir laissé des affaires urgentes, telles que l'exécution des congés de loyer, leur paiement, celui d'autres dettes exigibles. Il peut se trouver intéressé dans des inventaires, dans des comptes, des liquidations, des partages.

Ce sont autant de circonstances dans lesquelles les créanciers ou les autres intéressés ne doivent pas être privés de l'exercice de leurs droits. Ils ont le droit de provoquer la justice ; et tout ce que peuvent les tribunaux en faveur de celui qui, par son éloignement, s'est exposé à ces poursuites, c'est de se borner aux actes qui sont absolument nécessaires pour que, sur ses biens, il soit satisfait à des demandes justes.

Ainsi, lorsqu'il s'agira du paiement d'une dette, ce sera le magistrat, dont le secret et la bonne-foi ne peuvent être suspects à la personne éloignée, qui pénétrera un seul instant dans son domicile pour en extraire la partie de l'actif absolument nécessaire, afin de remplir ses engagemens.

Les successions, les comptes, les partages, les liquidations, dans lesquels les absens se trouvent intéressés, étaient, avant les lois nouvelles, autant de motifs pour leur nommer des curateurs. Trop souvent ces curateurs ont été coupables de dilapidations ; trop souvent même, avec de la bonne-foi, ils ont, soit par ignorance, soit par négligence à défendre les intérêts de l'absent, soit même par le seul fait du discrédit que causent de pareilles gestions, opéré leur ruine.

Une loi de l'Assemblée constituante, du 11 février 1791, avait réglé que « s'il y avait lieu de faire des inventaires, comptes, » partages et liquidations, dans lesquels se trouveraient fondés » des absens qui ne seraient défendus par aucun fondé de pro- » curation, la partie la plus diligente s'adresserait au tribunal » compétent, qui commettrait d'office un notaire pour procéder » à la confection de ces actes ».

L'absent lui-même n'eût pu choisir personne qui, plus qu'un notaire, fût en état de connaître et de défendre ses intérêts dans ce genre d'affaires.

Une mesure aussi sage a été maintenue.

Il n'en résulte pas que les nominations de curateurs soient interdites dans d'autres cas où les tribunaux le jugeront indispensable ; mais ils ne le feront qu'en cherchant tous les moyens d'éviter les inconvéniens auxquels cette mesure expose.

Il

Il peut encore arriver que le père qui s'est éloigné, ait laissé des enfans mineurs. Il n'est pas de besoin plus urgent, que celui des soins qui leur sont dus.

Rien, à cet égard, n'avait encore été prévu ni réglé.

Il est conforme aux principes qui vous seront exposés au titre *des tutelles*, que si la femme de l'absent vit, elle ait la surveillance des enfans, et qu'elle exerce tous les droits de son mari relatifs à leur éducation et à l'administration de leurs biens.

C'est l'intérêt des enfans, qui sont, à cet égard, au nombre des tiers ayant droit d'invoquer la justice : c'est le droit naturel de la mère, c'est la volonté présumée, en quelque sorte certaine, du père absent, lorsqu'il n'y a aucune preuve d'intention contraire.

Si la mère n'existe plus, on ne saurait croire que le père n'ait pris, à son départ, aucune précaution pour la garde et l'entretien de ses enfans ; mais aussi on présume que ses précautions n'ont été que pour un temps peu long, et dans l'espoir d'un prochain retour : on présume qu'elles n'ont point été suffisantes pour établir toutes les fonctions et tous les devoirs d'une tutelle.

Ainsi, lorsqu'un temps, que l'on a fixé à six mois depuis la disparition du père, se sera écoulé, la surveillance des enfans sera déférée par le conseil de famille aux ascendans les plus proches, et, à leur défaut, à un tuteur provisoire.

Cette mesure sera également nécessaire dans le cas où la mère serait morte depuis le départ du père, avant que son absence ait été déclarée, et dans le cas où l'un des époux, qui aurait disparu, laisserait des enfans mineurs issus d'un mariage précédent.

Nous sommes parvenus à la seconde période, celle qui commence par la déclaration d'absence.

C'est cette formalité qui doit avoir les conséquences les plus importantes. D'un côté, les biens ne peuvent pas rester dans un plus long abandon ; mais d'un autre côté, un citoyen ne peut pas être dépossédé de sa fortune avant qu'on ait employé tous les moyens de découvrir son existence, et de lui faire connaître qu'on le met, dans son pays, au nombre de ceux dont la vie est incertaine.

Des précautions si raisonnables, et qui seront désormais regardées comme étant d'une absolue nécessité, avaient été jusqu'ici inconnues.

La déclaration d'absence ne consistait que dans le jugement qui envoyait les héritiers présomptifs de l'absent en possession des biens. Il n'y avait, pour faire prononcer cet envoi, d'autre formalité à remplir, que celle de produire aux juges un acte de notoriété dans lequel l'absence, sans nouvelles, était attestée.

Ceux qui déclarent qu'il n'y a point eu de nouvelles d'un absent, ne prouvent rien, si ce n'est qu'ils n'ont point entendu dire qu'il en ait été reçu.

Ce n'est point une preuve positive. Il n'en résulte pas que dans le même pays, d'autres personnes n'aient point de renseignemens différens; cela constate encore moins que dans d'autres villes, l'existence des absens, dans le cas sur-tout où ce sont des commerçans, soit inconnue.

Il fallait chercher des moyens plus sûrs de découvrir la vérité; et s'il en est un dont on puisse espérer de grands succès, c'est celui de donner à la déclaration d'absence une telle publicité, que tous ceux qui, en France, pourraient avoir des nouvelles de l'absent, soient provoqués à en donner, et que l'absent lui-même puisse connaître par la renommée, les conséquences fâcheuses de son long silence.

Les formes les plus solennelles pour la déclaration de l'absence et pour sa publication, vous sont présentées.

A la place d'un simple acte de notoriété dans le lieu du domicile, on propose une enquête qui sera contradictoire avec le commissaire du Gouvernement.

L'envoi en possession était provoqué par des parens dont la cupidité dès-lors allumée par l'espoir d'une propriété future, pouvait les porter à séduire le petit nombre de témoins qui étaient nécessaires pour un acte de notoriété, ou ils en trouvaient facilement de trop crédules.

Suivant la loi proposée, les témoins seront appelés non-seulement par les intéressés qui demanderont la déclaration d'absence, mais encore par le commissaire du Gouvernement. Celui-ci se fera un devoir d'appeler tous ceux dont les relations avec l'absent pourront répandre sur son sort quelques lumières.

L'acte de notoriété n'était qu'une formule signée par les témoins; dans l'enquête, on verra les différences entre leurs dépositions.

Ce sont ces variations et ces détails qui mettent sur la voie dans la recherche de la vérité.

Il était encore plus facile aux héritiers de trouver des témoins complaisans ou crédules, lorsque la résidence de l'absent, avant son départ, était dans un autre arrondissement que son domicile. Cet inconvénient est écarté par la double enquête qui sera faite, l'une par les juges du domicile, l'autre par ceux de la résidence.

La formule en termes positifs que présentaient aux juges les actes de notoriété, commandait en quelque sorte leur jugement d'envoi en possession. Ce jugement n'était lui-même, pour ainsi dire, qu'une simple formule.

Suivant la loi proposée, il sera possible aux juges de vérifier si l'absence n'a point été déterminée par des motifs qui existeraient encore, et qui devraient faire différer la déclaration d'absence.

Tel serait le projet que l'absent aurait annoncé de séjourner plusieurs années dans quelque contrée lointaine; telle serait l'entreprise d'un voyage de terre ou de mer qui, par son objet ou par les grandes distances, exigerait un très-long temps.

Les juges pourront encore apprendre dans l'enquête si des causes particulières n'ont point empêché qu'on ne reçût des nouvelles de l'absent. Telles seraient la captivité, la perte d'un navire, ou d'autres évènemens qui pourront encore déterminer les juges à prolonger les délais.

A tous ces moyens de découvrir la vérité, il en a été ajouté un dont on attend des effets avantageux; c'est la publicité que le ministre de la justice est chargé de donner aux jugemens qui auront ordonné les enquêtes pour constater l'absence sans nouvelles. Ce ministre emploiera non-seulement la voie des papiers publics, mais encore il provoquera, dans les places de commerce, les correspondances avec toutes les parties du globe.

Cette publication des jugemens deviendra l'enquête la plus solennelle et la plus universelle.

Les résultats en seront attendus pendant une année entière, qui sera la cinquième depuis le départ. Tous ceux qui auraient eu des nouvelles, ou ceux qui en recevraient, auront le temps d'en instruire la justice; et il suffira qu'un seul de ces avis nombreux parvienne à l'absent, pour qu'il multiplie les moyens de faire connaître son existence.

C'est ainsi que la loi viendra au secours de l'absent d'une manière bien plus efficace, et qui sera exempte d'une grande partie des risques et des inconvéniens auxquels il était exposé dans l'ancienne forme d'envoi en possession.

Lorsqu'avec un simple acte de notoriété, un absent était dépossédé de tous ses biens, cette mesure présentait une idée dont on ne pouvait se défendre, celle d'un acte arbitraire, et sans garantie pour le droit de propriété.

Mais lorsque d'une part, les biens se trouveront dans l'abandon depuis cinq années; lorsque de l'autre, toutes les recherches possibles sur l'existence de l'absent auront été faites, et tous les moyens de lui transmettre des avis auront été épuisés, la déclaration d'absence ne pourra plus laisser d'inquiétude. Elle ne saurait être dès-lors aux yeux du public, qu'un acte de conservation, fondé sur une nécessité constante; et pour l'absent lui-même, un acte de protection qui a garanti son patrimoine d'une perte qui devenait inévitable.

Le jugement qui déclarera l'absence, ne sera même pas rendu dans le délai de cinq ans, si l'absent a laissé une procuration.

Vous aurez encore ici à observer une grande différence entre le droit ancien et celui qui vous est proposé.

L'usage le plus général était de regarder la procuration, comme n'étant point un obstacle à l'envoi en possession, après le délai ordinaire. Ainsi l'homme qui prévoyait une longue absence, et qui avait pris des précautions pour que la conduite et le secret de ses affaires ne fussent pas livrés à d'autres qu'à celui qui avait sa confiance, n'en restait pas moins exposé à ce que sa volonté et l'exercice qu'il avait fait de son droit de propriété, fussent anéantis après un petit nombre d'années.

Il est vrai que quelques auteurs distinguaient entre la procuration donnée à un parent et celle laissée à un étranger : ils pensaient que la procuration donnée à un parent, devait être exécutée jusqu'au retour de l'absent, ou jusqu'à ce que sa mort fût constatée ; mais que celle donnée à un étranger était révocable par les parens envoyés en possession.

Cette distinction qu'il serait difficile de justifier, n'a point été admise, et la cessation trop prompte de l'effet des pouvoirs confiés par l'absent, a été regardée comme une mesure qui ne peut se concilier avec la raison ni avec l'équité.

En effet, l'on ne peut pas traiter également celui qui a formellement pourvu à l'administration de ses affaires, et celui qui les a laissées à l'abandon.

Le premier est censé avoir prévu une longue absence, puisqu'il a pourvu au principal besoin qu'elle entraine. Il s'est dispensé de la nécessité d'une correspondance, lors même qu'il serait long-tems éloigné.

Les présomptions contraires s'élèvent contre celui qui n'a pas laissé de procuration : on croira plutôt qu'il espérait un prompt retour, qu'on ne supposera qu'il ait omis une précaution aussi nécessaire ; et, lorsqu'il y a manqué, il s'est au moins mis dans la nécessité d'y suppléer par sa correspondauce.

L'erreur était donc évidente lorsque, dans l'un et l'autre cas, on tirait les mêmes inductions du défaut de nouvelles pendant le même nombre d'années : il a paru qu'il y aurait une proportion juste entre les présomptions qui déterminent l'envoi en possession, si on exigeait, pour déposséder l'absent qui a laissé une procuration, un tems double de celui après lequel on prononcera l'envoi en possession des biens de l'absent qui n'a point de mandataire.

Ainsi la procuration aura son effet pendant dix années, depuis le départ ou depuis les dernières nouvelles; et ce sera seulement à l'expiration de ce terme, que l'absence sera déclarée, et que les parens seront envoyés en possession.

On a aussi prévu le cas où la procuration cesserait par la mort, ou par un autre empêchement. Ces circonstances ne changent point les inductions qui naissent du fait même qu'il a été laissé une procuration, et on a dû tirer de ce fait deux conséquences; la première, que les héritiers présomptifs ne seraient envoyés en possession qu'à l'expiration du même délai de dix ans; la seconde, qu'il serait pourvu, depuis la cessation du mandat, aux affaires urgentes, de la manière réglée pour tous ceux qui ne sont encore que présumés absens.

Il faut maintenant nous placer à cette époque où les absens, déclarés tels par des jugemens revêtus de toutes les formes, ont pu être dépossédés.

On avait à décider entre les mains de qui les biens devaient être remis.

Il suffit que la loi reconnaisse qu'il y a incertitude de la vie, pour que le droit des héritiers, sans cesser d'être éventuel, devienne plus probable: et puisque les biens doivent passer en d'autres mains que celles du propriétaire, les héritiers se présentent avec un titre naturel de préférence.

La jurisprudence a toujours été uniforme à cet égard: toujours les héritiers ont été préferés.

Personne ne peut avoir d'ailleurs plus d'intérêt à la conservation et à la bonne administration de ces biens, que ceux qui en profiteront si l'absent ne revient pas.

Heureusement encore l'affection et la confiance entre parens, sont les sentimens les plus ordinaires, et on peut présumer que tels ont été ceux de l'absent.

On propose de maintenir la règle qui donne la préférence aux héritiers présomptifs.

Au surplus, cette possession provisoire n'est qu'un dépôt confié aux parens. Ils se rendent comptables envers l'absent, s'il revient, ou si on a de ses nouvelles.

La manière de constater quels avaient été les biens laissés par l'absent, était différente suivant les usages de chaque pays.

Dans la plupart, les formalités étaient incomplètes ou insuffisantes.

On a réuni celles qui donneront une pleine sûreté.

La fortune de l'absent sera constatée par des inventaires en présence d'un magistrat. Les tribunaux décideront si les meubles doivent être vendus; ils ordonneront l'emploi des sommes provenant du prix de la vente et des revenus : les parens devront même, s'ils veulent éviter, pour l'avenir, des discussions sur l'état dans lequel les biens leur auront été remis, le faire constater. Ils seront tenus de donner caution pour sûreté de leur administration.

En un mot, la loi prend contre eux les mêmes précautions que contre un étranger; elle exige les mêmes formalités que pour les séquestres ordinaires; et lors même qu'elle a été mise par l'absent dans la nécessité de le déposséder, elle semble encore ne le faire qu'à regret, et elle s'arme, contre la cupidité ou l'infidélité, de formes qui ne puissent être éludées.

La loi proposée a écarté l'incertitude, qui avait jusqu'ici existé, sur l'exécution provisoire du testament que l'absent aurait fait avant son départ.

En général, les testamens ne doivent être exécutés qu'à la mort de ceux qui les ont faits. La loi romaine portait même la sévérité au point de punir de la peine de faux quiconque se serait permis de procéder à l'ouverture du testament d'une personne encore vivante; mais en même tems, elle décidait que s'il y avait du doute sur l'existence du testateur, le juge pouvait, après avoir fait les dispositions nécessaires, permettre de l'ouvrir.

Il ne saurait y avoir d'enquêtes plus solennelles que celles qui précéderont l'envoi en possession des biens de l'absent. D'ailleurs, l'ouverture des testamens et leur exécution provisoire doivent être autorisées par les mêmes motifs qui font donner aux héritiers présomptifs la possession des biens. Le droit qu'ils tiennent de la loi, et celui que les légataires tiennent de la volonté de l'absent, ne doivent également s'ouvrir qu'à la mort : si donc, par l'effet de la déclaration de l'absence, le tems où la mort serait constatée est anticipé par l'envoi en possession des héritiers, il doit l'être également par une délivrance provisoire aux légataires.

Ces principes et ces conséquences s'appliquent à tous ceux qui auraient, sur les biens de l'absent, des droits subordonnés à son décès ; ils pourront les exercer provisoirement.

Les mêmes précautions seront prises contre eux tous ; ils ne seront, comme les héritiers, que des dépositaires tenus de fournir caution, et de rendre des comptes.

Il n'y a point eu jusqu'ici de loi qui ait décidé si la communauté entre époux continuait, lorsque l'un d'eux était absent.

Suivant l'usage le plus général, la communauté, dans le cas de l'absence de l'un des deux époux, était provisoirement dissoute du jour où les héritiers présomptifs avaient, après le tems d'absence requis, formé contre l'époux présent la demande d'envoi en possession des biens de l'absent.

Elle était pareillement dissoute du jour que l'époux présent avait agi à cet égard contre les héritiers de l'absent.

Si l'absence cessait, on considérait la communauté comme n'ayant jamais été dissoute ; et les héritiers qui avaient été mis en possession, étaient tenus de lui rendre compte de tous les biens qui la composaient.

Cependant la raison et l'équité veulent que l'époux présent, dont la position est déjà si malheureuse, n'éprouve dans sa fortune que le moindre préjudice, et sur-tout qu'il n'en souffre pas au profit des héritiers, et par leur seule volonté.

Les héritiers n'ont jamais prétendu que l'époux présent fût tenu de rester malgré lui en communauté de biens avec eux : de quel droit le forceraient-ils à la dissoudre, si la continuation lui en était avantageuse ; ou plutôt comment pourrait-on les admettre à contester un droit qui repose sur la foi du contrat de mariage ? Si l'incertitude a suffi pour les mettre en possession provisoire des biens, ce n'est pas sur une incertitude que des héritiers, n'ayant qu'un droit précaire et provisoire, peuvent, contre la volonté de l'une des parties, rompre un contrat synallagmatique.

Il faut conclure de ces principes, que l'époux présent doit avoir la faculté d'opter, soit la continuation, soit la dissolution de la communauté.

Tel a été le parti adopté dans la loi proposée.

On y a prévu quelles doivent être les conséquences de la continuation, ou de la dissolution de communauté.

Dans le premier cas, l'époux présent qui préfère la continuation de communauté, ne peut pas être forcé de livrer les biens qui la composent, et leur administration, aux héritiers de l'absent; ils ne seraient envoyés en possession que comme dépositaires. Et par quel renversement d'idées nommerait-on dépositaires d'une société, ceux qui y sont étrangers, lorsque l'associé pour moitié se trouve sur les lieux ?

L'époux présent sera le plus ordinairement la femme ; mais les femmes ne sont-elles pas aussi capables d'administrer leurs biens ? Et dans le cas où, sans qu'il y ait absence, le mari décède laissant des enfans, la femme ne gère-t-elle pas et sa fortune et toute celle des enfans, qui sont plus favorables que des héritiers présomptifs ?

L'époux commun en biens, qui veut continuer la communauté, doit donc avoir la faculté d'empêcher l'envoi des héritiers en possession, et de prendre ou de conserver par préférence l'administration des biens.

Au surplus, la déclaration qu'aurait faite la femme de continuer la communauté, ne doit pas la priver du droit d'y renoncer ensuite. Il est possible que des affaires, entreprises avant le départ du mari, réussissent mal; et d'ailleurs, les droits que lui donne l'administration des biens de la communauté, ne sont pas aussi étendus que ceux du mari. Elle ne peut ni les hypothéquer, ni les aliéner; leur administration, occasionnée par l'absence, n'est pour elle qu'une charge qui ne doit pas la priver d'un droit acquis, avant le départ de son mari, par le contrat de mariage ou par la loi.

Dans le cas où l'époux présent demande la dissolution provisoire de la communauté, l'usage ancien sur l'exercice des reprises et des droits matrimoniaux de la femme était abusif; il y avait une liquidation; mais tous les biens restaient dans les mains des héritiers envoyés en possession : le motif était que si le mari reparaissait, la communauté serait regardée comme n'ayant point été dissoute, et que ce serait à eux à lui rendre compte de tous les biens qui la composaient.

Ce motif n'est pas équitable : la conséquence à tirer d'une dissolution provisoire de communauté, n'est-elle pas plutôt que la femme reprenne aussi provisoirement tous ses droits? Pourquoi les héritiers seraient-ils plutôt dépositaires de sa propre fortune qu'elle-même? Et s'il est un point sur lequel on a pu hésiter dans la loi proposée, c'est sur la charge imposée à la femme de donner caution pour sûreté des restitutions qui devraient avoir lieu.

C'est ainsi qu'on a réglé tout ce qui concerne l'envoi en possession des biens.

Il fallait ensuite prévoir ce qui pourrait arriver pendant l'absence, et comment seraient exercés les droits de succession, ou tous autres, dans lesquels l'absent se trouverait intéressé.

L'usage ancien à Paris, usage encore existant dans quelques pays, était que l'absent fût considéré, par rapport aux droits qui s'ouvraient à son profit, comme s'il eût été présent. Ainsi on l'admettait au partage d'une succession, et ses créanciers avaient le droit d'exercer pour lui les actions du même genre, en donnant caution.

On est ensuite revenu à une idée plus simple, et la seule qui soit vraie, celle de ne point considérer la présomption de vie ou celle de mort de l'absent, mais de s'en tenir, à son égard, à la règle suivant laquelle quiconque réclame un droit échu à l'individu dont l'existence n'est pas reconnue, doit prouver que cet individu existait quand le droit a été ouvert, et, jusqu'à cette preuve, doit être déclaré non-recevable dans sa demande.

S'il s'agit d'une succession, elle sera dévolue exclusivement à ceux avec lesquels celui dont l'existence n'est pas reconnue, aurait eu le droit de concourir, ou à ceux qui l'auraient recueillie à son défaut.

Cette règle a été maintenue, et on continuera de l'appliquer aux absens, à l'égard de tous les droits qui pourraient leur échoir.

Après avoir prévu ce qui peut arriver pendant l'absence, il fallait encore déterminer quels sont les droits de l'absent lorsqu'il revient.

Il est évident que s'il revient, ou si son existence est prouvée pendant l'envoi des héritiers en possession, les effets du jugement qui a déclaré l'absence doivent cesser; et que, dans le second cas, celui où l'on sait seulement qu'il existe, sans qu'il soit de retour, on doit se borner, dans l'administration de ses biens, aux mesures conservatoires prescrites pour le tems antérieur à la déclaration d'absence.

Mais un point qui souffrait difficulté, et sur lequel les usages étaient très-variés, c'était celui de la restitution des revenus recueillis par les héritiers envoyés en possession.

Par-tout on s'accordait sur ce qu'il eût été trop onéreux aux héritiers de rendre compte des revenus qu'ils auraient reçus pendant un nombre d'années. L'existence de l'absent, qui chaque année devient plus incertaine, les malheurs que les héritiers peuvent éprouver, l'accroissement du dépôt, la continuité des soins qu'il serait injuste de laisser aussi long-tems sans aucune indemnité, le refus qui serait fait d'une charge aussi pesante : tous ces motifs ont fait jusqu'ici décider qu'après un certain tems, les héritiers doivent profiter des revenus.

L'époque où finissait l'obligation de les restituer à l'absent, dans le cas de retour, était différente selon les divers pays ; et dans tous, la restitution cessait à cette époque d'une manière absolue ; en sorte que si l'absent revenait, il se trouvait, même avec une fortune considérable, privé des ressources qui pouvaient lui être nécessaires au tems de son arrivée.

En Bretagne et dans d'autres provinces, les héritiers n'étaient plus tenus, après dix ans, de restituer les revenus ; ailleurs, il fallait, pour être dispensé de cette restitution, quinze ans à compter de l'envoi en possession ; à Paris, l'usage était qu'il y eût vingt années depuis cet envoi.

Ce système était vicieux : les sentimens d'humanité le repoussent. Comment concilier, avec les idées de justice et de propriété, la position d'un absent qui voit ses héritiers présomptifs enrichis de ses revenus pendant une longue suite d'années, et qui ne peut rien exiger d'eux pour satisfaire aux besoins multipliés que son dénuement peut exiger ?

Et d'ailleurs, la jouissance entière des revenus au profit des héritiers est en opposition avec leur titre, qui n'est que celui de dépositaires. Qu'ils aient à titre d'indemnité une portion de ces revenus, que cette portion soit plus ou moins forte, suivant la longueur de l'absence ; mais que l'absent, s'il revient, puisse se présenter à ses héritiers comme propriétaire ayant droit à une portion des revenus dont ils ont joui.

Telles sont les règles adoptées dans la loi qu'on vous propose ; ceux qui, par suite de l'envoi provisoire, ou de l'administration légale, auront joui des biens de l'absent, ne seront tenus de lui rendre que le cinquième des revenus, s'il reparaît avant quinze ans révolus d'absence, et le dixième, s'il ne reparaît qu'après les quinze ans.

Il vaut mieux, pour l'intérêt de l'absent, qu'il fasse, pendant les premières années ; le sacrifice d'une partie de ses revenus, pour ensuite conserver l'autre.

Cependant il est un terme au-delà duquel il ne serait ni juste ni conforme à l'intérêt public, de laisser les héritiers dans un état aussi précaire.

Lorsque 35 ans au moins se sont écoulés depuis la disparition, d'une part le retour serait l'évènement le plus extraordinaire ; d'une autre part, il faut que le sort des héritiers soit enfin fixé. L'état de leur famille peut avoir éprouvé de grands changemens par les mariages, par la mort, et par tous les évènemens qui se succèdent dans un aussi long intervalle de temps. Il faut enfin que les biens de l'absent puissent rentrer dans le commerce ; il faut que toute comptabilité des revenus cesse de la part des héritiers.

On a, par ces motifs, établi comme règle d'ordre public, à laquelle l'intérêt particulier de l'absent doit céder, que si 30 ans sont écoulés depuis que les héritiers ou l'époux survivant ont été mis en possession des biens de l'absent, ils pourront, chacun selon leur droit, demander à la justice l'envoi définitif en possession.

Le tribunal constatera dans la forme ordinaire, qui sera celle d'une enquête contradictoire avec le commissaire du Gouvernement, que, depuis le premier envoi en possession, l'absence a continué sans qu'on ait eu des nouvelles, et il prononcera l'envoi définitif.

L'effet de cet envoi, à l'égard des héritiers, sera que les revenus leur appartiendront en entier ; ils ne seront plus simples dépositaires des biens ; la propriété reposera sur leur tête : ils pourront les aliéner.

Le droit de l'absent, s'il paraît, sera borné à reprendre sa fortune dans l'état où elle se trouvera ; si ses biens ont été vendus, il ne pourra en réclamer que le prix, ou les biens provenans de l'emploi qui aurait été fait de ce prix.

Si depuis l'envoi provisoire en possession, et avant l'envoi définitif, l'absent était parvenu au plus long terme de la vie ordinaire, celui de cent ans révolus, alors la présomption de mort est telle, qu'il n'y a aucun inconvénient à ce que l'envoi des héritiers en possession soit déclaré définitif.

Un cas qui ne sera point aussi rare, est celui où l'absent aurait une postérité, dont l'existence n'aurait point été connue pendant les trente-cinq ans qui doivent au moins s'être écoulés, avant que les autres héritiers présomptifs aient été définitivement envoyés en possession.

Les descendans ne doivent pas être dépouillés par les collatéraux, sous prétexte de cet envoi définitif. En effet, s'ils prouvent l'existence ou la mort de l'absent, tout droit des collatéraux cesse; s'ils ne prouvent ni l'un ni l'autre de ces faits, ils ont au moins, dans leur qualité de descendans, un titre préférable pour obtenir la possession des biens..

Néanmoins leur action ne devra plus être admise, s'il s'est encore écoulé trente années depuis l'envoi définitif. Cet envoi a transporté aux collatéraux la propriété des biens; et, postérieurement encore, ils auront possédé pendant le plus long temps qui soit requis pour opérer la prescription. Ils doivent avoir le droit de l'opposer, même aux descendans de l'absent, qui ne pourront pas se plaindre, si, après une révolution de soixante-cinq ans au moins depuis la disparition, ils ne sont plus admis à une recherche qui, comme toutes les actions de droit, doit être soumise à une prescription.

Il est de règle, consacrée dans tous les temps, qu'on ne peut contracter un second mariage avant la dissolution du premier.

Suivant une jurisprudence presque universelle, la présomption résultante de l'absence la plus longue, et de l'âge le plus avancé, fût-il même de cent ans, n'est point admise comme pouvant suppléer à la preuve du décès de l'un des époux. Le plus important de tous les contrats ne saurait dépendre d'une simple présomption, soit pour déclarer anéanti celui qui aurait été formé, soit pour en former un nouveau, qui ne serait, au retour de l'époux absent, qu'un objet de scandale ou de troubles.

Si l'époux d'un absent était contrevenu à des règles aussi

certaines, s'il avait formé de nouveaux liens sans avoir rapporté la preuve que les premiers n'existaient plus, ce mariage serait nul, et l'absent qui paraîtrait conserverait seul les droits d'un hymen légitime.

L'état civil de l'enfant né d'un pareil mariage, dépend de la bonne-foi avec laquelle il a été contracté par ses père et mère, ou même par l'un d'eux. Non-seulement la personne avec laquelle se fait le second mariage, peut avoir ignoré que le premier existait; il est encore possible que l'époux de l'absent ait cru avoir des preuves positives de sa mort; qu'il ait été trompé par de faux extraits, par des énonciations erronées dans des actes authentiques, ou de toute autre manière.

On a voulu, dans la loi proposée, que le mariage contracté pendant l'absence ne pût être attaqué que par l'époux même à son retour, ou par celui qui serait chargé de sa procuration.

La dignité du mariage ne permet pas de la compromettre pour l'intérêt pécuniaire des collatéraux; et il doit suffire aux enfans nés d'une union contractée de bonne-foi, d'exercer leurs droits de légitimité; droits qui, dans ce cas, ne sauraient être contestés par les enfans même nés du premier mariage.

Tels sont, citoyens Législateurs, les motifs qui ont déterminé les dispositions proposées sur l'absence. Vous verrez sans doute avec plaisir, que cette partie de la législation soit non-seulement améliorée, mais en quelque sorte nouvellement créée, à l'avantage commun de ceux qui s'absentent de leurs familles et de la société entière.

Suit le texte de la loi.

TITRE IV.

Des Absens.

Décrété le 24 ventose an XI. Promulgué le 4 germ. suiv.

CHAPITRE PREMIER.

De la présomption d'absence.

Article 112. — S'il y a nécessité de pourvoir à l'administration de tout ou partie des biens laissés par une personne présumée absente, et qui n'a point de procureur fondé, il y sera statué par le tribunal de première instance, sur la demande des parties intéressées.

Art. 113. — Le tribunal, à la requête de la partie la plus diligente, commettra un notaire pour représenter les présumés absens, dans les inventaires, comptes, partages et liquidations dans lesquels ils seront intéressés.

Art. 114. — Le ministère public est spécialement chargé de veiller aux intérêts des personnes présumées absentes; et il sera entendu sur toutes les demandes qui les concernent.

CHAPITRE II.

De la déclaration d'absence.

Article 115. — Lorsqu'une personne aura cessé de paraître au lieu de son domicile ou de sa résidence, et que depuis quatre ans on n'en aura point eu de nouvelles, les parties intéressées pourront se pourvoir devant le tribunal de première instance, afin que l'absence soit déclarée.

Art.

Art. 116 — Pour constater l'absence, le tribunal, d'après les pièces et documens produits, ordonnera qu'une enquête soit faite contradictoirement avec le commissaire du Gouvernement, dans l'arrondissement du domicile, et dans celui de la résidence, s'ils sont distincts l'un de l'autre.

Art. 117. — Le tribunal, en statuant sur la demande, aura d'ailleurs égard aux motifs de l'absence, et aux causes qui ont pu empêcher d'avoir des nouvelles de l'individu présumé absent.

Art. 118. — Le commissaire du Gouvernement enverra, aussitôt qu'ils seront rendus, les jugemens tant préparatoires que définitifs, au grand-juge, ministre de la justice, qui les rendra publics.

Art. 119. — Le jugement de déclaration d'absence ne sera rendu qu'un an après le jugement qui aura ordonné l'enquête.

CHAPITRE III.

Des effets de l'absence.

SECTION PREMIÈRE.

Des effets de l'absence, relativement aux biens que l'absent possédait au jour de sa disparition.

Article 120. — Dans les cas où l'absent n'aurait point laissé de procuration pour l'administration de ses biens, ses héritiers présomptifs, au jour de sa disparition ou de ses dernières nouvelles, pourront, en vertu du jugement définitif qui aura déclaré l'absence, se faire envoyer en possession provisoire des biens qui appartenaient à l'absent au jour de son départ ou de ses dernières nouvelles, à la charge de donner caution pour la sûreté de leur administration.

Art. 121. — Si l'absent a laissé une procuration, ses héritiers présomptifs ne pourront poursuivre la déclaration d'absence et l'envoi en possession provisoire, qu'après dix années révolues depuis sa disparition ou depuis ses dernières nouvelles.

Art. 122. — Il en sera de même si la procuration vient à cesser; et, dans ce cas, il sera pourvu à l'administration des biens de l'absent, comme il est dit au chapitre premier du présent titre.

Art. 123. — Lorsque les héritiers présomptifs auront obtenu l'envoi en possession provisoire, le testament, s'il en existe un, sera ouvert à la réquisition des parties intéressées, ou du commissaire du Gouvernement près le tribunal; et les légataires, les donataires, ainsi que tous ceux qui avaient sur les biens de l'absent des droits subordonnés à la condition de son décès, pourront les exercer provisoirement, à la charge de donner caution.

Art. 124. — L'époux commun en biens, s'il opte pour la continuation de la communauté, pourra empêcher l'envoi provisoire, et l'exercice provisoire de tous les droits subordonnés à la condition du décès de l'absent, et prendre ou conserver par préférence l'administration des biens de l'absent. Si l'époux demande la dissolution provisoire de la communauté, il exercera ses reprises et tous ses droits légaux et conventionnels, à la charge de donner caution pour les choses susceptibles de restitution.

La femme, en optant pour la continuation de la communauté, conservera le droit d'y renoncer ensuite.

Art. 125. — La possession provisoire ne sera qu'un dépôt, qui donnera à ceux qui l'obtiendront, l'administration des biens de l'absent, et qui les rendra comptables envers lui, en cas qu'il reparaisse ou qu'on ait de ses nouvelles.

Art. 126. — Ceux qui auront obtenu l'envoi provisoire, ou l'époux qui aura opté pour la continuation de la communauté, devront faire procéder à l'inventaire du mobilier et des titres de l'absent, en présence du commissaire du Gouvernement près le tribunal de première instance, ou d'un juge de paix requis par ledit commissaire.

Le tribunal ordonnera, s'il y a lieu, de vendre tout ou partie du mobilier. Dans le cas de vente, il sera fait emploi du prix, ainsi que des fruits échus.

Ceux qui auront obtenu l'envoi provisoire, pourront requérir pour leur sûreté, qu'il soit procédé par un expert nommé par le tribunal, à la visite des immeubles, à l'effet d'en constater l'état. Son rapport sera homologué en présence du commissaire du Gouvernement; les frais en seront pris sur les biens de l'absent.

Art. 127. — Ceux qui, par suite de l'envoi provisoire, ou de l'administration légale, auront joui des biens de l'absent, ne seront tenus de lui rendre que le cinquième des revenus, s'il reparaît avant quinze ans révolus depuis le jour de sa disparition; et le dixième, s'il ne reparaît qu'après les quinze ans.

Après trente ans d'absence, la totalité des revenus leur appartiendra.

Art. 128. — Tous ceux qui ne jouiront qu'en vertu de l'envoi provisoire, ne pourront aliéner ni hypothéquer les immeubles de l'absent.

Art. 129. — Si l'absence a continué pendant trente

ans depuis l'envoi provisoire, ou depuis l'époque à laquelle l'époux commun aura pris l'administration des biens de l'absent, ou s'il s'est écoulé cent ans révolus depuis la naissance de l'absent, les cautions seront déchargées ; tous les ayant-droit pourront demander le partage des biens de l'absent, et faire prononcer l'envoi en possession définitif par le tribunal de première instance.

Art. 130. — La succession de l'absent sera ouverte du jour de son décès prouvé, au profit des héritiers les plus proches à cette époque ; et ceux qui auraient joui des biens de l'absent, seront tenus de les restituer, sous la réserve des fruits par eux acquis en vertu de l'article 127.

Art. 131. — Si l'absent reparaît, ou si son existence est prouvée pendant l'envoi provisoire, les effets du jugement qui aura déclaré l'absence cesseront, sans préjudice, s'il y a lieu, des mesures conservatoires prescrites au chapitre Ier. du présent titre, pour l'administration de ses biens.

Art. 132. — Si l'absent reparaît, ou si son existence est prouvée, même après l'envoi définitif, il recouvrera ses biens dans l'état où ils se trouveront, le prix de ceux qui auraient été aliénés, ou les biens provenant de l'emploi qui aurait été fait du prix de ses biens vendus.

Art. 133. — Les enfans et descendans directs de l'absent pourront également, dans les trente ans, à compter de l'envoi définitif, demander la restitution de ses biens, comme il est dit en l'article précédent.

Art. 134. — Après le jugement de déclaration d'absence, toute personne qui aurait des droits à exercer contre l'absent, ne pourra les poursuivre que contre ceux qui auront été envoyés en possession des biens, ou qui en auront l'administration légale.

SECTION II.

Des effets de l'absence, relativement aux droits éventuels qui peuvent compéter à l'absent.

Article 135. — Quiconque réclamera un droit échu à un individu dont l'existence ne sera pas reconnue, devra prouver que ledit individu existait quand le droit a été ouvert; jusqu'à cette preuve, il sera déclaré non-recevable dans sa demande.

Art. 136 — S'il s'ouvre une succession à laquelle soit appelé un individu dont l'existence n'est pas reconnue, elle sera dévolue exclusivement à ceux avec lesquels il aurait eu le droit de concourir, ou à ceux qui l'auraient recueillie à son défaut.

Art. 137. — Les dispositions des deux articles précédens auront lieu sans préjudice des actions en pétition d'hérédité et d'autres droits, lesquels compéteront à l'absent ou à ses représentans ou ayant-cause, et ne s'éteindront que par le laps de temps établi pour la prescription.

Art. 138. — Tant que l'absent ne se représentera pas, ou que les actions ne seront point exercées de son chef, ceux qui auront recueilli la succession gagneront les fruits par eux perçus de bonne foi.

SECTION III.

Des effets de l'absence, relativement au mariage.

Article 139. — L'époux absent, dont le conjoint a contracté une nouvelle union, sera seul recevable à attaquer ce mariage par lui-même, ou par son fondé de pouvoir, muni de la preuve de son existence.

Art. 140. — Si l'époux absent n'a point laissé de parens habiles à lui succéder, l'autre époux pourra demander l'envoi en possession provisoire des biens.

CHAPITRE IV.

De la surveillance des enfans mineurs du père qui a disparu.

Article 141. — Si le père a disparu laissant des enfans mineurs issus d'un commun mariage, la mère en aura la surveillance, et elle exercera tous les droits du mari quant à leur éducation et à l'administration de leurs biens.

Art. 142. — Six mois après la disparition du père, si la mère était décédée lors de cette disparition, ou si elle vient à décéder avant que l'absence du père ait été déclarée, la surveillance des enfans sera déférée, par le conseil de famille, aux ascendans les plus proches, et, à leur défaut, à un tuteur provisoire.

Art. 143. — Il en sera de même dans le cas où l'un des époux qui aura disparu, laissera des enfans mineurs, issus d'un mariage précédent.

TITRE V.

Du Mariage.

Le PREMIER CONSUL a nommé, pour présenter la loi formant le Titre V du Livre Ier. du Code civil, et pour en soutenir la discussion, les citoyens *Portalis*, *Réal* et *Galli*, Conseillers d'État.

Introduits dans la salle du Corps Législatif, le 16 ventose an 11; l'un d'eux, portant la parole, a prononcé le discours suivant.

CITOYENS LÉGISLATEURS,

Les familles sont la pépinière de l'État, et c'est le mariage qui forme les familles.

De-là, les règles et les solennités du mariage ont toujours occupé une place distinguée dans la législation civile de toutes les nations policées.

Le projet de loi qui vous est soumis sur cette importante matière, est le titre cinq du projet du Code civil. Il est divisé en huit chapitres.

Le chapitre premier détermine *les qualités et conditions requises pour pouvoir contracter mariage*; le second prescrit *les formalités relatives à la célébration du mariage*; le troisième concerne *les oppositions au mariage*; le quatrième traite *des demandes en nullité de mariage*; le cinquième, *des obligations qui naissent du mariage*; le sixième, *des droits et des devoirs respectifs des époux*; le septième, *de la dissolution du mariage*; et le huitième, *des seconds mariages*.

Ces différens chapitres embrassent tout. On y a suivi l'ordre naturel des choses.

On s'est d'abord arrêté au moment où les époux s'unissent. On a examiné ce qui est nécessaire pour préparer leur union, et en garantir la validité. On a passé ensuite aux principaux effets que cette union produit au moment où on la contracte, et pendant sa durée. Finalement, on a indiqué quand et comment elle se dissout, et l'on s'est expliqué sur la liberté que l'on a de contracter une nouvelle union, après que la première a été légitimement dissoute.

Tel est le plan du projet de loi.

Le développement des diverses parties de ce plan doit être précédé par quelques observations générales sur la nature et les caractères essentiels du mariage.

On parle diversement du mariage, d'après les idées dont on est diversement préoccupé.

Les philosophes observent principalement dans cet acte le rapprochement des deux sexes; les jurisconsultes n'y voient que le contrat civil; les canonistes n'y apperçoivent qu'un sacrement, ou ce qu'ils appellent le *contrat ecclésiastique*.

Cependant, pour avoir une notion exacte du mariage, il faut, l'envisager en lui-même, et sous ses différens rapports.

Le mariage, en soi, ne consiste pas dans le simple rapprochement des deux sexes. Ne confondons pas, à cet égard, l'ordre physique de la nature, qui est commun à tous les êtres animés, avec le droit naturel qui est particulier aux hommes.

Nous appelons *droit naturel*, les principes qui régissent l'homme considéré comme un être moral, c'est-à-dire, comme un être intelligent et libre, et destiné à vivre avec d'autres êtres intelligens et libres comme lui.

Le désir général qui porte un sexe vers l'autre, et qui suffit pour opérer leur rapprochement, appartient à l'ordre physique de la nature. Le choix, la préférence, l'attachement personnel, qui déterminent ce désir et le fixent sur un seul objet, ou qui du moins lui donnent, sur cet objet préféré, un plus haut degré d'énergie ; les égards mutuels, les devoirs et les obligations réciproques qui naissent de l'union une fois formée, et qui s'établissent nécessairement entre des êtres capables de sentiment et de raison : tout cela est de l'empire du droit naturel.

Les animaux qui ne cèdent qu'à un mouvement ou à un instinct aveugle, n'ont que des rapprochemens fortuits ou périodiques, dénués de toute moralité. Mais, chez les hommes, la raison se mêle toujours plus ou moins à tous les actes de leur vie; le sentiment est à côté du désir, et le droit succède à l'instinct. Je découvre un véritable contrat dans l'union des deux sexes.

Ce contrat n'est pas purement civil, quoi qu'en disent les jurisconsultes ; il a son principe dans la nature qui a daigné nous associer en ce point au grand ouvrage de la création ; il est inspiré, et souvent commandé par la nature même.

Ce contrat n'est pas non plus un pur acte religieux, puisqu'il a précédé l'institution de tous les sacremens, et l'établissement de toutes les religions positives, et qu'il date d'aussi loin que l'homme.

Qu'est-ce donc que le mariage en lui-même, et indépendamment de toutes les lois civiles et religieuses? c'est la société de l'homme et de la femme, qui s'unissent pour perpétuer leur espèce, pour s'aider, par des secours mutuels, à porter le poids de la vie, et pour partager leur commune destinée.

Il était impossible d'abandonner ce contrat à la licence des passions. Les animaux sont conduits par une sorte de fatalité; l'instinct les pousse, l'instinct les arrête : leurs désirs naissent de leurs besoins, et le terme de leurs besoins devient celui de leurs désirs. Il n'en est pas ainsi des hommes : chez eux l'imagination parle, quand la nature se tait. La raison et la vertu qui fondent et assurent la dignité de l'homme, en lui laissant le droit de rester libre, et en lui ménageant le pouvoir de se commander à lui-même, n'opposeraient souvent que de bien faibles barrières à des désirs immodérés et à des passions sans mesure. Ne craignons pas de le dire, si dans des choses sur lesquelles nos sens peuvent exercer un empire tyrannique, l'usage de nos forces et de nos facultés n'eût été constamment réglé par des lois, il y a long-temps que le genre humain eût péri par les moyens mêmes qui lui ont été donnés pour se conserver et pour se reproduire.

On voit donc pourquoi le mariage a toujours fixé la sollicitude des législateurs. Mais les réglemens de ces législateurs n'ont pu détruire l'essence ni l'objet du mariage, en protégeant les engagemens que le mariage suppose, et en régularisant les effets qui le suivent. D'autre part, tous les peuples ont fait intervenir le ciel dans un contrat qui doit avoir une si grande influence sur le sort des époux, et qui, liant l'avenir au présent, semble faire dépendre leur bonheur d'une suite d'événemens incertains, dont le résultat se présente à l'esprit comme le fruit d'une bénédiction particulière. C'est dans de telles occurrences que nos espérances et nos craintes ont toujours appelé les secours de la religion, établie entre le ciel et la terre, pour combler l'espace immense qui les sépare.

Mais la religion se glorifie elle-même d'avoir été donnée aux hommes, non pour changer l'ordre de la nature, mais pour l'ennoblir et le sanctifier.

Le mariage est donc aujourd'hui ce qu'il a toujours été, un acte naturel, nécessaire, institué par le créateur lui-même.

Sous l'ancien régime, les institutions civiles et les institutions religieuses étaient intimément unies. Les magistrats instruits reconnaissaient qu'elles pouvaient être séparées : ils avaient demandé que l'état civil des hommes fût indépendant du culte qu'ils professaient. Ce changement rencontrait de grands obstacles.

Depuis, la liberté des cultes a été proclamée. Il a été possible alors de séculariser la législation. On a organisé cette grande idée, qu'il faut souffrir tout ce que la providence souffre ; et que la loi, qui ne peut forcer les opinions religieuses des citoyens, ne doit voir que des Français, comme la nature ne voit que des hommes.

Vous pouvez juger actuellement, citoyens Législateurs,

quelle a été la marche que l'on a suivie dans la rédaction du projet de loi. En respectant les principes de la raison naturelle, on a cherché à faire le bien des familles particulières, et celui de la grande famille qui les comprend toutes.

Nous avons vu, par la définition du mariage, que cet acte, dans ses rapports essentiels, embrasse à-la-fois l'homme physique et l'homme moral. En déterminant les qualités et les conditions requises pour pouvoir contracter mariage, nous avons cherché à défendre l'homme moral contre ses propres passions et celles des autres, et à nous assurer que l'homme physique a la capacité nécessaire pour remplir sa destination.

Notre premier soin a été de fixer l'âge auquel on peut se marier. La nature n'a point marqué d'une manière uniforme le moment où l'homme voit se développer en lui cette organisation régulière et animée qui le rend propre à se reproduire. L'époque de ce développement varie selon les différens climats; et sous le même climat, elle ne saurait être la même dans les divers individus. Mille causes l'avancent ou la retardent.

Il faut pourtant qu'il y ait une règle, et que cette règle soit générale. La loi ne pourrait suivre, dans chaque individu, les opérations invisibles de la nature, ni apprécier dans chaque homme les différences souvent imperceptibles qui le distinguent d'un autre homme. On arrive à la véritable puberté par des progrès plus ou moins lents, plus ou moins rapides; c'est une fleur qui se colore peu-à-peu, et qui s'épanouit dans le printems de la vie. Mais il est sage, il est même nécessaire que la loi qui statue sur l'universalité des choses et des personnes, admette un âge après lequel tous les hommes sont présumés avoir atteint ce moment décisif, qui semble commencer pour eux une nouvelle existence.

Dans la fixation de l'âge qui rend propre au mariage, il est des considérations qui naissent de la situation du pays que l'on gouverne, et qu'aucun législateur ne peut raisonnablement méconnaître. Mais par-tout on peut jusqu'à un certain point, reculer plus ou moins cet âge. L'expérience prouve qu'une bonne éducation peut étendre, jusqu'à un âge très-avancé, l'ignorance des désirs et la pureté des sens ; et il est encore certain, d'après l'expérience, que les peuples qui n'ont point précipité l'époque à laquelle on peut devenir époux et père, ont été redevables à la sagesse de leurs lois, de la vigueur de leur constitution et de la multitude de leurs enfans.

Dans les temps qui ont précédé la révolution, les filles pouvaient se marier à douze ans, et les garçons à quatorze. Un tel usage semblait donner un démenti à la nature, qui ne précipite jamais ses opérations, et qui est bonne ménagère de ses forces et de ses moyens; il n'y avait point de jeunesse pour ceux qui usaient du dangereux privilége que la loi leur donnait ; ils tombaient dans la caducité au sortir de l'enfance.

Nous avons pensé que la véritable époque du mariage pour les garçons était l'âge de dix-huit ans, et pour les filles celui de quinze. Cette fixation, fondée sur des motifs que chacun apperçoit, autorisée par des exemples anciens et modernes, est infiniment mieux assortie à l'état de nos sociétés.

Cependant, comme des circonstances, rares à la vérité, mais impérieuses, peuvent exiger des exceptions, nous avons cru que la loi devait laisser au Gouvernement la faculté d'accorder des dispenses.

Les forces du corps se développent plus rapidement que celles de l'ame. On existe long-temps sans vivre ; et quand on commence à vivre, on ne peut encore se conduire ni se gouverner. En conséquence, nous requérons le consentement des pères et des mères pour le mariage des fils qui n'ont point atteint l'âge de vingt-cinq ans, et pour celui des filles qui n'ont point atteint la vingt-unième année.

La nécessité de ce consentement, reconnue par toutes les lois anciennes, est fondée sur l'amour des parens, sur leur raison, et sur l'incertitude de celle de leurs enfans.

Comme il y a un âge propre à l'étude des sciences, il y en a un pour bien saisir la connaissance du monde.

Cette connaissance échappe à la jeunesse qui peut être si

facilement abusée par ses propres illusions, et trompée par des suggestions étrangères.

Ce n'est point entreprendre sur la liberté des époux, que de les protéger contre la violence de leurs penchans.

Le mariage étant, de toutes les actions humaines, celle qui intéresse le plus la destinée des hommes, on ne saurait l'environner de trop de précautions. Il faut connaître les engagemens que l'on contracte, pour être en droit de les former.

Un époux honnête, quoique malheureux par sa légèreté ou par ses erreurs, ne violera point la foi promise, mais il se repentira de l'avoir donnée : il faut dans un temps utile, par des mesures qui éclairent l'ame, prévenir ces regrets amers qui la brisent.

Dans quelques législations anciennes, c'étaient les magistrats qui avaient, sur le mariage des citoyens, l'inspection qu'il est si raisonnable de laisser au père. Mais nulle part les enfans, dans le premier âge des passions, n'ont été abandonnés à eux-mêmes, pour l'acte le plus important de leur vie.

Dira-t-on que les pères peuvent abuser de leur puissance? Mais cette puissance n'est-elle pas éclairée par leur tendresse? Il a été judicieusement remarqué que les pères aiment plus leurs enfans que les enfans n'aiment leur père.

Chez quelques hommes, la vexation et l'avarice usurpèrent peut-être les droits de l'autorité paternelle. Mais, pour un pere oppresseur, combien d'enfans ingrats ou rebelles ! La nature a donné aux pères et aux mères un désir de voir prospérer leurs enfans, que ceux-ci sentent à peine pour eux-mêmes. La loi peut donc, sans inquiétude, s'en rapporter à la nature.

Nous avons prévu le cas où le père et la mère, dans leur délibération, auraient des avis différens. Nous avons compris que dans une société de deux, toute délibération, tout résultat deviendrait impossible, si l'on n'accordait la prépondérance au suffrage de l'un des associés. La prééminence du sexe a partout garanti cet avantage au père.

La différence que l'on a cru devoir mettre, pour le terme de la majorité, entre les filles et les mâles, n'a pas besoin d'être expliquée. Tous les législateurs ont établi cette différence, parce que les mêmes raisons ont été senties par tous les législateurs. La nature se développe plus rapidement dans un sexe que dans l'autre. Une fille qui languirait péniblement dans une trop longue attente, perdrait une partie des attraits qui peuvent favoriser son établissement, et souvent même elle se trouverait exposée à des dangers qui pourraient compromettre sa vertu; car une fille ne voit, dans le mariage, que la conquête de sa liberté. On ne peut avoir les mêmes craintes pour notre sexe qui n'est que trop disposé au célibat, et à qui l'on peut malheureusement adresser le reproche de fuir le mariage comme on fuit la servitude et la gêne.

Dans les actions ordinaires de la vie, le terme de la majorité est moins reculé que pour les mariages; c'est que les mariages sont, de toutes les actions de la vie, celles desquelles dépend le bonheur ou le malheur de la vie entière des époux, et qui ont une plus grande influence sur le sort des familles, sur les mœurs générales et sur l'ordre public.

Jusqu'ici, en parlant de la nécessité du consentement des parens, nous avons supposé que le père et la mère vivaient. Si l'un des deux est mort, ou se trouve dans l'impossibilité de donner son suffrage, nous avons pensé que le consentement de l'autre devait suffire.

Si les pères et mères sont décédés, les aïeuls ou aïeules les remplacent.

On fait concourir les aïeuls et aïeules des deux lignes paternelle et maternelle : en cas de partage entre les deux lignes, ce partage vaut consentement, parce que, dans le doute, il faut se décider pour la liberté et pour la faveur des mariages. Je ne dois pas omettre une observation. En exigeant, comme autrefois, le consentement des pères et des mères pour le mariage des enfans, nous ne motivons plus la nécessité de ce consentement par les mêmes principes.

Dans l'ancienne jurisprudence, cette nécessité dérivait de la puissance, et, selon l'expression des auteurs, d'une sorte de droit de propriété, qui dans l'origine avait appartenu aux pères sur ceux auxquels ils avaient donné le jour. Ce droit n'était point partagé par la mère pendant la vie du chef. Il ne l'était pas non plus par les ascendans de la ligne maternelle, tant qu'il existait des ascendans paternels. Aujourd'hui ces idées de puissance ont été remplacées par d'autres. On a plus d'égards à l'amour des pères et à leur prudence, qu'à leur autorité. De-là ce concours simultané des parens au même degré, pour remplir les mêmes devoirs et exercer la même surveillance. Un tel système adoucit et étend la magistrature domestique, sans l'énerver. Il communique les mêmes droits à tous ceux qui sont présumés avoir le même intérêt. Il ne relâche point les liens de famille; il les multiplie et les ennoblit.

A défaut des pères et mères et des ascendans, les enfans sont obligés de rapporter le consentement de leurs tuteurs et des conseils de famille, qui exercent à cet égard une sorte de magistrature subsidiaire.

La protection que la loi accorde aux enfans, en les soumettant à rapporter le consentement de leurs père et mère, était limitée aux enfans légitimes, c'est-à-dire, aux enfans nés d'un mariage contracté selon les formes prescrites. Les enfans naturels n'y avaient aucune part : ils étaient abandonnés à leur libre arbitre, dans un âge où il est si difficile de se défendre contre les autres et contre soi-même. Cela tenait au principe dont nous avons déjà fait mention, que le consentement des pères n'était qu'un effet de leur puissance, et qu'il ne dérivait pas originairement de l'intérêt des enfans, mais d'un droit inoui de propriété, concédé à ceux qui leur avaient donné le jour. Or, comme la puissance paternelle ne pouvait être produite que par un mariage légitime, les enfans naturels étaient hors de cette puissance.

Le projet de loi consacre des idées plus équitables. La raison indique que c'est, non une vaine puissance accordée au père, mais l'intérêt des enfans qui doit motiver la nécessité du consentement paternel. En conséquence, nous avons cru que l'intérêt des enfans naturels, lorsque ces enfans sont reconnus, et peuvent nommer un père certain, n'était pas indigne de fixer la sollicitude du législateur.

Sans doute il serait contre les bonnes mœurs que les enfans nés d'un commerce illicite eussent les mêmes prérogatives que les enfans nés d'un mariage légitime ; mais l'abandon absolu des enfans naturels serait contre l'humanité.

Ces enfans n'appartiennent à aucune famille ; mais ils appartiennent à l'Etat : l'Etat a donc intérêt à les protéger, et il le doit.

D'autre part, on ne doute pas que les pères naturels ne soient obligés d'élever leurs enfans, de les entretenir et de les nourrir : la loi positive elle-même a placé ce devoir parmi les obligations premières que la nature, indépendamment de toute loi, impose à tous les pères. Or, le consentement paternel au mariage des enfans, ne fait-il pas partie de la tendre sollicitude que l'on doit apporter à leur entretien, à leur éducation, à leur établissement ? La nécessité de ce consentement, qui est fondée sur des raisons naturelles, ne saurait donc être plus étrangère aux enfans naturels qu'aux enfans légitimes : de-là nous avons appliqué aux unes et aux autres les dispositions relatives à la nécessité de ce consentement.

Cependant, comme les enfans naturels n'appartiennent à aucune famille, on ne leur a point appliqué la mesure par laquelle on appelle les aïeuls et aïeules, et ensuite les assemblées de parens, après le décès des père et mère. On eût placé dans des mains peu sûres l'intérêt de ces enfans, en les confiant à des familles dont ils sont plutôt la charge qu'ils n'en sont une portion. Cependant, comme il fallait veiller pour eux, on leur nomme, dans les cas prévus, un tuteur spécial, chargé d'acquitter à leur égard la dette de la nature et de la patrie.

Quand les enfans, soit naturels, soit légitimes, sont arrivés à leur majorité, ils deviennent eux-mêmes les arbitres de leur propre destinée ; leur volonté suffit : ils n'ont besoin du concours d'aucune autre volonté. Il est pourtant vrai que, pendant la vie des père et mère, les enfans majeurs étaient encore obligés de s'adresser aux auteurs de leurs jours pour requérir leur consentement

sentement, quoique la loi eût déclaré qu'il n'était plus nécessaire. Il nous a paru utile aux mœurs de faire revivre cette espèce de culte rendu, par la piété filiale, au caractère de dignité, et, j'ose dire, de majesté que la nature, elle-même, semble avoir imprimé sur ceux qui sont pour nous, sur la terre, l'image et même les ministres du créateur.

Le mariage, quels que soient les contractans, mineurs ou majeurs, suppose leur consentement. Or, point de consentement proprement dit sans liberté : requise dans tous les contrats, elle doit être sur-tout parfaite et entière dans le mariage. Le cœur doit, pour ainsi dire, respirer sans gêne dans une action à laquelle il a tant de part : ainsi l'acte le plus doux doit être encore l'acte le plus libre.

Il est dans nos mœurs qu'un premier mariage valable et subsistant, soit un obstacle à un second mariage. La multiplicité des maris ou des femmes peut être autorisée dans certains climats, elle n'est légitime sous aucun; elle entraîne nécessairement la servitude d'un sexe et le despotisme de l'autre; elle ne saurait être sollicitée par les besoins réels de l'homme, qui, ayant toute la vie pour se conserver, n'a que des instans pour se reproduire; elle introduirait dans les familles une confusion et un désordre qui se communiqueraient bientôt au corps entier de la société; elle choque toutes les idées, elle dénature tous les sentimens, elle ôte à l'amour tous ses charmes, en lui ôtant tout ce qu'il a d'exclusif; enfin, elle répugne à l'essence même du mariage, c'est-à-dire, à l'essence d'un contrat par lequel deux époux se donnent tout, le corps et le cœur. En approchant des pays où la polygamie est permise, il semble que l'on s'éloigne de la morale même.

Le principe qui fait prohiber, à un mari, la pluralité des femmes, et à une femme la pluralité des maris, ne saurait comporter le concours simultané ou successif de plusieurs mariages.

De deux choses l'une : ou ces mariages subsisteraient ensemble sans se détruire, ou ils se détruiraient l'un par l'autre. Dans le premier cas, vous vous plongeriez dans le stupide abrutissement de certaines nations, à-la-fois corrompues et à demi-barbares, de l'Asie. Dans le second, vous apprendriez aux hommes à se jouer des engagemens les plus sacrés, puisque vous laisseriez, au caprice d'un seul des conjoints, le droit inoui de dissoudre un contrat qui est l'ouvrage de la volonté de deux.

Aussi, la maxime, qu'on ne peut contracter un second mariage, tant que le premier subsiste, constitue le droit universel de toutes les nations policées.

Dans tous les tems, le mariage a été prohibé entre les enfans et les auteurs de leurs jours : il serait souvent inconciliable avec les lois physiques de la nature, il le serait toujours avec les lois de la pudeur; il changerait les rapports essentiels qui doivent exister entre les pères, les mères et leurs enfans; il répugnerait à leur situation respective, il bouleverserait entre eux tous les droits et tous les devoirs, il ferait horreur.

Ce que nous disons des père et mère, et de leurs enfans naturels et légitimes, s'applique, en ligne directe, à tous les ascendans et descendans, et alliés dans la même ligne.

Les causes de ces prohibitions sont si fortes et si naturelles, qu'elles ont agi presque par toute la terre, indépendamment de toute communication.

Ce ne sont point les lois romaines qui ont appris à des sauvages et à des barbares qui ne connaissent pas ces lois, à maudire les mariages incestueux. C'est un sentiment plus puissant que toutes les lois, qui remue et fait frissonner une grande assemblée, lorsqu'on voit, sur nos théâtres, Phèdre, plus malheureuse encore que coupable, brûler d'un amour incestueux, et lutter laborieusement entre la vertu et le crime.

L'horreur de l'inceste du frère avec la sœur, et des alliés au même degré, dérive du principe de l'honnêteté publique. La famille est le sanctuaire des mœurs; c'est-là où l'on doit éviter avec tant de soin tout ce qui peut les corrompre. Le mariage n'est sans doute pas une corruption; mais l'espérance du mariage entre des êtres qui vivent sous le même toit, et qui sont déjà invités, par tant de motifs, à se rapprocher et à s'unir, pourrait allumer des désirs criminels, et entraîner des désordres qui souilleraient la maison paternelle, qui en banniraient l'innocence, et poursuivraient ainsi la vertu jusques dans son dernier asile.

Les mêmes raisons d'honnêteté publique nous ont déterminés à prohiber le mariage de l'oncle avec la nièce, et de la tante avec le neveu. L'oncle tient souvent la place du père, et dès-lors il doit en remplir les devoirs. La tante n'est pas toujours étrangère aux soins de la maternité. Les devoirs de l'oncle et les soins de la tante ne pourraient presque jamais s'accorder avec les procédés moins sérieux qui précèdent le mariage, et qui le préparent.

Les lois romaines et les lois ecclésiastiques portaient plus loin la prohibition de se marier entre parens : les lois romaines avaient défendu le mariage entre cousins-germains. D'abord les lois ecclésiastiques n'avaient fait qu'appuyer la prohibition faite par la loi civile. Insensiblement les canonistes étendirent cette prohibition; et, selon *Dumoulin*, leur doctrine sur cet objet, ne fut que la suite d'une erreur évidente.

Tout le monde sait que le droit civil et le droit canonique comptent les degrés de parenté différemment. Les cousins-germains sont au quatrième degré, suivant le droit civil, et ne sont qu'au second, suivant le droit canonique.

Or, les lois romaines ayant défendu les mariages au quatrième degré, on fit une confusion de la façon de compter les degrés au civil et au canonique; et de-là résultèrent des défenses générales de contracter mariage au quatrième degré, c'est-à-dire, jusqu'aux petits-enfans des cousins-germains.

Nous avons corrigé cette erreur, qui mettait des entraves trop multipliées à la liberté des mariages, et qui imposait un joug trop incommode à la société.

Nous n'avons pas même cru que le mariage dût être prohibé entre cousins-germains. Il est incontestable que les mariages entre cousins-germains, permis par le droit naturel, n'ont jamais été défendus par le droit divin. Les mariages entre parens étaient même ordonnés par la loi qui fût donnée aux Juifs.

La première défense contre les mariages des cousins-germains, est celle portée par une loi de l'empereur *Théodose*, vers la fin du quatrième siècle. Cette loi est perdue ; mais elle est citée par *Libanius*, par *Aurélius Victor*, et par les premiers pères de l'église, qui conviennent que la loi divine ne défendait point ces mariages, et qu'ils étaient permis avant cette loi.

Les prohibitions du mariage entre parens, dans les degrés non prohibés par le droit naturel, ont été plus ou moins restreintes, ou, plus ou moins étendues chez les différens peuples, selon la différence des mœurs, et les intérêts politiques de ces peuples. Quand un législateur, par exemple, avait établi un certain ordre de successions, qu'il croyait important d'observer pour la constitution politique de l'État, il réglait les mariages de telle manière, qu'ils ne fussent jamais permis entre personnes dont l'union aurait pu changer ou altérer cet ordre. Nous avons vu des exemples de cette sollicitude dans quelques républiques de l'ancienne Grèce. Ailleurs, selon que les familles étaient plus ou moins réunies dans la même maison, et selon l'intérêt plus ou moins grand que l'on avait à favoriser les alliances entre les diverses familles, on étendait ou on limitait davantage les prohibitions du mariage entre parens.

Dans nos mœurs actuelles, les raisons qui ont pu faire prohiber, dans d'autres tems, ou dans d'autres pays, les mariages entre cousins-germains, ne subsistent plus. Nous n'avons pas besoin de favoriser, et moins encore de forcer par des prohibitions, les alliances des diverses familles entre elles. Nous pouvons nous en rapporter, à cet égard, à l'influence de l'esprit de société, qui ne prévaut malheureusement que trop, parmi nous, sur l'esprit de famille. D'autre part, le tems n'est plus où les cousins-germains vivaient comme des frères, et où l'on voyait une nombreuse famille rassemblée toute entière, et ne former qu'un seul ménage dans une commune habitation. Aujourd'hui, les frères mêmes sont quelquefois plus étrangers les uns aux autres, que ne l'étaient autrefois les cousins-germains. Les motifs de pureté et de décence qui faisaient écarter l'idée du mariage, de tous ceux qui vivaient sous le même toit, et sous la surveillance d'un même chef, ont donc cessé; et d'autres motifs semblent nous engager, au contraire, à protéger l'esprit de famille contre l'esprit de société.

Si les lois de la nature sont inflexibles et invariables, les lois humaines sont susceptibles d'exceptions et de dispenses. Quand on peut le plus, on peut le moins. Un législateur qui serait libre de ne pas porter la loi, peut, à plus forte raison, déclarer qu'elle cessera en certains cas.

Il ne serait ni sage, ni possible que ces cas d'exceptions en toute matière, fussent toujours spécifiquement déterminés par le législateur. La loi ne doit pas faire par elle-même, ce qu'elle ne peut pas bien faire par elle-même. Elle doit confier à la sagesse d'autrui, ce qu'elle ne saurait régler d'avance par sa propre sagesse.

De-là l'origine des dispenses en matière de mariage; et l'usage de ces dispenses a été universel, relativement à la prohibition du mariage entre parens.

Nous n'avons donc pas hésité d'attribuer au Gouvernement le droit d'accorder ces dispenses, quand les circonstances l'exigent. Nous avons pourtant limité ce droit à la prohibition faite du mariage entre l'oncle et la nièce, entre la tante et le neveu, parce que nous avons cru que les motifs d'honnêteté publique, qui faisaient prohiber le mariage entre le frère et la sœur, devaient l'emporter, dans tous les cas, sur les considérations particulières, par lesquelles on croirait pouvoir motiver une exception.

Je ne parle point de la prohibition en ligne directe; elle ne saurait être susceptible de dispense. Il n'est pas au pouvoir des hommes de légitimer la contravention aux lois de la nature.

Dans l'ancienne jurisprudence, les dispenses étaient accordées par les ministres de l'église; mais en ce point, dans tout ce qui concernait le contrat, les ministres de l'église n'étaient que les vice-gérens de la puissance temporelle. Car, nous ne saurions trop le dire, la religion dirige le mariage par sa morale; elle le sanctifie par ses rits; mais il n'appartient qu'à l'Etat de le régler par des lois, dans ses rapports avec l'ordre de la société. Aussi, c'est une maxime constante, attestée par tous les hommes instruits, que les empêchemens dirimans ne peuvent être établis que par la puissance qui régit l'Etat.

Quand les institutions religieuses et les institutions civiles étaient unies, rien n'empêchait qu'on abandonnât à l'église le droit d'accorder des dispenses, même pour le contrat; mais ce droit n'existait, que parce qu'il était avoué ou toléré par la loi civile.

La chose est si évidente, qu'elle résulte de tous les monumens de l'histoire. Nous n'avons qu'à jetter les yeux sur ce qui s'est passé dans les premiers âges du christianisme. Ce ne sont point les ministres de l'église, mais les empereurs qui ont promulgué les premières prohibitions du mariage entre parens; ce ne sont point les ministres de l'église, mais les empereurs qui ont d'abord dispensé de ces prohibitions. Nous en avons la preuve dans une loi d'*Honorius*, par laquelle ce prince défend de solliciter auprès de lui des dispenses pour certains degrés, et annonce qu'il n'en donnera qu'entre cousins-germains. Cette loi est au titre 10 du code *Théodosien*.

Il est encore parlé des dispenses que les empereurs donnaient pour mariage, dans une loi de l'empereur *Zenon*, et dans une loi de l'empereur *Anastase*.

Cassiodore, sénateur et conseil des rois goths, rapporte la formule de dispense que ces rois donnaient pour mariages.

D'après le témoignage du père *Thomassin*, ce n'est que dans le onzième siècle que les papes commencèrent à accorder des dispenses; et nous voyons que, dans des tems postérieurs, les souverains bien avisés, continuèrent à user de leurs droits. Ainsi l'empereur *Louis* IV, célèbre par ses disputes avec le Saint-Siége, donna, au commencement du quatorzième siècle, des dispenses de parenté à *Louis* de *Brandebourg* et à *Marguerite*, duchesse de *Carinthie*.

La transaction arrêtée à *Passau* en 1552, et suivie en 1555, de la paix de la religion, reconnaît le droit que les électeurs et les autres souverains d'*Allemagne* avaient d'accorder des dispenses.

En 1592, le roi *Henri* IV, conformément à plusieurs arrêts des parlemens, fit un règlement général par lequel les dispenses, en toute matière, furent attribuées aux évêques nationaux.

Ce règlement fut exécuté pendant quatre ans : on vit renaître ensuite l'usage de recourir à *Rome* pour certaines dispenses que l'on réputa plus importantes que d'autres.

Mais les droits de la souveraineté sont inaliénables et imprescriptibles. La loi civile peut donc aujourd'hui ce qu'elle pouvait autrefois, et elle a dû reprendre l'exercice du droit d'accorder des dispenses, depuis que le contrat de mariage a été séparé de tout ce qui concerne le sacrement.

Si les ministres de l'église peuvent, et doivent veiller sur la sainteté du sacrement, la puissance civile est seule en droit de veiller sur la validité du contrat. Les réserves et les précautions dont les ministres de l'église peuvent user pour pourvoir à l'objet religieux, ne peuvent, dans aucun cas ni en aucune manière, influer sur le mariage même, qui, en soi, est un objet temporel.

C'est d'après ce principe, que l'engagement dans les ordres sacrés, le vœu monastique et la disparité de culte, qui, dans l'ancienne jurisprudence, étaient des empêchemens dirimans, ne le sont plus. Ils ne l'étaient devenus que par les lois civiles, qui prohibaient les mariages mixtes, et qui avaient sanctionné, par le pouvoir coactif, les règlemens ecclésiastiques relatifs au célibat des prêtres séculiers et réguliers. Ils ont cessé de l'être, depuis que la liberté de conscience est devenue elle-même une loi de l'Etat, et l'on ne peut certainement contester, à aucun souverain, le droit de séparer les affaires religieuses d'avec les affaires civiles, qui ne sauraient appartenir au même ordre de choses, et qui sont gouvernées par des principes différens.

D'après le droit commun, d'après la morale des Etats, ce ne

sont point les cérémonies, c'est uniquement la foi, le consentement des parties, qui font le mariage, et qui méritent à la compagne qu'un homme s'associe, la qualité d'épouse; qualité si honorable que, suivant l'expression des anciens, ce n'est point la volupté, mais la vertu, l'honneur même, qui la font appeller de ce nom.

Mais il importe à la société que le consentement des époux intervienne, dans une forme solennelle et régulière.

Le mariage soumet les conjoints à de grandes obligations envers ceux auxquels ils donnent l'être. Il faut donc que l'on puisse connaître ceux qui sont tenus de remplir ces obligations.

Les unions vagues et incertaines sont peu favorables à la propagation. Elles compromettent les mœurs; elles entraînent des désordres de toute espèce. Cependant, qui garantirait la sûreté des mariages, si, contractés obscurément et sans précaution légale, ils ressemblaient à ces unions passagères et fugitives que le plaisir produit, et qui finissent avec le plaisir?

Enfin, la société contracte elle-même des obligations envers des époux dont elle doit respecter l'union. Elle est intéressée à protéger, contre la licence et l'entreprise des tiers, cette union sacrée qui doit être sous la sauve-garde de tous les gens de bien.

Ces importantes considérations ont déterminé les Législateurs à établir des formalités, capables de fixer la certitude des mariages, et de leur donner le plus haut degré de publicité. Ces formalités sont l'objet du chapitre second du projet de loi.

Conformément aux dispositions que ce chapitre présente, le mariage doit être célébré publiquement, devant l'officier civil du domicile de l'une des deux parties.

Cet officier est le témoin nécessaire de l'engagement des époux. Il reçoit, au nom de la loi, cet engagement inviolable stipulé au profit de l'Etat, au profit de la société générale du genre humain.

La célébration du mariage doit être faite en présence du public, dans la maison commune. On ne peut, sous de vains prétextes, chercher le secret ou le mystère. Rien ne doit être caché dans un acte où le public même, à certains égards, est partie, et qui donne une nouvelle famille à la cité.

Nous avons parlé des qualités et des conditions requises pour pouvoir contracter mariage. Pour que ces qualités et ces conditions ne soient pas éludées, deux publications, faites à des distances marquées, doivent précéder le contrat, et ces publications doivent avoir lieu dans la municipalité où chacun des conjoints a son domicile.

Un domicile de six mois suffit pour autoriser la célébration du mariage dans le lieu où l'un des contractans a acquis ce domicile. On n'a rien changé, sur ce point, à l'ancienne jurisprudence. Mais il faut alors que les publications soient faites, non-seulement dans le lieu du domicile abrégé des six mois, mais encore à la municipalité du dernier domicile.

Si les contractans sont sous la puissance d'autrui, leur prochain mariage est encore publié dans le domicile des personnes sous la puissance desquelles ils se trouvent.

On peut, selon les circonstances, obtenir la dispense d'une des deux publications, mais jamais des deux. La dispense sera accordée par le Gouvernement, ou par ceux qui auront reçu de lui le pouvoir de l'accorder.

La terre a été donnée en partage aux enfans des hommes. Un citoyen peut se transporter par-tout, et par-tout il peut exercer les droits attachés à sa qualité d'homme. Dans le nombre de ces droits, le plus naturel est incontestablement la faculté de contracter mariage. Cette faculté n'est pas locale; elle ne saurait être circonscrite par le territoire : elle est, pour ainsi dire, universelle comme la nature, qui n'est absente nulle part. Nous ne refusons donc pas aux Français le droit de contracter mariage en pays étranger, ni celui de s'unir à une personne étrangère. La forme du contrat est réglée alors par les lois du lieu où il est passé. Mais tout ce qui touche à la substance même du contrat, aux qualités et aux conditions qui déterminent la capacité des contractans, continue d'être gouverné par les lois françaises. Il faut même que, trois mois après son retour, le Français qui s'est marié ailleurs qu'en France, vienne faire hommage à sa patrie du titre qui l'a rendu époux ou père, et qu'il naturalise ce titre, en le faisant inscrire dans un registre national.

Il est plus expédient de prévenir le mal, qu'il n'est facile de le réparer. A quoi serviraient les conditions et les formalités relatives à la célébration du mariage, si personne n'avait action pour empêcher qu'elles ne soient éludées ou enfreintes?

Le droit de pouvoir s'opposer à un mariage, a donc été reconnu utile et même indispensable. Mais ce droit ne doit pas dégénérer en action populaire; il doit être limité à certaines personnes et à certains cas, à moins qu'on ne veuille que chaque mariage devienne une occasion de scandale et de trouble dans la société.

Il est juste, par exemple, que l'on puisse s'opposer au second mariage d'un mari ou d'une femme qui ne respecte pas un premier engagement. Il est juste que celui ou celle qui a été partie dans ce premier engagement, puisse défendre son titre, et réclamer l'exécution de la foi promise.

Pourrait-on raisonnablement refuser aux pères et aux mères, aux aïeuls et aux aïeules, le droit de veiller sur l'intérêt de leurs enfans, même majeurs, lorsque la crainte de les voir se précipiter dans des engagemens honteux ou inconsidérés, donne l'éveil à leur sollicitude?

Nous avons senti que les collatéraux ne pouvaient avoir la même faveur, parce qu'ils ne sauraient inspirer la même confiance. Cependant il est des occasions où il doit être permis à un frère, à un oncle, à un proche, de parler et de se faire entendre. Il ne faut pas, sans doute, que ces occasions soient arbitraires. Nous les avons limitées au cas où l'on exciperait de la démence du futur conjoint, et à celui où l'on aurait négligé d'assembler le conseil de famille, requis pour les mariages des mineurs qui ont perdu leurs père et mère et autres ascendans. Nous avons pensé que, dans ces occurrences, on ne pouvait étouffer la voix de la nature, puisque les circonstances ne permettaient pas de la confondre avec celle des passions.

On soumet à des dommages et intérêts ceux qui succombent dans leur opposition, si cette opposition a été funeste à ceux dont elle a différé ou même empêché le mariage; car souvent une opposition mal fondée peut mettre obstacle à une union sortable et légitime. Il existe alors un préjudice grave; ce préjudice doit être réparé. N'importe qu'il n'y ait eu qu'imprudence ou erreur dans la personne qui a cru devoir se rendre opposante : il n'y a point à balancer entre celui qui se trompe, et celui qui souffre.

La même rigueur n'est point appliquée aux pères et aux mères, ni aux autres ascendans. Les pères et les aïeuls sont toujours magistrats dans leurs familles, lors même que vis-à-vis de leurs enfans, ils paraissent ne se montrer que comme parties dans les tribunaux. Leur tendresse présumée écarte d'eux tout soupçon de mauvaise foi, et elle fait excuser leur erreur. Après la majorité accomplie de leurs enfans, l'autorité des pères finit; mais leur amour, leur sollicitude ne finit pas.

Souvent on n'a aucune raison décisive pour empêcher un mauvais mariage; mais un père ne peut point renoncer à l'espoir de ramener son enfant par des conseils salutaires; il se rend opposant, parce qu'il sait que le tems est une grande ressource contre les déterminations qui peuvent tenir à la promptitude de l'esprit, à la vivacité du caractère, ou à la fougue des passions. Pourrait-on punir, par une adjudication de dommages et intérêts, ce père déjà trop malheureux des espérances qu'il avait conçues, et des sages lenteurs sur lesquelles il fondait ses espérances? La conscience, le cœur d'un bon père est un asile qu'il ne faut pas indiscrètement forcer.

Il a existé un tems, et ce tems n'est pas loin de nous, où sous le prétexte de la plus légère inégalité dans la fortune ou la condition, on osait former opposition à un mariage honnête et raisonnable. Mais aujourd'hui où l'égalité est établie par nos lois, deux époux pourront céder aux douces inspirations de la nature, et n'auront plus à lutter contre les préjugés de l'orgueil, contre toutes ces vanités sociales qui mettaient, dans les alliances et dans les mariages, la gêne, la nécessité, et, nous osons le dire, la fatalité du destin même. On a moins à craindre ces oppositions bizarres qui étaient inspirées par l'ambition, ou commandées par l'avarice. On ne craint plus ces spéculations, combinées avec tant d'art, dans lesquelles, en fait de mariage, on s'occupait de tout, excepté du bonheur. Toutes les classes de la société étaient plus ou moins dominées par les mêmes préjugés; les vanités étaient graduées comme les conditions: un caractère sûr, des vertus éprouvées, les grâces de la jeunesse, les charmes même de la beauté, tout était sacrifié à des idées ridicules et misérables, qui faisaient le malheur des générations présentes, et qui étouffaient d'avance les générations à venir.

Dans le système de notre législation, nous ne sommes plus exposés aux mêmes dangers: chacun est devenu plus maître de sa destinée; mais il ne faut pas tomber dans l'extrémité contraire. Le souvenir de l'abus que l'on faisait des oppositions aux mariages des fils de famille ou des citoyens, n'a pas dû nous déterminer à proscrire toute opposition. Nous eussions favorisé le jeu des passions et la licence des mœurs, en croyant ne protéger que la liberté des mariages.

Le mariage est valable, quand il est conforme aux lois. Il est même parfait avant que d'avoir été consommé.

Dans le système du droit civil qui régissait la France, un mari périssait-il par accident, ou par toute autre cause, avant la consommation? la veuve était obligée de porter le deuil. La communauté, dans les pays où elle était admise, avait lieu depuis la célébration du mariage. Les gains nuptiaux, les avantages coutumiers étaient acquis, les donations réciproques s'exécutaient.

On ne s'écartait de ces principes, que dans quelques coutumes particulières et isolées, qui ne supposaient un mariage réel, que lorsque la femme, selon l'expression de ces coutumes, avait *été introduite dans le lit nuptial.*

Presque par-tout, le caractère moral imprimé au contrat par la foi que les époux se donnent, prévalait sur tout autre caractère.

Mais si la consommation du mariage n'a jamais été réputée nécessaire pour sa validité, on a du moins pensé, dans tous les tems, qu'un mariage est nul, lorsque les conditions et les formes prescrites par les lois n'ont point été observées.

On sait ce qui a été dit contre les mariages clandestins et contre les mariages secrets. Il importe de fixer l'idée que l'on doit se former de ces deux espèces de mariages. Elles ont donné lieu à beaucoup de méprises, même parmi les hommes instruits, qui n'ont pas toujours su les distinguer avec précision.

Une déclaration de 1639, privait les mariages secrets de tous effets civils.

On appellait mariages secrets, ceux qui, quoique contractés selon les lois, avaient été tenus cachés pendant la vie des époux. On avait établi en maxime qu'il ne suffisait pas, pour la publicité d'un mariage, qu'il eût été célébré avec toutes les formalités prescrites; mais qu'il fallait encore qu'il fût suivi, de la part des deux époux, d'une profession publique de leur état.

Le législateur, en flétrissant les mariages secrets, craignait pour l'éducation des enfans nés d'une union tenue cachée; il craignait même pour la certitude de leur naissance; il voulait parer au scandale que peut faire naître la vie commune de deux époux, quand le public ne connaît pas le véritable lien qui les unit et les rapproche; il voulait sur-tout, d'après l'extrême différence qui existait alors dans les rangs et les conditions des citoyens, prévenir ces alliances inégales qui blessaient l'orgueil des grands noms, ou qui ne pouvaient se concilier avec l'ambition d'une grande fortune.

C'est par la conduite des époux que l'on jugeait du secret de leur union. Un mariage, célébré selon les formes, a toujours une publicité quelconque; mais on ne comptait pour rien cette publicité d'un moment, si elle était démentie par la vie entière des conjoints.

On ne réputait un mariage public, que lorsque les époux ne rougissaient pas d'être unis, lorsqu'ils manifestaient leur union par leur vie publique et privée, lorsqu'ils demeuraient ensemble, lorsque la femme portait le nom de son mari, lorsque les enfans portaient le nom de leur père, lorsque les deux familles alliées étaient respectivement instruites du lien qui les approchait, lorsqu'enfin les relations d'état étaient publiques et notoires.

On appellait, en conséquence, mariage secret, celui dont la connaissance avait été concentrée avec soin, parmi le petit nombre de témoins nécessaires à sa célébration, et avait été attentivement dérobée aux regards des autres hommes, c'est-à-dire à cette portion de la société qui, par rapport à chaque particulier, forme ce que nous appellons le public.

Nous n'avons plus les mêmes raisons de redouter l'abus des mariages secrets.

D'abord, la liberté des mariages n'ayant plus à lutter contre la plupart des préjugés qui la gênaient, les citoyens sont sans intérêt à cacher à l'opinion un mariage qu'ils ne cherchent pas à dérober aux regards de la loi.

En second lieu, quand les mariages étaient attribués aux ecclésiastiques, le ministre du culte offrait aux époux, qui voulaient contracter un mariage que le respect humain ne leur permettait pas d'avouer, un dépositaire plus indulgent et plus discret. Il n'eût été ni juste ni raisonnable d'exiger qu'un ministre de la religion eût, dans le conflit des convenances ou des préjugés de la société, et des intérêts de la conscience, sacrifié les intérêts de la conscience aux préjugés, ou aux simples convenances de la société. Les époux étaient donc assurés, dans les occurrences difficiles, de trouver toutes les ressources et tous les ménagemens que leur situation exigeait. Sans blesser les lois qui établissaient les formes publiques de la célébration, on accordait des permissions et des dispenses qui en modifiaient l'exécution et en tempéraient la rigueur. Un mariage pouvait rester secret, malgré l'observation littérale des formes établies pour en garantir la publicité. Dans l'état actuel des choses, le mariage est célébré en présence de l'officier civil, et il est célébré dans la maison commune. Cet officier n'a aucun pouvoir personnel de changer le lieu, ni de modifier les formalités de la célébration; il n'est chargé que des intérêts de la société. On est obligé de recourir au Gouvernement pour obtenir la dispense d'une des deux publications. Le secret devient impossible; il ne pourrait être que l'ouvrage de la fraude. Vainement les deux époux chercheraient-ils des précautions pour cacher, pendant le reste de leur vie, une union qu'ils n'auraient pu éviter de contracter publiquement. Il est donc clair que la crainte des mariages secrets doit disparaître avec les diverses causes qui la produisaient.

Le vrai danger serait celui de conserver un point de jurisprudence, toujours incertain et arbitraire dans son application. L'observation des formes dans la célébration du mariage doit suffisamment garantir sa publicité de droit et de fait. Si, malgré l'observation de ces formes, des époux pouvaient encore se voir exposés à la privation des effets civils, sous prétexte que, par leur conduite postérieure, ils ont cherché à rendre leur union secrète, quelle source d'incertitude et de trouble pour les familles! Toutes les fois que la question d'un mariage prétendu secret se présentait aux tribunaux, les juges manquaient d'une règle assurée pour prononcer. Leur raison se perdait dans un dédale de faits, d'enquêtes, de témoignages, plus ou moins suspects et de présomptions plus ou moins concluantes. Des démarches indifférentes, des circonstances fugitives étaient travesties en preuves, et après avoir fidèlement observé toutes les lois, on était exposé à perdre la sûreté qu'elles garantissent à ceux qui les observent et les respectent.

Il en est autrement des mariages clandestins. Ou il faut renoncer à toute législation sur les mariages, ou il faut proscrire la clandestinité; car, d'après la définition des jurisconsultes, les mariages clandestins sont ceux que la société n'a jamais connus, qui n'ont été célébrés devant aucun officier public, et qui ont constamment été ensevelis dans le mystère et dans les ténèbres. Cette espèce de mariage clandestin n'est pas la seule; elle est la plus criminelle. On place encore, parmi les mariages clandestins, ceux qui n'ont point été précédés des publication requises, ou qui n'ont point été célébrés devant l'officier civil que la loi indiquait aux époux, ou dans lesquels le consentement des père et mère, des aïeuls et aïeules et des tuteurs, n'est point intervenu. Comme toutes ces précautions ont été prises pour prévenir la clandestinité, il y a lieu au reproche de clandestinité, quand on a négligé ces précautions.

La nullité des mariages clandestins est évidente.

Mais un mariage peut être nul sans être clandestin. Ainsi, le défaut d'âge, le défaut de liberté, la parenté des époux au degré prohibé, annullent le mariage, sans lui imprimer d'ailleurs aucun caractère de clandestinité.

Les mariages contractés à l'extrémité de la vie, étaient encore prohibés par la déclaration de 1639, dont nous parlions tantôt. Il paraissait étrange qu'une personne mourante pût concevoir l'idée de transformer subitement son lit de mort en lit nuptial, et pût avoir la prétention d'allumer les feux brillans de l'hymen, à côté des torches funèbres dont la sombre lueur semblait déjà réfléchir sur une existence presque éteinte. On appréhendait, avec quelque fondement, les surprises et les machinations ténébreuses qui pouvaient être pratiquées en pareille occurrence, pour arracher, à la faiblesse ou à la maladie, un consentement auquel la volonté n'aurait aucune part. On appréhendait encore, que ceux qui aiment les douceurs du mariage, sans en aimer les charges, ne fussent invités à vivre dans un célibat honteux, par l'espoir d'effacer un jour, à l'ombre d'un simulacre de mariage, les torts de leur vie entière.

Il faut convenir que la considération de ces dangers avait quelque poids : mais qu'était-ce qu'un mariage *in extremis* ? Ici l'art conjectural de la médecine venait ajouter aux doutes et aux incertitudes de la jurisprudence. A chaque instant un mariage légitime pouvait être compromis, et il était difficile d'atteindre un mariage frauduleux. Nous trouvons à peine, dans nos immenses recueils d'arrêts, deux ou trois jugemens intervenus sur cette matière ; et ces jugemens ne font qu'attester les embarras qu'éprouvaient les tribunaux dans l'application de la loi.

Est-il

Est-il d'ailleurs certain que cette loi fût bonne et convenable? L'équité comporte-t-elle que l'on condamne au désespoir un père mourant, dont le cœur, déchiré par le remords, voudrait, en quittant la vie, assurer l'état d'une compagne qui ne l'a jamais abandonné, ou celui d'une postérité innocente dont il prévoit la misère et le malheur? Pourquoi des enfans qui ont fixé sa tendresse, et une compagne qui a mérité sa reconnaissance, ne pourraient-ils pas, avant de recueillir ses derniers soupirs, faire un appel à sa justice? Pourquoi le forcerait-on à être inflexible, dans un moment où il a lui-même besoin de faire un appel à la miséricorde? En contemplant la déplorable situation de ce père, on se dit, que la loi ne peut ni ne doit aussi cruellement étouffer la nature.

Les différentes nullités d'un mariage ne sont pas toutes soumises aux mêmes règles : dans l'école, on les a distinguées en nullités absolues et en nullités relatives. On a attribué aux unes et aux autres des effets différens. Mais l'embarras était de suivre dans la pratique une distinction qu'il était si facile d'énoncer dans la théorie. De nouveaux doutes provoquaient à chaque instant de nouvelles décisions; les difficultés étaient interminables.

On a compris que le langage de la loi ne pouvait être celui de l'école. En conséquence, dans le projet que nous présentons, nous avons appliqué à chaque nullité les règles qui lui sont propres.

Une des premières causes qui peuvent faire annuller le mariage, est le défaut de liberté.

Il a été arrêté que l'action, produite par le défaut de liberté, ne peut être exercée que par les deux époux, ou par celui des deux dont le consentement n'a pas été libre. Cela dérive de la nature même des choses.

Le défaut de liberté est un fait dont le premier juge est la personne qui prétend n'avoir pas été libre. Des tiers peuvent avoir été les témoins de procédés extérieurs, desquels on se croit autorisé à conclure qu'il y a eu violence ou contrainte; mais ils ne peuvent jamais apprécier l'impression continue ou passagère qui a été ou qui n'a pas été opérée par ces procédés.

Il est rare qu'un mariage soit déterminé par une violence réelle et à force ouverte. Un tel attentat dégénérerait en rapt ou en viol ; il y aurait plus que nullité, il y aurait crime. Communément, les faits de crainte qui opèrent le défaut de liberté sont des faits graves sans doute, et capables d'ébranler une ame forte, mais plus cachés, et combinés avec plus de prudence que ne l'est un acte caractérisé de violence. C'est conséquemment à la personne qui se plaint de n'avoir pas été libre, à nous dénoncer sa situation. Quel est celui qui auroit le droit de soutenir que je n'ai pas été libre, quand, malgré les apparences, j'assure l'avoir été ? Dans un affaire aussi personnelle, mon témoignage ne serait-il pas supérieur à tout autre témoignage ? Le sentiment de ma liberté n'en deviendrait-il pas la preuve ?

Il y a plus : une volonté d'abord forcée, ne l'est pas toujours; ce que l'on a fait dans le principe par contrainte, on peut dans la suite le ratifier par raison et par choix. Qui serait donc autorisé à se plaindre, quand je ne me plains pas ? Mon silence ne repousse-t-il pas tous ceux qui voudraient inconsidérément parler, quand je me tais ?

Il est incontestable que le défaut de liberté peut être couvert par un simple consentement tacite. Cela était vrai, même pour les vœux monastiques. Après un certain tems, le silence faisait présumer le consentement, et l'on refusait d'écouter le religieux même qui réclamait contre son engagement. Aucun tiers n'était admis, dans aucun tems, à exercer l'action du religieux qui gardait le silence, lorsqu'il aurait pu le rompre, s'il l'avait voulu. Or, si dans l'hypothèse du vœu monastique, où il ne s'agissait que de l'intérêt du religieux, on eût craint, en donnant action à des tiers, de troubler un engagement imparfait dans son origine, mais confirmé dans la suite, au moins par le silence de la partie intéressée, comment permettrait-on à des tiers de venir troubler un mariage existant, au préjudice des enfans, au préjudice de deux familles, au préjudice des époux eux-mêmes qui ne réclament pas ?

Donc, rien de plus sage que de n'avoir donné action, pour le défaut de liberté, qu'aux deux époux, ou à celui des deux dont le consentement n'a pas été libre.

S'il n'y a point de véritable consentement, lorsqu'il n'y a point de liberté, il n'y a pas non plus de consentement véritable, quand il y a erreur.

L'erreur, en matière de mariage, ne s'entend pas d'une simple erreur sur les qualités, la fortune ou la condition de la personne à laquelle on s'unit, mais d'une erreur qui aurait pour objet la personne même. Mon intention déclarée était d'épouser une telle personne ; on me trompe, ou je suis trompé par un concours singulier de circonstances, et j'en épouse une autre qui lui est substituée à mon insçu et contre mon gré : le mariage est nul.

Mais, dans ce cas, l'action ne compète qu'à moi, parce qu'elle ne peut compéter qu'à l'époux qui a été induit en erreur.

Dans l'hypothèse de l'erreur et dans celle du défaut de liberté, il fallait prescrire de sages limites à l'action même que l'on donne aux époux. On l'a fait, en statuant que la demande en nullité ne sera plus recevable, toutes les fois qu'il constera d'une cohabitation continuée pendant six mois, depuis que l'erreur aura été reconnue, ou que la liberté aura été recouvrée.

Le mariage contracté sans le consentement des père et mère, des ascendans ou du conseil de famille, dans les cas où ce consentement était nécessaire, ne peut être attaqué que par ceux dont le consentement était requis, ou par celui des deux époux qui avait besoin de ce consentement.

Il est naturel d'interdire aux collatéraux une action qui ne peut compéter qu'aux parens dont le consentement est nécessaire. Ceux-ci vengent leur propre injure, en exerçant cette action ; ils font plus, ils remplissent un devoir. La loi requérait leur intervention dans le mariage, pour l'utilité même des époux. Ils satisfont au vœu de la loi, ils répondent à sa confiance, en cherchant à réparer, par la voie de la cassation, le mal qu'ils n'ont pu prévenir par les voies plus douces d'une tendre surveillance. Que deviendrait la loi qui exige la nécessité du consentement des parens, si ceux-ci ne pouvaient la réclamer quand elle est violée?

Nous avons également cru juste d'accorder aux enfans à qui le consentement des parens était nécessaire, le droit de faire annuller leur propre mariage, par la considération du défaut de ce consentement. En général, il est permis à tous ceux qui ont contracté une obligation nulle et vicieuse, de réclamer contre leur engagement, et sur-tout lorsqu'ils l'ont contracté pendant leur minorité. L'intérêt des parties est la mesure de leur action; et si on reçoit favorablement les plaintes d'un mineur qui prétend avoir été surpris dans une convention peu importante, on doit, avec plus de justice, lui accorder la même faveur, lorsqu'il demande à être restitué contre l'aliénation qu'il a faite de tous ses biens et de sa personne.

Mais l'action en nullité provenant du défaut de consentement des parens, ne peut plus être intentée, ni par les époux, ni par les parens dont le consentement était requis, toutes les fois que le mariage a été approuvé expressément ou tacitement par ceux dont le consentement était nécessaire, ou lorsqu'il s'est écoulé une année sans réclamation de leur part, depuis qu'ils ont eu connaissance du mariage. Elle ne peut être intentée non plus par l'époux, lorsqu'il s'est écoulé une année sans réclamation de sa part, depuis qu'il a atteint l'âge compétent pour consentir lui-même à son mariage. La sagesse de ces dispositions est évidente par elle-même.

Les nullités qui dérivent du défaut d'âge, de l'existence d'un premier lien et de l'empêchement de consanguinité, sont d'une autre nature que les nullités précédentes. Elles intéressent l'ordre public et les bonnes mœurs : elles ne sont pas uniquement relatives à l'intérêt privé des époux, elles sont liées aux principes de l'honnêteté publique. Aussi l'action est ouverte, non-seulement aux époux, mais à tous ceux qui y ont intérêt, et même au ministère public qui est le gardien des mœurs et le vengeur de tous les désordres qui attaquent la société.

Cependant le remède deviendrait souvent pire que mal, si la faculté que l'on donne de dénoncer les nullités dont nous parlons, demeurait illimitée dans ses effets comme dans sa durée.

Par exemple, le défaut d'âge est réparable. Il serait donc absurde qu'il servît de prétexte pour attaquer un mariage, lorsqu'il s'est déja écoulé un délai de six mois, après que les époux auraient atteint l'âge compétent. Alors la nullité n'existe plus : l'effet ne doit pas survivre à sa cause. On donne un délai de six mois, parce que toutes les fois que la loi donne une action, elle doit laisser un tems utile pour l'exercer.

Il serait encore peu raisonnable que l'on pût exciper du défaut d'âge, quand une grossesse survient dans le ménage, avant l'échéance des six mois donnés pour exercer l'action en nullité. La loi ne doit pas aspirer au droit d'être plus sage que la nature : la fiction doit céder à la réalité.

L'action doit être refusée, dans l'hypothèse dont il s'agit, aux pères, mères, ascendans, et à la famille, s'ils ont consenti au mariage avec connaissance de cause. Il ne faut pas qu'ils puissent se jouer de la foi du mariage, après s'être joués des lois.

Dans les cas que nous venons d'énumérer, l'action en nullité compète aux collatéraux et à tous ceux qui y ont intérêt. Mais comme cette action ne peut naître qu'avec l'intérêt qui en est le principe, les collatéranx ou les enfans nés d'un autre mariage, ne sont point admis à l'exercer du vivant des deux époux, mais seulement lorsqu'ils ont un droit échu et un intérêt actuel.

En thèse, des collatéraux ou des héritiers avides sont écoutés peu favorablement. Ils n'ont en leur faveur, ni le préjugé de la nature, ni l'autorité de la loi. L'espérance d'accroître leur patrimoine ou leur fortune, est le seul mobile de leur démarche ;

cette espérance seule les anime. Ils n'ont aucune magistrature domestique à exercer sur des individus qui ne sont pas confiés à leur sollicitude. Ils ne doivent donc pas être admis à troubler un mariage concordant et paisible. Ils ne doivent et ils ne peuvent se montrer que lorsqu'il s'agit de savoir s'ils sont exclus d'une succession par des enfans légitimes, ou s'ils sont fondés à contester l'état de ces enfans, et à prendre leur part dans cette succession. Hors de-là, ils n'ont point d'action.

Il ne faudrait pas ranger dans la classe des collatéraux ou de toutes autres personnes qui ne peuvent attaquer un mariage nul, pendant la vie des conjoints, l'époux qui se prévaut d'un premier engagement contracté en sa faveur, et toujours subsistant, pour faire anéantir un second engagement frauduleux. Cet époux peut incontestablement attaquer le second mariage, du vivant même du conjoint qui était uni à lui par un premier lien, car c'est précisément l'existence de ce premier lien qui fait la nullité du second ; et le plus grand profit de la demande en nullité, est, dans ce cas, de faire disparaître le second mariage pour maintenir et venger le premier.

Dans le concours de deux mariages, si l'époux délaissé peut attaquer le second comme nul, ceux qui ont contracté ce second mariage peuvent également arguer le premier de nullité : ce qui est nul ne produit aucun effet. Un premier mariage, non valablement contracté, ne peut donc légalement motiver la cassation d'un second mariage valable ; conséquemment la question élevée sur la validité du premier mariage, suspend nécessairement le sort du second. Cette question est un préalable qu'il faut vider avant tout.

Nous avons dit que le commissaire du Gouvernement, que le ministère public peut s'élever d'office contre un mariage infecté de quelqu'une des nullités que nous avons énoncées, comme appartenantes au droit public : l'objet de ce magistrat doit être de faire cesser le scandale d'un tel mariage, et de faire prononcer la séparation des époux. Mais gardons-nous de donner à cette censure, confiée au ministère public pour l'intérêt des mœurs et de la société, une étendue qui la rendrait oppressive, et qui la ferait dégénérer en inquisition. Le ministère public ne doit se montrer que quand le vice du mariage est notoire, quand il est subsistant, ou quand une longue possession n'a pas mis les époux à l'abri des recherches directes du magistrat. Il y a souvent plus de scandale dans les poursuites indiscrètes d'un délit obscur, ancien ou ignoré, qu'il n'y en a dans le délit même.

Les publications, qui précèdent le mariage, ont été introduites pour qu'on puisse être averti, dans un tems convenable, des empêchemens qui pourraient rendre le mariage nul. L'omission de ces publications et l'inobservation des délais dans lesquels elles doivent être faites, peuvent opérer la nullité d'un mariage en certains cas : mais, parce que les lois qui ont établi ces formalités n'ont en vue que certaines personnes, et certaines circonstances, lorsque ces circonstances ne subsistent plus, lorsque l'état des personnes est changé, et que leur volonté est toujours la même, ce qui était nul dans son principe, se ratifie dans la suite, et l'on n'applique point au mariage cette maxime qui n'a lieu que dans les testamens : *Quod ab initio non valet, tractu temporis non convalescit.*

La plus grave de toutes les nullités est celle qui dérive de ce qu'un mariage n'a pas été célébré publiquement, et en présence de l'officier civil compétent. Cette nullité donne action aux pères et aux mères, aux époux, au ministère public, et à tous ceux qui y ont intérêt. Elle ne peut être couverte par la possession, ni par aucun acte exprès ou tacite de la volonté des parties ; elle est indéfinie et absolue. Il n'y a pas mariage, mais commerce illicite, entre des personnes qui n'ont point formé leur engagement en présence de l'officier civil compétent, témoin nécessaire du contrat. Dans notre législation actuelle, le défaut de présence de l'officier civil compétent a les mêmes effets qu'avait autrefois le défaut de présence du propre curé. Le mariage était radicalement nul ; il n'offrait qu'un attentat aux droits de la société, et une infraction manifeste des lois de l'État.

Aussi, nul ne peut réclamer le titre d'époux et les effets

civils du mariage, s'il ne représente un acte de célébration, inscrit sur les registres de l'état civil. On admettait les mariages présumés, avant l'ordonnance de Blois. Cet abus a disparu : il faut un titre écrit, attesté par des témoins et par l'officier public que la loi désigne. La preuve testimoniale et les autres manières de preuves ne sont reçues que dans les cas prévus par la loi sur *les actes de l'état civil*, et aux conditions prescrites par cette loi. Aucune possession ne saurait dispenser de représenter le titre ; car la possession seule ne désigne pas plus un commerce criminel qu'un mariage légitime. Si la possession sans titre ne garantit aucun droit, le titre avec la possession devient inattaquable.

Des époux dont le titre aurait été falsifié, ou qui auraient rencontré un officier public, assez négligent pour ne pas s'acquitter des devoirs de sa place, auraient action pour faire punir le crime et réparer le préjudice. Si l'officier public était décédé, ils auraient l'action en dommages contre ses héritiers.

La preuve acquise de la célébration d'un mariage, soit par la voie extraordinaire, soit par la voie civile, garantit aux époux et aux enfans tous les effets du mariage, à compter du jour de sa célébration ; car la preuve d'un titre n'est pas un titre nouveau, elle n'est que la déclaration d'un titre préexistant, dont les effets doivent remonter à l'époque déterminée par sa date. Mais nous ne saurions trop le dire : pour constater un mariage, il faut un titre, ou l'équivalent.

Au reste, n'exagérons rien et distinguons les tems. Autre chose est de juger des preuves d'un mariage pendant la vie des époux, autre chose est d'en juger après leur mort et relativement à l'intérêt des enfans. Pendant la vie des époux, la représentation du titre est nécessaire. Des conjoints ne peuvent raisonnablement ignorer le lieu où ils ont contracté l'acte le plus important de leur vie, et les circonstances qui ont accompagné cet acte ; mais, après leur mort, tout change. Des enfans, souvent délaissés dès leur premier âge par les auteurs de leurs jours, ou transportés dans des contrées éloignées, ne connaissent et ne peuvent connaître ce qui s'est passé avant leur naissance. S'ils n'ont point reçu de documens, si les papiers domestiques manquent, quelle sera leur ressource ? La jurisprudence ne les condamne point au désespoir. Ils sont admis à prouver que les auteurs de leurs jours vivaient comme époux, et qu'ils avaient la possession de leur état. Il suffit même pour les enfans que cette possession de leurs père et mère soit énoncée dans leur acte de naissance : cet acte est leur titre. C'est dans le moment de cet acte que la patrie les a marqués du sceau de ses promesses ; c'est sous la foi de cet acte qu'ils ont toujours existé dans le monde ; c'est avec cet acte qu'ils peuvent se produire et se faire reconnaître ; c'est cet acte qui constate leur nom, leur origine, leur famille ; c'est cet acte qui leur donne une cité et qui les met sous la protection des lois de leur pays. Qu'ont-ils besoin de remonter à des époques qui leur sont étrangères ? Pouvaient-ils pourvoir à leur intérêt, quand il n'existait point encore ? Leur destinée n'est-elle pas irrévocablement fixée par l'acte inscrit dans des registres que la loi elle-même a établis pour constater l'état des citoyens, et pour devenir, pour ainsi dire, dans l'ordre civil, le livre des destinées ?

Quoique régulièrement le seul mariage légitime et véritable puisse faire de véritables époux et produire des enfans légitimes, cependant, par un effet de la faveur des enfans et par la considération de la bonne-foi des époux, il a été reçu, par équité, que s'il y avait quelque empêchement caché qui rendît ensuite le mariage nul, les époux, s'ils avaient ignoré cet empêchement, et les enfans nés de leur union, conserveraient toujours le nom et les prérogatives d'époux et d'enfans légitimes, parce que les uns se sont unis, et les autres sont nés sous le voile, sous l'ombre, sous l'apparence du mariage.

De-là cette maxime commune, que le mariage putatif, pour nous servir de l'expression des jurisconsultes, c'est-à-dire celui que les conjoints ont cru légitime, a le même effet pour assurer l'état des époux et des enfans, qu'un mariage véritablement légitime : maxime originairement introduite par le droit canonique, depuis long-tems adoptée dans nos mœurs, et aujourd'hui consacrée par le projet de loi.

Quand un seul des conjoints est dans la bonne foi, ce conjoint seul peut réclamer les effets civils du mariage. Quelques anciens jurisconsultes avaient pensé que, dans ce cas, les enfans devaient être légitimes par rapport à l'un des conjoints, et illégitimes par rapport à l'autre; mais on a rejetté leur opinion, sur le fondement que l'état des hommes est indivisible, et que, dans le concours, il fallait se décider entièrement pour la légitimité.

Le mariage soumet à de grandes obligations ceux qui le contractent.

Parmi ces obligations, la première est celle de nourrir, entretenir et élever ceux auxquels on a donné le jour.

Les alimens et l'entretien ont pour objet la conservation et le bien-être de la personne. L'éducation se rapporte à son avantage moral.

Dans les pays de droit écrit, le père était obligé de doter sa fille pour lui procurer un établissement. Cette obligation n'existait pas pour le père dans les pays de coutume.

Il fallait se décider entre ces deux jurisprudences absolument opposées l'une à l'autre. On a donné la préférence à la jurisprudence coutumière, comme moins susceptible d'inconvéniens et d'abus.

L'action qu'une fille avait, dans les pays de droit écrit, pour obliger son père à la doter, avait peu de danger, parce que, dans ces pays, la puissance paternelle était si grande, qu'elle avait tous les moyens possibles de se maintenir contre l'inquiétude et la licence des enfans.

Aujourd'hui cette puissance n'est plus ce qu'elle était. Il ne faut pas l'avilir après l'avoir affaiblie : il ne faut pas conserver aux enfans les moyens d'attaque, quand on a dépouillé le père de ses moyens de défense.

Dans les pays coutumiers, où la puissance paternelle était plus tempérée, on n'avait eu garde de laisser aux enfans le droit d'inquiéter leurs pères. Il n'y avait donc point à balancer entre la jurisprudence des pays coutumiers et celle des pays de droit écrit. Comme il faut que tout soit harmonie, il eût été absurde d'augmenter les droits des enfans, quand on diminuait ceux des pères. L'équilibre eût été rompu, les familles eussent été déchirées par des troubles journaliers. L'audace des enfans se fût accrue, et il n'aurait plus existé de gouvernement domestique.

En laissant subsister la jurisprudence des pays de coutume, on ne fait aucune révolution dans ces pays. On en eût fait une funeste, si on y eût introduit un droit nouveau.

A la vérité, dans les pays de droit écrit, on opère un changement par rapport au droit des filles, puisqu'on y affaiblit ce droit, en y introduisant la jurisprudence des pays de coutume. Mais ce changement, contraire aux droits des enfans, est suffisamment compensé à leur profit par les changemens qu'a éprouvés la puissance des pères.

Ce n'est pas dans un tems où tant d'évènemens ont relâché tous les liens, qu'il faut achever de les briser tous. On va au mal par une pente rapide, et on ne remonte au bien qu'avec effort. S'il est des objets dans lesquels les lois doivent suivre les mœurs, il en est d'autres où les mœurs doivent être corrigées par les lois.

Nous avons donc cru, après avoir pesé les inconvéniens et les avantages des diverses jurisprudences qui régissaient la France, que les enfans ne devaient point avoir action contre leurs père et mère, pour un établissement par mariage ou autrement.

Si les père et mère sont obligés de nourrir leurs enfans, les enfans sont obligés à leur tour de nourrir leurs père et mère.

L'engagement est réciproque, et de part et d'autre, il est fondé sur la nature.

Les gendres et les belles-filles sont soumis à la même obligation envers leurs beau-père et belle-mère. Cette obligation cesse, 1°. dans le cas où la belle-mère a contracté un second mariage; 2.° lorsque celui des époux qui produisait l'affinité, et les enfans de son union avec l'autre époux, sont décédés.

Les beaux-pères et les belles-mères sont tenus, de leur côté, quand les circonstances l'exigent, de fournir des alimens à leur gendre et à leur belle-fille.

La parenté d'alliance imite la parenté du sang.

Les alimens comprennent tout ce qui est nécessaire. Mais il faut distinguer deux sortes de nécessaire : l'absolu et le relatif. L'absolu est réglé par les besoins indispensables de la vie ; le relatif, par l'état et les circonstances. Le nécessaire relatif n'est donc pas égal pour tous les hommes ; l'absolu même ne l'est pas. La vieillesse a plus de besoins que l'enfance ; le mariage, que le célibat ; la faiblesse, que la force ; la maladie, que la santé.

Les bornes du nécessaire absolu sont fort étroites. Un peu de justice et de bonne foi suffisent pour les connaître. A l'égard du nécessaire relatif, il est à l'arbitrage de l'opinion et de l'équité.

Le devoir de fournir des alimens cesse, quand celui à qui on les doit, recouvre une fortune suffisante, ou quand celui qui en est débiteur, tombe dans une indigence qui ne lui permet pas, ou qui lui permet à peine de se nourrir lui-même. Un père et une mère peuvent, suivant les circonstances, refuser de fournir des alimens à leurs enfans, en offrant de les recevoir dans leur maison. C'est au juge à déterminer les cas où l'obligation de fournir des alimens est susceptible de cette modification et de ce tempérament. Ces sortes de questions sont plutôt des questions de fait que des questions de droit.

Après nous être occupés des obligations qui naissent du mariage entre les pères et les enfans, nous avons fixé notre attention sur les droits et les devoirs respectifs des époux.

Ils se doivent mutuellement fidélité, secours et assistance.

Le mari doit protection à sa femme, et la femme, obéissance à son mari.

Voilà toute la morale des époux.

On a long-tems disputé sur la préférence ou l'égalité des deux sexes. Rien de plus vain que ces disputes.

On a très-bien observé que l'homme et la femme ont par-tout des rapports, et par-tout des différences. Ce qu'ils ont de commun, est de l'espèce ; ce qu'ils ont de différent, est du sexe. Ils seraient moins disposés à se rapprocher, s'ils étaient plus semblables. La nature ne les a faits si différens que pour les unir.

Cette différence qui existe dans leur être, en suppose dans leurs droits et dans leurs devoirs respectifs. Sans doute, dans le mariage, les deux époux concourent à un objet commun; mais ils ne sauraient y concourir de la même manière. Ils sont égaux en certaines choses, et ils ne sont pas comparables dans d'autres.

La force et l'audace sont du côté de l'homme; la timidité et la pudeur du côté de la femme.

L'homme et la femme ne peuvent partager les mêmes travaux, supporter les mêmes fatigues, ni se livrer aux mêmes occupations. Ce ne sont point les lois, c'est la nature même qui a fait le lot de chacun des deux sexes. La femme a besoin de protection, parce qu'elle est plus faible; l'homme est plus libre, parce qu'il est plus fort.

La prééminence de l'homme est indiquée par la constitution même de son être, qui ne l'assujettit pas à autant de besoins, et qui lui garantit plus d'indépendance pour l'usage de son tems et pour l'exercice de ses facultés. Cette prééminence est la source du pouvoir de protection que le projet de loi reconnaît dans le mari.

L'obéissance de la femme est un hommage rendu au pouvoir qui la protège, et elle est une suite nécessaire de la société conjugale, qui ne pourrait subsister si l'un des époux n'était subordonné à l'autre.

Le mari et la femme doivent incontestablement être fidèles à la foi promise; mais l'infidélité de la femme suppose plus de corruption, et a des effets plus dangereux que l'infidélité du mari: aussi l'homme a toujours été jugé moins sévèrement que la femme. Toutes les nations, éclairées en ce point par l'expérience, et par une sorte d'instinct, se sont accordées à croire que le sexe le plus aimable doit encore, pour le bonheur de l'humanité, être le plus vertueux.

Les femmes connaîtraient peu leur véritable intérêt, si elles pouvaient ne voir dans la sévérité apparente dont on use à leur égard, qu'une rigueur tyrannique, plutôt qu'une distinction honorable et utile. Destinées par la nature aux plaisirs d'un seul et à l'agrément de tous, elles ont reçu du ciel cette sensibilité douce, qui anime la beauté, et qui est sitôt émoussée par les plus légers égaremens du cœur; ce tact fin et délicat qui remplit chez elles l'office d'un sixième sens, et qui ne se conserve ou ne se perfectionne que par l'exercice de toutes les vertus; enfin, cette modestie touchante qui triomphe de tous les dangers, et qu'elles ne peuvent perdre sans devenir plus vicieuses que nous. Ce n'est donc point dans notre injustice, mais dans leur vocation naturelle, que les femmes doivent chercher le principe des devoirs plus austères qui leur sont imposés pour leur plus grand avantage, et au profit de la société.

Des devoirs respectifs de protection et d'obéissance que le mariage établit entre les époux, il suit que la femme ne peut avoir d'autre domicile que celui de son mari, qu'elle doit le suivre par-tout où il lui plaît de résider, et que le mari est obligé de recevoir sa femme, et de lui fournir tout ce qui est nécessaire pour les besoins de la vie, selon ses facultés et son état.

La femme ne peut ester en jugement, sans l'autorisation de son mari. Il n'y a d'exception à cette règle, que lorsque la femme est poursuivie criminellement, ou pour fait de police. Alors, l'autorité du mari disparaît devant celle de la loi, et la nécessité de la défense naturelle dispense la femme de toute formalité.

Le même principe qui empêche la femme de pouvoir exercer des actions en justice, sans l'autorisation de son mari, l'empêche, à plus forte raison, d'aliéner, hypothéquer, acquérir à titre gratuit ou onéreux, sans cette autorisation.

Cependant, comme il n'y a aucun pouvoir particulier qui ne soit soumis à la puissance publique, le magistrat peut intervenir pour réprimer les refus injustes du mari, et pour rétablir toutes choses dans l'état légitime.

La faveur du commerce a fait regarder la femme, marchande publique, comme indépendante du pouvoir marital, dans tout ce qui concerne les opérations commerciales qu'elle fait. Sous ce rapport, le mari peut devenir la caution de sa femme, mais il cesse d'être son maître.

Les droits du mari ne sont suspendus, dans tout le reste, que par son interdiction, son absence, ou toute cause qui peut le mettre dans l'impossibilité actuelle de les exercer ; et, dans ces hypothèses, l'autorité du mari est remplacée par celle du juge.

L'autorité du juge intervient encore, si le mari est mineur. Comment celui-ci pourrait-il autoriser les autres, quand il a lui-même besoin d'autorisation ?

La nullité des actes faits par la femme, fondée sur le défaut d'autorisation de ces actes, ne peut être opposée que par la femme elle-même, par son mari, ou par leurs héritiers.

Au reste, la femme peut faire des dispositions testamentaires sans y être autorisée, parce que ces sortes de dispositions qui ne peuvent avoir d'effet qu'après la mort, c'est-à-dire qu'après que l'union conjugale est dissoute, ne peuvent blesser les lois de cette union.

Nous en avons assez dit dans le projet de loi pour faire sentir l'importance et la dignité du mariage, pour le présenter comme le contrat le plus sacré, le plus inviolable, et comme la plus sainte des institutions. Ce contrat, cette société finit par la mort de l'un des conjoints, et par le divorce légalement prononcé. Elle finit encore, relativement aux effets civils, par une condamnation prononcée contre l'un des époux et emportant mort civile.

Je n'ai pas besoin de m'expliquer sur la dissolution pour cause de mort. La dissolution de la société conjugale, dans ce cas, est opérée par un évènement qui dissout toutes les sociétés. La dissolution pour cause de divorce sera l'objet d'un projet de loi particulier.

Quant à la mort civile, on vous a déja développé tout ce

qu'elle opérait, relativement au mariage, dans le projet de loi concernant *la jouissance et la privation des effets civils.*

Après un premier mariage dissous, on peut en contracter un second. Cette liberté compète au mari qui a perdu sa femme, comme à la femme qui a perdu son mari. Mais les bonnes mœurs et l'honnêteté publique ne permettent pas que la femme puisse convoler à de secondes noces, avant que l'on se soit assuré, par un délai suffisant, que le premier mariage demeure sans aucune suite pour elle, et que sa situation ne saurait plus gêner les actes de sa volonté. Ce délai était autrefois d'un an : on l'appellait *l'an de deuil.* Nous avons cru que dix mois suffisaient pour nous rassurer contre toute présomption capable d'alarmer la décence et l'honnêteté.

Actuellement, ma tâche est remplie. C'est à vous, citoyens Législateurs, en confirmant par vos suffrages le projet de loi que je vous présente, au nom du Gouvernement, *sur le mariage*, à consolider les vrais fondemens de l'ordre social, et à ouvrir les principales sources de la félicité publique. Quelques auteurs du siècle ont demandé que l'on encourageât les mariages : ils n'ont besoin que d'être réglés.

Par-tout où il se trouve une place où deux personnes peuvent vivre commodément, il se forme une mariage. Le Législateur n'a rien à faire à cet égard; la nature a tout fait. Toujours aimable, elle verse d'une main libérale tous ses trésors sur l'acte le plus important de la vie humaine; elle nous invite, par l'attrait du plaisir, à l'exercice du plus beau privilège qu'elle ait pu donner à l'homme, celui de se reproduire, et elle nous prépare des délices de sentiment mille fois plus douces que ce plaisir même. Il y aura toujours assez de mariages pour la prospérité de la République; l'essentiel est qu'il y ait assez de mœurs pour la prospérité des mariages. C'est à quoi le Législateur doit pourvoir par la sagesse de ses réglemens; les bonnes lois fondent la véritable puissance des Etats, et elles sont le plus riche héritage des nations.

Suit le texte de la loi.

TITRE

TITRE V.

Du Mariage.

Décrété le 26 ventose an XI. Promulgué le 6 germinal suivant.

CHAPITRE PREMIER.

Des qualités et conditions requises pour pouvoir contracter mariage.

Article 144. — L'homme avant dix-huit ans révolus, la femme avant quinze ans révolus, ne peuvent contracter mariage.

Art. 145. — Le Gouvernement pourra néanmoins, pour des motifs graves, accorder des dispenses d'âge.

Art. 146. — Il n'y a pas de mariage lorsqu'il n'y a point de consentement.

Art. 147. — On ne peut contracter un second mariage avant la dissolution du premier.

Art. 148. — Le fils qui n'a pas atteint l'âge de vingt-cinq ans accomplis, la fille qui n'a pas atteint l'âge de vingt-un ans accomplis, ne peuvent contracter mariage sans le consentement de leurs père et mère : en cas de dissentiment, le consentement du père suffit.

Art. 149. — Si l'un des deux est mort, ou s'il est dans l'impossibilité de manifester sa volonté, le consentement de l'autre suffit.

Art. 150. — Si le père et la mère sont morts, ou s'ils sont dans l'impossibilité de manifester leur volonté, les aïeuls et aïeules les remplacent : s'il y a dissentiment entre l'aïeul et l'aïeule de la même ligne, il suffit du consentement de l'aïeul.

S'il y a dissentiment entre les deux lignes, ce partage emportera consentement.

Art. 151. — Les enfans de famille ayant atteint la majorité fixée par l'article 148, sont tenus, avant de contracter mariage, de demander, par un acte respectueux et formel, le conseil de leur père et de leur mère, ou celui de leurs aïeuls et aïeules, lorsque leur père et leur mère sont décédés, ou dans l'impossibilité de manifester leur volonté *.

Art. 152. — Depuis la majorité fixée par l'article 148, jusqu'à l'âge de trente ans accomplis pour les fils, et jusqu'à l'âge de vingt-cinq ans accomplis pour les filles, l'acte respectueux prescrit par l'article précédent, et sur lequel il n'y aurait pas de consentement au mariage, sera renouvelé deux autres fois de mois en mois; et un mois après le troisième acte, il pourra être passé outre à la célébration du mariage.

Art. 153. — Après l'âge de trente ans, il pourra être, à défaut de consentement sur un acte respectueux, passé outre, un mois après, à la célébration du mariage.

Art. 154 — L'acte respectueux sera notifié à celui ou ceux des ascendans désignés en l'article 151, par deux notaires, ou par un notaire et deux temoins; et dans le procès-verbal qui doit en être dressé, il sera fait mention de la réponse.

Art. 155. En cas d'absence de l'ascendant auquel eût dû être fait l'acte respectueux, il sera passé outre à la célébration du mariage, en représentant le jugement qui aurait été rendu pour déclarer l'absence, ou, à défaut de ce jugement, celui qui aurait ordonné l'enquête, ou, s'il n'y a point encore eu de jugement, un acte de notoriété délivré par le juge de paix du lieu où l'ascendant a eu son dernier domicile connu. Cet acte contiendra la déclaration de quatre témoins appelés d'office par ce juge de paix.

Art. 156. — Les officiers de l'état civil qui au-

* Articles 152, 153, 154, 155, 156 et 157, décrétés le 21 ventose an 12. Promulgués le premier germinal suivant.

raient procédé à la célébration des mariages contractés par des fils n'ayant pas atteint l'âge de vingt-cinq ans accomplis, ou par des filles n'ayant pas atteint l'âge de vingt-un ans accomplis, sans que le consentement des pères et mères, celui des aïeuls et aïeules, et celui de la famille, dans le cas où ils sont requis, soient énoncés dans l'acte de mariage, seront, à la diligence des parties intéressées et du commissaire du Gouvernement près le tribunal de première instance du lieu où le mariage aura été célébré, condamnés à l'amende portée par l'article 192, et, en outre, à un emprisonnement dont la durée ne pourra être moindre de six mois.

Art. 157. — Lorsqu'il n'y aura pas eu d'actes respectueux, dans les cas où ils sont prescrits, l'officier de l'état civil qui aurait célébré le mariage, sera condamné à la même amende, et à un emprisonnement qui ne pourra être moindre d'un mois.

Art. 158. — Les dispositions contenues aux articles 148 et 149, et les dispositions des articles 151, 152, 153, 154 et 155, relatives à l'acte respectueux qui doit être fait aux père et mère dans le cas prévu par ces articles, sont applicables aux enfans naturels légalement reconnus.

Art. 159. L'enfant naturel qui n'a point été reconnu, et celui qui, après l'avoir été, a perdu ses père et mère, ou dont les père et mère ne peuvent manifester leur volonté, ne pourra, avant l'âge de vingt-un ans révolus, se marier qu'après avoir obtenu le consentement d'un tuteur *ad hoc* qui lui sera nommé.

Art. 160. — S'il n'y a ni père, ni mère, ni aïeuls ni aïeules, ou s'ils se trouvent tous dans l'impossibilité de manifester leur volonté, les fils ou filles mineurs de vingt-un ans ne peuvent contracter mariage sans le consentement du conseil de famille.

Art. 161. — En ligne directe, le mariage est prohibé entre tous les ascendans et descendans légitimes ou naturels, et les alliés dans la même ligne.

Art. 162. — En ligne collatérale, le mariage est prohibé entre le frère et la sœur légitimes ou naturels, et les alliés au même degré.

Art. 163. — Le mariage est encore prohibé entre l'oncle et la nièce, la tante et le neveu.

Art. 164. — Néanmoins, le Gouvernement pourra, pour des causes graves, lever les prohibitions portées au précédent article.

CHAPITRE II.

Des formalités relatives à la célébration du mariage.

Article 165. — Le mariage sera célébré publiquement, devant l'officier civil du domicile de l'une des deux parties.

Art. 166. — Les deux publications ordonnées par l'article 63, au titre *des actes de l'état civil*, seront faites à la municipalité du lieu où chacune des parties contractantes aura son domicile.

Art. 167. — Néanmoins, si le domicile actuel n'est établi que par six mois de résidence, les publications seront faites en outre à la municipalité du dernier domicile.

Art. 168. — Si les parties contractantes, ou l'une d'elles, sont, relativement au mariage, sous la puissance d'autrui, les publications seront encore faites à la municipalité du domicile de ceux sous la puissance desquels elles se trouvent.

Art. 169. — Le Gouvernement, ou ceux qu'il préposera à cet effet, pourront, pour des causes graves, dispenser de la seconde publication.

Art. 170. — Le mariage contracté en pays étranger entre Français, et entre Français et étranger, sera valable, s'il a été célébré dans les formes usitées dans le pays, pourvu qu'il ait été précédé des publications prescrites par l'art. 63, au titre *des actes de l'état civil*, et que le Français n'ait point contrevenu aux dispositions contenues au chapitre précédent.

Art. 171. — Dans les trois mois après le retour du Français sur le territoire de la République, l'acte de célébration du mariage contracté en pays étranger, sera transcrit sur le registre public des mariages du lieu de son domicile.

CHAPITRE III.

Des oppositions au mariage.

Article. 172. — Le droit de former opposition à la célébration du mariage, appartient à la personne engagée par mariage avec l'une des deux parties contractantes.

Art. 173. — Le père, et à défaut du père, la mère, et à défaut de père et mère, les aïeuls et aïeules peuvent former opposition au mariage de leurs enfans et descendans, encore que ceux-ci aient vingt-cinq ans accomplis.

Art. 174. — A défaut d'aucun ascendant, le frère ou la sœur, l'oncle ou la tante, le cousin ou la cousine germains, majeurs, ne peuvent former aucune opposition que dans les deux cas suivans :

1°. Lorsque le consentement du conseil de famille, requis par l'article 160, n'a pas été obtenu;

2°. Lorsque l'opposition est fondée sur l'état de démence du futur époux : cette opposition, dont le tribunal pourra prononcer main-levée pure et simple, ne sera jamais reçue qu'à la charge, par l'opposant, de provoquer l'interdiction, et d'y faire statuer dans le délai qui sera fixé par le jugement.

Art. 175. — Dans les deux cas prévus par le précédent article, le tuteur ou curateur ne pourra, pendant la durée de la tutelle ou curatelle, former opposition qu'autant qu'il y aura été autorisé par un conseil de famille, qu'il pourra convoquer.

Art. 176. — Tout acte d'opposition énoncera la qualité qui donne à l'opposant le droit de la former; il contiendra élection de domicile dans le lieu où le mariage devra être célébré; il devra également, à moins qu'il ne soit fait à la requête d'un ascendant, contenir les motifs de l'opposition: le tout à peine de nullité, et de l'interdiction de l'officier ministériel qui aurait signé l'acte contenant opposition.

Art. 177. — Le tribunal de première instance prononcera dans les dix jours sur la demande en main-levée.

Art. 178. — S'il y a appel, il y sera statué dans les dix jours de la citation.

Art. 179. — Si l'opposition est rejetée, les opposans, autres néanmoins que les ascendans, pourront être condamnés à des dommages-intérêts.

CHAPITRE IV.

Des demandes en nullité de mariage.

Article 180. — Le mariage qui a été contracté sans le consentement libre des deux époux, ou de l'un d'eux, ne peut être attaqué que par les époux, ou par celui des deux dont le consentement n'a pas été libre.

Lorsqu'il y a eu erreur dans la personne, le mariage ne peut être attaqué que par celui des deux époux qui a été induit en erreur.

Art. 181. — Dans le cas de l'article précédent, la demande en nullité n'est plus recevable, toutes les fois qu'il y a eu cohabitation continuée pendant six mois depuis que l'époux a acquis sa pleine liberté ou que l'erreur a été par lui reconnue.

Art. 182. — Le mariage contracté sans le consentement des père et mère, des ascendans, ou du conseil de famille, dans les cas où ce consentement était nécessaire, ne peut être attaqué que par ceux dont le consentement était requis, ou par celui des deux époux qui avait besoin de ce consentement.

Art. 183. — L'action en nullité ne peut plus être intentée ni par les époux, ni par les parens dont le consentement était requis, toutes les fois que le mariage a été approuvé expressément ou tacitement par ceux dont le consentement était nécessaire, ou lorsqu'il s'est écoulé une année sans réclamation de leur part, depuis qu'ils ont eu connaissance du mariage. Elle ne peut être intentée non plus par l'époux, lorsqu'il s'est écoulé une année sans réclamation de sa part, depuis qu'il a atteint l'âge compétent pour consentir par lui-même au mariage.

Art. 184. — Tout mariage contracté en contravention aux dispositions contenues aux articles 144, 147, 161, 162 et 163, peut être attaqué soit par les époux eux-mêmes, soit par tous ceux qui y ont intérêt, soit par le ministère public.

Art. 185. — Néanmoins le mariage contracté par des époux qui n'avaient point encore l'âge requis, ou dont l'un des deux n'avait point atteint cet âge, ne peut plus être attaqué, 1°. lorsqu'il s'est écoulé six mois depuis que cet époux ou les époux ont atteint l'âge compétent; 2°. lorsque la femme qui n'avait point cet âge, a conçu avant l'échéance de six mois.

Art. 186. — Le père, la mère, les ascendans et la famille qui ont consenti au mariage contracté dans le cas de l'article précédent, ne sont point recevables à en demander la nullité.

Art. 187. — Dans tous les cas où, conformément à l'article 184, l'action en nullité peut être intentée par tous ceux qui y ont un intérêt, elle ne peut l'être par les parens collatéraux, ou par les enfans nés d'un autre mariage, du vivant des deux époux, mais seulement lorsqu'ils y ont un intérêt né et actuel.

Art. 188. — L'époux au préjudice duquel a été contracté un second mariage, peut en demander la nullité, du vivant même de l'époux qui était engagé avec lui.

Art. 189. — Si les nouveaux époux opposent la nullité du premier mariage, la validité ou la nullité de ce mariage doit être jugée préalablement.

Art. 190. — Le commissaire du Gouvernement, dans tous les cas auxquels s'applique l'article 184, et sous les modifications portées en l'article 185, peut et doit demander la nullité du mariage, du vivant des deux époux, et les faire condamner à se séparer.

Art. 191. — Tout mariage qui n'a point été contracté publiquement, et qui n'a point été célébré devant l'officier public compétent, peut être attaqué par les époux eux-mêmes, par les père et mère, par les ascendans, et par tous ceux qui y ont un intérêt né et actuel, ainsi que par le ministère public.

Art. 192. — Si le mariage n'a point été précédé des deux publications requises, ou s'il n'a pas été obtenu des dispenses permises par la loi, ou si les intervalles prescrits dans les publications et célébrations n'ont point été observés, le commissaire fera prononcer contre l'officier public une amende qui ne pourra excéder trois cents francs; et, contre les parties contractantes, ou ceux sous la puissance desquels elles ont agi, une amende proportionnée à leur fortune.

Art. 193. — Les peines prononcées par l'article précédent, seront encourues par les personnes qui y sont dési-

'es, pour toute contravention aux règles prescrites par l'article 165, lors même que ces contraventions ne seraient pas jugées suffisantes pour faire prononcer la nullité du mariage.

Art. 194. — Nul ne peut réclamer le titre d'époux et es effets civils du mariage, s'il ne représente un acte de célébration inscrit sur le registre de l'état civil; sauf les as prévus par l'article 46, au titre *des Actes de l'état civil.*

Art. 195. — La possession d'état ne pourra dispenser es prétendus époux qui l'invoqueront respectivement, de eprésenter l'acte de célébration du mariage devant l'officier de l'état civil.

Art. 196. — Lorsqu'il y a possession d'état, et que 'acte de célébration du mariage devant l'officier de l'état ivil est représenté, les époux sont respectivement nonecevables à demander la nullité de cet acte.

Art. 197. — Si néanmoins, dans le cas des articles 194 t 195, il existe des enfans issus de deux individus qui nt vécu publiquement comme mari et femme, et qui oient tous deux décédés, la légitimité des enfans ne peut tre contestée sous le seul prétexte du défaut de représenation de l'acte de célébration, toutes les fois que cette égitimité est prouvée par une possession d'état qui n'est oint contredite par l'acte de naissance.

Art. 198. — Lorsque la preuve d'une célébration légale du mariage se trouve acquise par le résultat d'une rocédure criminelle, l'inscription du jugement sur les egistres de l'état civil assure au mariage, à compter du our de sa célébration, tous les effets civils, tant à l'égard es époux, qu'à l'égard des enfans issus de ce mariage.

Art. 199. — Si les époux ou l'un d'eux sont décédés ans avoir découvert la fraude, l'action criminelle peut e intentée par tous ceux qui ont intérêt de faire déclarer le mariage valable, et par le commissaire du Gouvernement.

Art. 200. Si l'officier public est décédé lors de la découverte de la fraude, l'action sera dirigée au civil contre ses héritiers par le commissaire du Gouvernement, en présence des parties intéressées et sur leur dénonciation.

Art. 201. — Le mariage qui a été déclaré nul, produit néanmoins les effets civils, tant à l'égard des époux qu'à l'égard des enfans, lorsqu'il a été contracté de bonne foi.

Art. 202. — Si la bonne foi n'existe que de la part de l'un des deux époux, le mariage ne produit les effets civils qu'en faveur de cet époux, et des enfans issus du mariage.

CHAPITRE V.

Des obligations qui naissent du mariage.

Article 203. — Les époux contractent ensemble, par le fait seul du mariage, l'obligation de nourrir, entretenir et élever leurs enfans.

Art. 204. L'enfant n'a pas d'action contre ses père et mère pour un établissement par mariage ou autrement.

Art. 205. — Les enfans doivent des alimens à leurs père et mère, et autres ascendans qui sont dans le besoin.

Art. 206. Les gendres et belles-filles doivent également, et dans les mêmes circonstances, des alimens à leurs beau-père et belle-mère; mais cette obligation cesse, 1°. lorsque la belle-mère a convolé en secondes noces; 2°. lorsque celui des époux qui produisait l'affinité, et les enfans issus de son union avec l'autre époux, sont décédés.

Art. 207. Les obligations résultant de ces dispositions sont réciproques.

Art. 208. — Les alimens ne sont accordés que dans

la proportion du besoin de celui qui les réclame, et de la fortune de celui qui les doit.

Art. 209. — Lorsque celui qui fournit ou celui qui reçoit des alimens est replacé dans un état tel, que l'un ne puisse plus en donner, ou que l'autre n'en ait plus besoin en tout ou en partie, la décharge ou réduction peut en être demandée.

Art. 210. — Si la personne qui doit fournir les alimens justifie qu'elle ne peut payer la pension alimentaire, le tribunal pourra, en connaissance de cause, ordonner qu'elle recevra dans sa demeure, qu'elle nourrira et entretiendra celui auquel elle devra des alimens.

Art. 211. — Le tribunal prononcera également si le père ou la mère qui offrira de recevoir, nourrir et entretenir dans sa demeure, l'enfant à qui il devra des alimens, devra dans ce cas être dispensé de payer la pension alimentaire.

CHAPITRE VI.

Des droits et des devoirs respectifs des époux.

Article 212. — Les époux se doivent mutuellement fidélité, secours, assistance.

Art. 213. — Le mari doit protection à sa femme, la femme obéissance à son mari.

Art. 214. — La femme est obligée d'habiter avec le mari, et de le suivre par-tout où il juge à propos de résider : le mari est obligé de la recevoir, et de lui fournir tout ce qui est nécessaire pour les besoins de la vie, selon ses facultés et son état.

Art. 215. — La femme ne peut ester en jugement sans l'autorisation de son mari, quand même elle serait marchande publique, ou non commune, ou séparée de biens.

Art. 216. — L'autorisation du mari n'est pas nécessaire lorsque la femme est poursuivie en matière criminelle ou de police.

Art. 217. — La femme, même non commune ou séparée de biens, ne peut donner, aliéner, hypothéquer, acquérir, à titre gratuit ou onéreux, sans le concours du mari dans l'acte, ou son consentement par écrit.

Art. 218. — Si le mari refuse d'autoriser sa femme à ester en jugement, le juge peut donner l'autorisation.

Art. 219. — Si le mari refuse d'autoriser sa femme à passer un acte, la femme peut faire citer son mari directement devant le tribunal de première instance de l'arrondissement du domicile commun, qui peut donner ou refuser son autorisation, après que le mari aura été entendu ou dûment appelé en la chambre du conseil.

Art. 220. — La femme, si elle est marchande publique, peut, sans l'autorisation de son mari, s'obliger pour ce qui concerne son négoce; et, audit cas, elle oblige aussi son mari, s'il y a communauté entre eux.

Elle n'est pas réputée marchande publique, si elle ne fait que détailler les marchandises du commerce de son mari; mais seulement quand elle fait un commerce séparé.

Art. 221. — Lorsque le mari est frappé d'une condamnation emportant peine afflictive ou infamante, encore qu'elle n'ait été prononcée que par contumace, la femme même majeure, ne peut pendant la durée de la peine ester en jugement, ni contracter, qu'après s'être fait autoriser par le juge, qui peut, en ce cas, donner l'autorisation, sans que le mari ait été entendu ou appelé.

Art. 222. — Si le mari est interdit ou absent, le juge peut, en connaissance de cause, autoriser la femme, soit pour ester en jugement, soit pour contracter.

Art. 223. — Toute autorisation générale, même stipulée par contrat de mariage, n'est valable que quant à l'administration des biens de la femme.

Art. 224. — Si le mari est mineur, l'autorisation du juge est nécessaire à la femme, soit pour ester en jugement, soit pour contracter.

Art. 225. — La nullité fondée sur le défaut d'autorisation ne peut être opposée que par la femme, par le mari, ou par leurs héritiers.

Art. 226. — La femme peut tester sans l'autorisation de son mari.

CHAPITRE VII.

De la dissolution du mariage.

Article 227. — Le mariage se dissout,

1°. Par la mort de l'un des époux;

2°. Par le divorce légalement prononcé;

3°. Par la condamnation devenue définitive de l'un des époux, à une peine emportant mort civile.

CHAPITRE VIII.

Des seconds mariages.

Article 228. — La femme ne peut contracter un nouveau mariage qu'après dix mois révolus depuis la dissolution du mariage précédent.

TITRE VI.

Du Divorce.

Le PREMIER CONSUL a nommé, pour présenter la loi formant le Titre VI du Code civil, et pour en soutenir la discussion, les citoyens *Treilhard*, *Emmery* et *Dumas*, Conseillers d'État.

Introduits dans la salle du Corps Législatif, le 18 ventose an 11; l'un d'eux, portant la parole, a prononcé le discours suivant.

CITOYENS LÉGISLATEURS,

Le Gouvernement n'a pas dû se dissimuler les difficultés d'une loi sur le divorce : l'intérêt, les passions, les préjugés, les habitudes, des motifs encore d'un autre ordre, toujours respectables par la source même dont ils émanent, présentent, s'il est permis de le dire, à chaque pas, des ennemis à combattre : tous ces obstacles, le Gouvernement les a prévus, et il a dû se flatter de les vaincre, parce que son ouvrage ne doit être offert ni à l'esprit de parti, ni à des passions exaltées, mais à la sagesse d'un corps politique placé au-dessus du tourbillon des intrigues, qui sait embrasser d'un coup-d'œil l'ensemble d'une institution, et consacrer de grands résultats, quand ils offrent beaucoup plus d'avantages que d'inconvéniens.

C'est dans cette conviction, que je présenterai les motifs du projet de loi sur le divorce; et, sans en discuter chaque article en particulier, je m'attacherai aux grandes bases. Leur sagesse une fois prouvée, tout le reste en deviendra la conséquence nécessaire.

Faut-il admettre le divorce ? pour quelles causes ? dans quelles formes ? quels seront ses effets ?

Faut-il admettre le divorce ?

Vous n'attendez pas que, cherchant à résoudre cette grande question par les autorités, je fasse ici l'énumération des peuples qui ont admis ou rejeté le divorce ; que je recherche péniblement s'il a été pratiqué en France dans les premiers âges de la monarchie, et à quelle époque l'usage en a été interdit : je ne dirais rien qui fût nouveau pour vous, et tout le monde doit sentir qu'une question de cette nature ne peut pas se résoudre par des exemples.

L'autorisation du divorce serait inutile, déplacée, dangereuse chez un peuple naissant, dont les mœurs pures, les goûts simples assureraient la stabilité des mariages, parce qu'elles garantiraient le bonheur des époux.

Elle serait utile, nécessaire, si l'activité des passions, et le dérèglement des mœurs, pouvaient entraîner la violation de la foi promise et les désordres incalculables qui en sont la suite.

Elle serait inconséquente chez un peuple qui n'admettrait qu'un seul culte, s'il pensait que ce culte établit d'une manière absolue l'indissolubilité du mariage.

Ainsi, la question doit recevoir une solution différente, suivant le génie et les mœurs des peuples, l'esprit des siècles, et l'influence des idées religieuses sur l'ordre politique.

C'est pour nous, dans la position où nous sommes, que la question s'agite ; pour un peuple dont le pacte social garantit à chaque individu la liberté du culte qu'il professe, et dont le Code civil ne peut, par conséquent, recevoir l'influence d'une croyance particulière.

Déjà vous voyez que la question doit être envisagée sous un point de vue purement politique. Les croyances religieuses peuvent différer sur beaucoup de points ; il suffit pour le législateur qu'elles s'accordent sur un article fondamental, sur l'obéissance due à l'autorité légitime : au reste, personne n'a le droit de s'interposer entre la conscience d'un autre et la divinité, et le plus sage est celui qui respecte le plus tous les cultes.

La question du divorce doit donc être discutée, abstraction faite de toute idée religieuse; et elle doit cependant être décidée de manière à ne gêner aucune conscience, à n'enchaîner aucune liberté; il serait injuste de forcer le citoyen dont la croyance repousse le divorce, à user de ce remède; il ne le serait pas moins d'en refuser l'usage, quand il serait compatible avec la croyance de l'époux qui le sollicite.

Nous n'avons donc qu'une question à examiner: dans l'état actuel du peuple français, le divorce doit-il être permis?

Nous ne connaissons pas d'acte plus solemnel que celui du mariage. C'est par le mariage que les familles se forment et que la société se perpétue: voilà une première vérité, sur laquelle je pense que tout le monde est d'accord, de quelque opinion qu'on puisse être d'ailleurs sur la question du divorce.

C'est encore un point également incontestable, que de tous les contrats, il n'en est pas un seul dans lequel on doive plus désirer l'intention et le vœu de la perpétuité de la part de ceux qui contractent.

Il n'est pas, et il ne doit pas être moins universellement reconnu, que la légèreté des esprits, la perversité du cœur, la violence des passions, la corruption des mœurs ont trop souvent produit dans l'intérieur des familles, des excès tels que l'on s'est vu forcé de permettre, de fait, la rupture d'union qu'on regardait cependant comme indissoluble de droit; les monumens de la jurisprudence, qui sont aussi le dépôt des faiblesses humaines, n'attestent que trop cette triste vérité.

Voilà notre position: je demande actuellement si l'on peut raisonnablement espérer, par quelque institution que ce puisse être, de remédier si efficacement et si promptement au désordre, que l'on n'ait plus besoin du remède; si l'on peut trouver le moyen d'assortir si parfaitement les unions conjugales, d'inspirer si fortement aux époux le sentiment et l'amour de leurs devoirs respectifs, qu'on doive se flatter qu'ils ne s'en écarteront plus dans la suite, et qu'ils ne nous rendront plus

plus les témoins de ces scènes atroces, de ces scandales révoltans, qui durent forcer si impérieusement la séparation de deux époux. Ah! sans doute, si l'on peut, par quelque loi salutaire, épurer tout-à-coup l'espèce humaine, on ne saurait trop se hâter de donner ce bienfait au monde. Mais s'il nous est défendu de concevoir de semblables espérances, si elles ne peuvent naître, même dans l'esprit de ceux qui jugent l'humanité avec la prévention la plus indulgente, il ne nous reste plus que le choix du remède à appliquer au mal que nous ne saurions extirper.

Voilà la question réduite à son vrai point : faut-il préférer au divorce l'usage ancien de la séparation de corps ? faut-il préférer à l'usage de la séparation celui du divorce ? ne convient-il pas de laisser aux citoyens la liberté d'user de l'une ou l'autre voie ?

Ecartons, avant tout et avec le même soin, les déclamations que se sont permises des esprits exaltés dans l'un et l'autre parti : la vérité et la sagesse se trouvent rarement dans les extrêmes.

Les uns ont parlé du divorce comme d'une institution presque céleste et qui allait tout purifier ; les autres en ont parlé comme d'une institution infernale et qui acheverait de tout corrompre ; ici le divorce est le triomphe, là c'est la honte de la raison. Si nous croyons ceux-ci, l'admission du divorce déshonorera le Code ; ceux-là prétendent que son rejet laissera ce même Code dans un état honteux d'imperfection ; le législateur ne se laisse pas surprendre par de pareilles exagérations.

Le divorce en lui-même ne peut pas être un bien ; c'est le remède d'un mal. Le divorce ne doit pas être signalé comme un mal, s'il peut être un remède quelquefois nécessaire.

Doit-il être politiquement préféré à la séparation ? Voilà la seule question, puisqu'il est reconnu et incontestable que la loi doit offrir à des époux outragés, maltraités, en péril de leurs jours, des moyens de mettre à couvert leur honneur et leur vie.

Le mariage, comme tous les autres contrats, ne peut se former sans le consentement des parties : ce consentement en est la première condition, la condition la plus impérieusement exigée ; sans ce consentement, il n'y a pas de mariage.

On ne doit cependant pas confondre le contrat de mariage avec une foule d'autres actes qui tirent aussi leur existence du consentement des parties, mais qui n'intéressant qu'elles, peuvent se dissoudre par une volonté contraire à celle qui les a formés.

Le mariage n'intéresse pas seulement les époux qui contractent; il forme un lien entre deux familles, et il crée dans la société une famille nouvelle, qui peut elle-même devenir la tige de plusieurs autres familles : le citoyen qui se marie devient époux, il deviendra père; ainsi s'établissent de nouveaux rapports que les époux ne sont plus libres de rompre par leur seule volonté : la question du divorce doit donc être examinée dans les rapports des époux entre eux, dans leurs rapports avec les enfans, dans leurs rapports avec la société.

Le divorce rompt le lien conjugal; la séparation laisse encore subsister ce lien : à cela près, les effets de l'un et de l'autre sont peu différens : cette union des personnes, cette communauté de la vie, qui forment si essentiellement le mariage, n'existent plus ; les jugemens de séparation prononçaient toujours des défenses expresses au mari de hanter et fréquenter sa femme. Quel est donc l'effet de cette conservation apparente du lien conjugal dans les séparations, et pourquoi retenir encore le nom avec tant de soin, lorsqu'il est évident que la chose n'existe plus ? Le vœu principal du mariage n'est-il pas trompé ? N'est-il pas vrai que l'époux n'a réellement plus de femme, que la femme n'a plus de mari ? Quel est donc, encore une fois, l'effet de la conservation du lien ?

On interdit à deux époux, devenus célibataires de fait, tout espoir d'un lien légitime, et on laisse subsister entr'eux une communauté de nom qui fait encore rejaillir sur l'un le déshonneur dont l'autre peut se couvrir. Nous n'avons que trop vu les funestes conséquences de cet état, et le passé nous annonce ce que nous devrions en attendre pour l'avenir.

Cependant l'un des époux était du moins sans reproche ; il avait été séparé comme une victime de la brutalité ou de la débauche : fallait-il l'offrir une seconde fois en sacrifice par l'interdiction des sentimens les plus doux et les plus légitimes ? L'époux même dont les excès avaient forcé la séparation, ne pouvait-il pas mériter quelqu'intérêt ? Etait-il impossible que, mûri par l'âge et par la réflexion, il pût trouver une compagne qui obtiendrait de lui cette affection si constamment refusée à la première ?

Certes, si nous ne considérons que la personne des deux époux, il est bien démontré que le divorce est pour eux préférable à la séparation.

Je ne connais qu'une objection ; on la tire de la possibilité d'une réunion : mais, je le demande, combien de séparations a vu le siècle dernier, et combien peu de rapprochemens ! Comment pourraient-ils s'effectuer ces rapprochemens ?

La demande en séparation suppose déja des esprits extraordinairement ulcérés ; la discussion, par sa nature, augmente encore la malignité du poison. Le réglement des intérêts pécuniaires, après la séparation, lui fournit un nouvel aliment.

Enfin, chacun des deux époux, isolé, en proie aux regrets, quelquefois aux remords, éprouvant le desir bien naturel de remplir le vuide affreux qui l'environne, et cependant sans espoir de former une union qu'il pourra avouer, forcé en quelque manière de courir après les distractions par le besoin pressant de se fuir lui-même, se trouve insensiblement entraîné dans la dissipation, et dans tous les désordres qu'elle mène à sa suite.

A Dieu ne plaise que je prétende que ce tableau soit celui de tous les époux séparés ! je dis seulement que l'impossibilité de former un nouveau lien les expose à toutes les espèces de séductions ; qu'il faut, pour résister à des dangers si pressans, un effort peu commun et dont peu de personnes sont capables, et que l'interdiction d'un lien légitime a souvent plongé sans retour nombre de victimes dans les mauvaises mœurs.

J'ajoute qu'il n'y a presque pas d'exemples de réunion entre deux époux séparés, et que ces réunions furent quelquefois plus scandaleuses que la séparation même : l'on a vu au contraire plusieurs fois, dans les lieux où le divorce était admis, deux êtres infortunés, victimes l'un et l'autre, tant qu'ils furent unis, de la violence des passions, former après leur divorce des mariages qui, s'ils ne furent pas toujours parfaitement heureux, du moins ne furent suivis d'aucun éclat, ni d'aucun signe extérieur de repentir.

J'en tire cette conséquence que, pour les époux, le divorce est, sans contredit, préférable à la séparation.

Mais les enfans, les enfans, que deviendront-ils après le divorce ? Je demanderai à mon tour, que deviennent-ils après les séparations ?

Sans doute le divorce ou la séparation des pères forment dans la vie des enfans une époque bien funeste ; mais ce n'est pas l'acte de divorce ou de séparation qui fait le mal, c'est le tableau hideux de la guerre intestine qui a rendu ces actes nécessaires.

Au moins les époux divorcés auront encore le droit d'inspirer pour leur personne un respect et des sentimens qu'un nouveau nœud pourra légitimer ; ils ne perdront pas l'espoir d'effacer par le tableau d'une union plus heureuse, les fatales impressions de leur union première ; et n'étant pas forcés de renoncer au titre honorable d'époux, ils se préserveront avec soin de tout écart qui pourrait les en rendre indignes.

C'est peut-être ce qui peut arriver de plus heureux pour les enfans : l'affection des pères se soutiendra bien plus sûrement dans la sainteté d'un nœud légitime, que dans les désordres d'une liaison illicite, auxquels il est si difficile d'échapper, quand on n'a plus droit de prétendre aux honneurs du mariage.

Mais, dit-on, les lois ont toujours regardé d'un œil défavorable les secondes noces : je n'examinerai pas si cette défaveur est fondée sur des raisons sans réplique, ou si au contraire, dans une foule d'occasions, un second mariage ne fut pas pour les enfans un grand acte de tendresse ; j'observe seulement qu'il ne s'agit point ici d'une épouse à qui la mort a ravi son protecteur et son ami, et dont le cœur, plein de ses premiers sentimens, repousse avec amertume toute idée d'une affection nouvelle.

Il s'agit d'époux dont les discordes ont éclaté, dont tous les souvenirs sont amers ; qui éprouvant le besoin de fuir, pour ainsi dire, leur vie passée, et de se créer une nouvelle existence, se précipiteront trop souvent dans le vice, si les affections légitimes leur sont interdites.

Le véritable intérêt des enfans est de voir les auteurs de leurs jours, heureux, dignes d'estime et de respect, et non pas de les trouver isolés, tristes, éprouvant un vuide insupportable, ou comblant ce vuide par des jouissances qui ne sont jamais sans amertume, parce qu'elles ne sont jamais sans remords.

Quant à la société, il est hors de doute que son intérêt réclame le divorce, parce que les époux pourront contracter dans la suite de nouvelles unions : pourquoi frapperait-elle d'une fatale interdiction des êtres que la nature avait formés pour éprouver les plus doux sentimens de la paternité ; cette interdiction serait également funeste et aux individus et à la société ; aux individus, qu'elle condamne à des privations qui peuvent être méritoires, quand elles sont volontaires, mais qui sont trop amères, quand elles sont forcées ; à la société, qui se trouve ainsi appauvrie de nombre de familles dont elle eût pu s'enrichir.

Les formes, les épreuves dont le divorce sera environné, pourront en prévenir l'abus : espérons que le nombre des époux divorcés ne sera pas grand ; mais enfin, quelque peu considérable qu'il soit, ne serait-il pas également injuste et impolitique de les laisser toujours victimes, de changer seulement l'espèce de sacrifice ? et lorsque l'Etat peut légitimement attendre d'eux des citoyens qui le défendront, qui l'honoreront peut-être, faut-il étouffer un espoir si consolant ?

Toute personne sans passion et sans intérêt, sera donc forcée de convenir que le divorce, qui, brisant le lien, laisse la possibilité d'en contracter un nouveau, est préférable à la séparation qui, ne conservant du lien que le nom, livre deux époux à des combats perpétuels, et dont il est si difficile de sortir toujours avec avantage.

Il faut donc admettre le divorce.

Mais le pacte social garantit à tous les Français la liberté de leur croyance : des consciences délicates peuvent regarder comme un précepte impérieux l'indissolubilité du mariage. Si le divorce était le seul remède offert aux époux malheureux, ne placera-t-on pas des citoyens dans la cruelle alternative de fausser leur croyance, ou de succomber sous un joug qu'ils ne pourraient plus supporter ? ne les mettrait-on pas dans la dure nécessité d'opter entre une lâcheté ou le malheur de toute leur vie ?

Nous aurions bien mal rempli notre tâche, si nous n'avions pas prévu cet inconvénient. En permettant le divorce, la loi laissera l'usage de la séparation : l'époux qui aura le droit de se plaindre, pourra former à son choix l'une ou l'autre demande; ainsi nulle gêne dans l'opinion, et toute liberté à cet égard est maintenue.

Cependant il ne serait pas juste que l'époux qui a choisi, comme plus conforme à sa croyance, la voie de la séparation, dût maintenir pour toujours l'autre époux dont la croyance peut n'être pas la même, dans une interdiction absolue de contracter un second mariage. Cette liberté, que la constitution garantit à tous, se trouverait alors violée dans la personne de l'un des époux; il a donc fallu autoriser celui-ci, après un certain intervalle, à demander que la séparation soit convertie en divorce, si l'époux qui a fait prononcer cette séparation ne consent pas à la faire cesser; et c'est ainsi que se trouvent conciliés, autant qu'il est possible, deux intérêts également sacrés; la sûreté des époux d'un côté, et la liberté religieuse de l'autre.

Après avoir établi la nécessité d'admettre le divorce, je dois parler des causes qui peuvent le motiver.

Le projet de loi en indique quatre : 1°. l'adultère ; 2°. les excès, sévices ou injures graves ; 3°. la condamnation à une peine infamante ; 4°. le consentement mutuel et persévérant des époux, exprimé de la manière prescrite, sous les conditions et après les épreuves requises.

En admettant le divorce, il fallait éviter également deux excès opposés : celui d'en restreindre tellement les causes, que le recours fût fermé à des époux pour qui cependant le joug serait absolument insupportable ; et celui de les étendre au point que le divorce pût favoriser la légèreté, l'inconstance, de fausses délicatesses ou une sensibilité déréglée : nous croyons avoir évité les deux excès avec le même soin.

L'adultère brise le lien, en attaquant l'époux dans la partie la plus sensible : ses effets sont cependant bien différens chez la femme ou chez le mari ; c'est par ce motif que l'adultère du mari ne donne lieu au divorce, que lorsqu'il est accompagné d'un caractère particulier de mépris, par l'établissement de la concubine dans la maison commune, outrage si sensible, sur-tout aux femmes vertueuses.

Les excès, les sévices, les injures graves, sont aussi des causes de divorce : il serait superflu d'observer qu'il ne s'agit pas de simples mouvemens de vivacité, de quelques paroles dures échappées dans des instans d'humeur ou de mécontentement, de quelques refus, même déplacés, de la part d'un des époux ; mais de véritables excès, de mauvais traitemens personnels, de sévices dans la rigoureuse acception de ce mot *sævitia*, cruauté, et d'injures portant un grand caractère de gravité.

Les condamnations à une peine infamante, motivent également une demande en divorce.

Forcer un époux de vivre avec un infamé, ce serait renouveller le supplice d'un cadavre attaché à un corps vivant.

Ces trois causes sont appellées des causes déterminées ; elles consistent en faits dont la preuve doit être administrée aux tribunaux, qui prononcent ensuite dans leur sagesse.

La quatrième cause, celle du consentement mutuel, n'est pas susceptible d'une preuve de cette nature ; mais on s'en formerait une bien fausse idée, et l'on calomnierait d'une étrange manière les intentions du Gouvernement, si l'on pouvait penser qu'il a voulu que le contrat de mariage fût détruit par le seul consentement contraire de deux époux.

La simple lecture de l'article proposé en annonce l'esprit et la véritable intention.

« Le consentement mutuel et persévérant des époux, exprimé de la manière prescrite par la loi, sous les conditions et après les épreuves qu'elle détermine, prouvera suffisamment que la vie commune leur est insupportable, et qu'il existe, par rapport à eux, une cause péremptoire de divorce ».

Ainsi les conditions et les formes imposées doivent garantir l'existence d'une cause péremptoire : le consentement dont il est question ne consiste pas dans l'expression d'une volonté passagère ; il doit être le résultat d'une position insupportable. Les épreuves garantiront la constance de cette volonté ; la présence des pères en garantira la nécessité ; les sacrifices auxquels les époux sont forcés, donneront enfin de nouveaux gages de l'existence d'une cause absolue de divorce.

Citoyens Législateurs, parmi les causes déterminées de divorce, il en est quelques-unes d'une telle gravité, qui peuvent entraîner de si funestes conséquences pour l'époux défendeur (telles, par exemple, que les attentats à la vie), que des êtres doués d'une excessive délicatesse préféreraient les tourmens les plus cruels, la mort même, au malheur de faire éclater ces causes par des plaintes judiciaires. Ne convenait-il pas, pour la sûreté des époux, pour l'honneur des familles toujours compromis, quoi qu'on puisse dire, dans ces fatales occasions, pour l'intérêt même de toute la société, de ne pas forcer une publicité non moins amère pour l'innocent que pour le coupable ?

L'honnêteté publique n'empêcherait-elle pas une femme de

traîner à l'échafaud son mari, quoique criminel? Faudrait-il aussi toujours et nécessairement, pour terminer le supplice d'un mari infortuné, le contraindre à exposer au grand jour des torts qui l'ont blessé cruellement dans ses plus douces affections, et dont la publicité le vouera cependant encore à la malignité publique? L'injustice, sans doute, est ici du côté du public; mais se trouve-t-il beaucoup d'hommes assez forts, assez courageux pour la braver? est-on maître de détruire tout-à-coup ce préjugé, et ne faut-il pas aussi ménager un peu l'empire de cette opinion, quelquefois injuste, j'en conviens, mais qui peut aussi sur beaucoup de points, atteindre et flétrir, quand elle est bien dirigée, des vices qui échappent aux poursuites des lois?

Si le divorce pouvait avoir lieu, dans des cas semblables, sans éclat et sans scandale, ce serait un bien, on sera forcé d'en convenir.

Que faudrait-il donc faire pour obtenir ce résultat? Tracer un mode de consentement, prescrire des conditions, attacher des privations, vendre enfin, s'il est permis de le dire, vendre si chèrement le divorce, qu'il ne puisse y avoir que ceux à qui il est absolument nécessaire, qui soient tentés de l'acheter.

Alors la conscience du Législateur est tranquille; il a fait pour les individus, il a fait pour la société, tout ce que l'on peut attendre de la prudence humaine; et s'il ne peut pas s'assurer qu'on n'abusera jamais de cette institution, du moins il se rend le témoignage suffisant pour lui, que l'abus sera infiniment rare, et qu'il a atteint la seule espèce de perfection dont les établissemens humains soient susceptibles.

Quelques personnes ont paru préférer le divorce pour incompatibilité d'humeur, au divorce par consentement mutuel: une réflexion bien simple suffira pour les ramener à notre projet.

Si l'allégation d'incompatibilité d'humeur avait été permise à un seul des époux, on se serait exposé au reproche fondé d'attacher la dissolution d'un contrat formé par le consentement de deux personnes, au seul repentir de l'un des deux contractans ; et, sous ce point de vue, la cause d'incompatibilité était susceptible des plus fortes objections.

Si, au contraire, on veut supposer que, pour être admise, l'allégation d'incompatibilité eût dû être proposée par les deux époux, il est clair que cette cause rentrerait dans celle du consentement mutuel ; il n'y aurait que le nom de changé.

On a dit aussi que les vœux du Législateur seraient presque toujours trompés, et que le coupable d'excès envers l'autre époux, refuserait son consentement : ce refus est possible, il n'est pas vraisemblable.

Une femme convaincue d'adultère ne se trouverait-elle pas trop heureuse que, par un excès d'indulgence, l'époux consentît à cacher sa faiblesse ? Le conjoint coupable d'un attentat n'aurait-il pas le même intérêt ? Leur conscience n'est-elle pas leur premier juge ? et les proches parens, intéressés aussi à cacher des torts de famille, n'auraient-ils pas toutes sortes de moyens pour vaincre des résistances injustes ? Enfin, si le coupable persistait dans ses refus insensés, l'autre époux serait toujours libre de former sa demande pour causes déterminées ; il aurait satisfait à tout ce que pouvait exiger de lui sa profonde délicatesse ; il pourvoirait ensuite à sa sûreté, en recourant à l'autorité des tribunaux.

Il ne me reste plus sur cette partie, qu'à vous développer les précautions prises contre l'abus possible dans l'application de la cause de divorce pour consentement mutuel.

On a dû craindre la légèreté et l'inconstance, les travers passagers, les effets d'un simple dégoût, l'influence d'une passion étrangère ; toutes les dispositions du projet sont faites pour prévenir et pour calmer ces craintes.

D'abord, le consentement mutuel des époux ne sera pas admis, si le mari a moins de 25 ans, et si la femme en a moins de 21 : il ne sera pas admis avant le terme de deux ans de mariage ; il ne pourra plus l'être après le terme de 20 ans, et lorsque la femme en aurait 45.

La sagesse de ces dispositions ne peut pas être méconnue.

Il faut laisser aux époux le tems de se connaître et de s'éprouver : on ne doit donc pas recevoir leur consentement, tant qu'on peut supposer qu'il est une suite de la légèreté de l'âge ; on doit le repousser encore, lorsqu'une longue et paisible cohabitation atteste la compatibilité de leur caractère.

Une garantie plus forte contre l'abus, se tire de la disposition qui exige un consentement authentique des père, mère ou autres ascendans vivans. Lorsque deux familles entières, dont les intérêts et les affections sont presque toujours contraires, se réunissent pour attester la nécessité d'un divorce, il est bien difficile que le divorce ne soit pas en effet indispensable.

D'ailleurs, les deux époux, dans le cas particulier du divorce pour consentement mutuel, ne pourront contracter un nouveau mariage que trois ans après la prononciation de l'acte qui aura dissous le premier : ainsi se trouve écartée la perspective d'une union avec l'objet de quelque passion nouvelle.

Enfin, un intérêt d'une autre nature, mais non moins vif et non moins pressant, vient s'opposer encore à ce qu'on use de la voie du consentement mutuel, si elle n'est pas commandée également à l'un et à l'autre époux, par les causes les plus irrésistibles : ils sont dépouillés de la moitié de leurs propriétés, qui passe de droit aux enfans.

Pouvait-on prendre plus de précautions, des précautions plus efficaces pour s'assurer que le consentement mutuel du mari et de la femme ne sera pas l'effet d'une molle complaisance, d'un caprice passager, mais qu'il sera fondé sur les motifs les plus graves, puisqu'il doit être accompagné de si fortes garanties, et qu'il doit être acheté par de si grands sacrifices ? Et supposera-t-on jamais un concert frauduleux entre deux époux, entre deux familles, pour appliquer un remède de cette violence, si, en effet, le mal ne surpasse pas les forces humaines ?

Les formes de l'instruction augmenteront encore les garanties contre les surprises.

C'est en personne que les époux doivent faire leur déclaration devant le juge : ils écouteront ses observations, ils seront instruits par lui de toutes les suites de leur démarche. Ils sont tenus de produire les autorisations authentiques de leurs père, mère ou autres ascendans vivans; ils doivent renouveller leur déclaration en personne, trois fois, de trois mois en trois mois : il faudra représenter, à chaque fois, la preuve positive que les ascendans persistent dans leur autorisation, afin que les magistrats ne puissent avoir aucun doute sur la persévérance dans cette volonté.

Enfin, après l'expiration de l'année destinée à remplir toutes les formalités, on se représentera devant le tribunal; et sur la vérification la plus scrupuleuse de tous les actes, le divorce pourra être admis.

Je le répète, il était impossible de s'assurer de plus de manières et par des épreuves plus efficaces, de la nécessité du divorce, quand il aura pour cause le consentement mutuel.

Je ne dissimule pas que quelques personnes, admettant, d'ailleurs, cette cause, désireraient qu'elle ne fût pas écoutée quand il existe des enfans du mariage; mais cette exception serait, dans le projet, une grande inconséquence. On a introduit des formes et prescrit des conditions, telles qu'on a lieu d'espérer que leur observation rigoureuse ne permettra pas même le plus léger doute sur l'existence d'une cause péremptoire de divorce. Pourquoi donc fermerait-on la voie du consentement mutuel, lorsque les époux ont des enfans ? Cette circonstance ne change en aucune façon leur position respective, et les motifs donnés pour justifier la mesure, ne s'appliquent pas moins directement au cas où il existe des enfans : quel intérêt peuvent-ils avoir plus pressant, que celui de sauver d'un éclat fâcheux le nom qu'ils doivent porter dans le monde, pour ne pas y entrer sous de fâcheux auspices ? D'ailleurs, la circonstance des enfans fournit elle-même un nouveau préservatif contre l'abus possible, puisque les époux se trouvent dépouillés de la moitié de leurs propriétés, qui de droit est acquise aux enfans.

En voilà assez, peut-être trop, sur le consentement mutuel. Je me hâte de passer aux formes et aux effets du divorce pour causes déterminées.

Il fallait, avant tout, indiquer le tribunal où serait portée la demande : à cet égard point de difficulté ; c'est au tribunal de l'arrondissement dans lequel les parties sont domiciliées qu'elles doivent se pourvoir.

Un chapitre entier du projet est ensuite destiné à tracer le cours de la procédure.

La marche de l'instruction d'une demande en divorce ne doit pas être confondue avec la marche de l'instruction d'une affaire ordinaire : en général, l'accès des tribunaux ne peut être trop facile, ni la procédure trop rapide. Il n'en est pas de même en matière de divorce : une sage lenteur doit donner aux passions le tems de se réfroidir ; le divorce n'est tolérable que lorsqu'il est forcé, et la société gémit de l'admettre, alors même qu'il est nécessaire : chaque pas dans l'instruction doit donc être un grand objet de méditation pour le demandeur, et pour le juge un nouveau moyen de pénétrer les motifs secrets, les véritables motifs d'une demande de cette nature, de s'assurer du moins que ces motifs sont réels et légitimes. Toutes les dispositions du projet, relatives aux formes, ont été rédigées en conséquence.

L'époux *en personne* doit présenter sa requête : point d'exception à cette règle ; la maladie même ne saurait en affranchir : le juge, dans ce cas, se transporte chez le demandeur.

C'est sur-tout dans ce premier instant qu'il convient de faire sentir toute la gravité et toutes les conséquences de l'action. L'obligation en est imposée au magistrat : il ordonne ensuite devant lui une comparution des parties, et ce n'est qu'après cet acte préliminaire que le tribunal entier peut accorder une permission de citer ; encore pourra-t-il suspendre, s'il le juge convenable, cette permission pendant un tems que la loi a dû cependant limiter.

Une première audition des époux aura lieu à huis-clos : ce n'est qu'à la dernière extrémité que l'on donnera de l'éclat à la demande, et qu'elle sera renvoyée à l'audience publique : là seront pesées toutes les preuves ; si elles ne sont pas complètes, il pourra en être ordonné de nouvelles. Je crois inutile de vous retracer en détail chaque disposition de cette partie du projet ; je ne crains pas de dire qu'il n'en est pas une seule qui ne doive être regardée comme un bienfait de la loi, parce que toutes ont pour objet, ou la réunion des esprits, ou la manifestation de la vérité ; et telle a été la crainte d'une décision trop légèrement prononcée, que le tribunal, dans le cas d'action pour excès, sévices ou injures, est autorisé à ne pas admettre immédiatement le divorce, quoique la demande soit bien établie, et qu'il peut soumettre les époux à une année d'épreuves, pour s'assurer encore plus de la persévérante volonté de l'époux demandeur, et qu'il ne peut y avoir de sa part aucune espérance de retour.

Après cette longue instruction, le divorce pourra être admis. On n'a pas dû refuser le recours des parties au tribunal supérieur. Le projet contient aussi sur ce point quelques articles, dont la seule lecture fait connaître les motifs ; et lorsque le jugement est confirmé, deux mois sont donnés pour se pourvoir devant l'officier civil, à l'effet de faire prononcer le divorce ; terme fatal, après lequel on ne peut plus se prévaloir des jugemens : car, si dans le cours de l'instruction on n'a pu trop rallentir la marche de la procédure, lorsque toutes les épreuves sont faites, les démonstrations acquises, et le jugement prononcé, on ne peut trop accélérer l'instant qui doit terminer pour toujours une affaire de cette nature.

En vous exposant la marche de la procédure, je n'ai pas dit qu'au jour indiqué pour l'audience publique le tribunal devait, avant de s'occuper du fonds, statuer sur les fins de non-recevoir qu'aurait proposées l'époux défendeur. La justice, dans tous les tems, accueillit avec faveur cette espèce d'exception contre des demandes qu'elle ne peut entendre qu'à regret.

La réconciliation de deux époux est toujours si désirable ! c'est, sans contredit, le premier vœu de la société. Par la réconciliation toute action, pour le passé, doit être éteinte ; mais si de nouveaux torts pouvaient occasionner de nouvelles plaintes, ces griefs effaceraient tout l'effet de la réconciliation, comme elle aurait elle-même effacé les premiers griefs ; et l'époux maltraité, d'autant plus intéressant qu'il aurait montré plus d'indulgence, rentrerait alors dans tous ses droits.

Le projet de loi a dû encore s'occuper de quelques mesures préliminaires auxquelles la demande en divorce pourrait donner lieu.

L'administration des enfans nous a paru devoir être provisoirement confiée au mari ; il a pour lui son titre, il est le chef de la famille. Il n'était pas difficile cependant de prévoir que cette règle générale serait quelquefois susceptible d'exception ; il faut donc que le tribunal puisse en ordonner autrement sur la demande de la mère, de la famille, ou même du commissaire du Gouvernement. Une seule règle est indiquée aux magistrats ; ils doivent consulter le plus grand avantage des enfans ; car, dans ce choc funeste, ils sont peut-être les seuls qui n'aient rien à se reprocher.

Il n'était pas possible de forcer une femme à partager le domicile du mari dans le cours d'une action en divorce ; elle est toujours autorisée à prendre une autre résidence. La décence veut qu'elle ne se retire que dans une maison indiquée par le tribunal : là, et tant qu'elle y restera seulement, elle touchera une provision que le mari sera tenu de lui payer ; si elle quitte cette maison, elle ne sera plus recevable à continuer ses poursuites, dans le cas où elle serait demanderesse.

Enfin, la femme pourra, lorsqu'elle aura obtenu l'ordonnance de comparution, faire apposer, pour la conservation de ses droits, le scellé sur les effets de la communauté, et le mari ne pourra plus en disposer, ni par des engagemens, ni par des aliénations.

Voilà tout ce qui concerne la procédure sur le divorce pour causes déterminées. Il me reste encore à vous parler des effets de ce divorce ; déjà vous les connaissez en partie.

Ces effets sont relatifs aux enfans, aux époux, à la société.

Quant aux enfans, la règle déjà établie de leur plus grand

avantage doit être constamment suivie. L'époux demandeur, qui a obtenu le divorce, est sans reproche : c'est donc à lui en général que doivent être confiés les enfans ; mais l'application stricte de cette règle pourrait, dans biens des circonstances, ne leur être pas avantageuse. Il faut donc que le tribunal soit libre de les confier, lorsqu'il le jugera convenable, aux soins de l'un ou de l'autre époux, et même d'une tierce personne : les pères et mères conserveront cependant toujours une surveillance de l'entretien et de l'éducation ; ils y contribueront en proportion de leurs facultés ; ils ont cessé d'être époux, ils n'ont pas cessé d'être pères.

Il était peut-être superflu d'exprimer que le divorce ne privait les enfans d'aucun des avantages à eux assurés par les lois, ou par les conventions matrimoniales de leurs parens ; ils ne sont déjà que trop malheureux par le spectacle des dissentions intestines de leur famille.

Mais si le divorce ne doit pas être pour eux une occasion de perte, ils ne doivent pas non plus y trouver une occasion de dépouiller les auteurs de leurs jours ; les droits des enfans ne s'ouvriront, que de la manière dont ils se seraient ouverts, s'il n'y avait pas eu de divorce.

On ne doit pas confondre l'espèce du divorce pour causes déterminées dont les motifs sont susceptibles de discussion et de preuves devant les tribunaux, avec l'espèce des divorces par consentement mutuel ; il a fallu, dans ce dernier cas, des garanties particulières, de fortes garanties, contre l'abus qu'on pourrait faire de cette cause : on ne pouvait pas en trouver de plus fortes que l'assurance aux enfans, de la propriété de moitié des biens des père et mère, et la jouissance de ces biens à l'époque de leur majorité. Cette mesure n'est plus nécessaire ; elle serait même très-déplacée dans le cas d'un divorce pour causes déterminées, qui ne doit être prononcé que sur une preuve positive des faits qui le motivent.

Quant aux effets du divorce, respectivement aux époux, on a dû distinguer l'époux demandeur, dont les plaintes sont justifiées, de de l'époux défendeur dont les excès sont reconnus constans. Le premier ne peut et ne doit être exposé à la perte d'aucun des avantages à lui faits par le second. Il les conservera dans toute leur intégrité : la déchéance qu'on prononcerait contre lui serait doublement injuste, en ce qu'elle frapperait l'innocent pour récompenser le coupable. Il ne faut pas qu'un époux puisse croire qu'il anéantira des libéralités qu'il regrette peut-être d'avoir faites, en forçant l'autre époux à se sauver de sa fureur par le divorce.

L'époux, contre qui le divorce a été prononcé, doit-il aussi conserver les avantages qui lui avaient été assurés par son contrat de mariage ? Est-il digne de les recueillir ? et lorsqu'il se trouve convaincu de faits tellement atroces que le divorce doit en être la suite, jouira-t-il d'un bienfait qui devait être le prix d'une constante affection et des soins les plus tendres ? Non certainement : il s'est placé au rang des ingrats, il sera traité comme eux. Il a violé la première condition du contrat, il ne sera plus reçu à en réclamer les dispositions.

Les autres effets du divorce n'intéressent pas moins la société entière que les deux époux.

Ils pourront contracter de nouveaux nœuds : c'est en ce point sur-tout que le divorce est politiquement préférable à la séparation. Je ne répéterai pas ce que j'ai déjà dit à cet égard ; mais en permettant le mariage à des époux divorcés, la loi a dû pourvoir à ce que l'honnêteté publique et l'harmonie des familles ne fussent pas violées.

L'époux adultère ne pourra jamais se marier avec son complice : il ne doit pas trouver dans le jugement qui le condamne, un titre et un moyen de satisfaire une passion coupable.

Le bon ordre exige aussi qu'une femme divorcée ne puisse pas, en contractant un nouveau mariage immédiatement après la dissolution du premier, laisser des doutes sur l'état des enfans dont elle pouvait être mère. Elle ne se mariera que dix mois après le divorce prononcé.

Enfin, nous avons pensé que les époux, une fois divorcés, ne devaient plus se réunir.

Le divorce ne doit être prononcé que sur la preuve d'une nécessité absolue, et lorsqu'il est bien démontré à la justice, que l'union entre les deux époux est impossible ; cette impossibilité une fois constante, la réunion ne pourrait être qu'une occasion nouvelle de scandale.

Il importe que les époux soient d'avance pénétrés de toute la gravité de l'action qu'ils vont intenter ; qu'ils n'ignorent pas que le lien sera rompu sans retour, et qu'ils ne puissent pas regarder l'usage du divorce comme une simple occasion de se soumettre à des épreuves passagères, pour reprendre ensuite la vie commune, quand ils se croiraient suffisamment corrigés.

Il faut aussi qu'on ne puisse pas spéculer sur cette action, et que des époux adroits et avides, peu satisfaits des gains assurés par leur contrat de mariage, ne puissent pas envisager le divorce comme un moyen de former, dans la suite, de nouvelles conventions pour obtenir de plus grands avantages.

Les tribunaux ne sauraient porter une attention trop sévère dans l'instruction et l'examen de ces sortes d'affaires, et la perspective d'une réunion possible entre les époux, ne pourrait qu'affaiblir dans l'ame du magistrat, ce sentiment profond de peine secrète qu'il doit éprouver quand on lui parle de divorce.

En un mot, le divorce serait un mal, s'il était prononcé quand il n'est pas démontré que la vie commune est insupportable, et lorsqu'il est bien reconnu que cette vie commune est insupportable : en effet, le second mariage serait lui-même un mal affreux.

On ne se jouera pas du divorce ; à Dieu ne plaise qu'on puisse se familiariser avec l'idée qu'il n'est pas prononcé pour toujours ! L'espoir d'une réunion qui pourrait présenter d'abord à des esprits inattentifs, l'apparence de quelques avantages, entraînerait, de fait et à la longue, de funestes conséquences, parce qu'elles corrompraient nécessairement l'opinion qu'on doit se former d'une action de cette nature.

Tels sont, citoyens Législateurs, les motifs du projet de loi dont je vous ai donné lecture. Ses dispositions ont été longtemps examinées, discutées, mûries, et au Conseil d'Etat, et dans ces conférences salutaires et politiques qui, réunissant toutes les lumières pour la perfection de la loi, garantissent entre les principales autorités, un concert si doux pour les amis du peuple français, si triste pour ses ennemis.

Plus vous examinerez ce projet, plus, je l'espère, vous demeurerez convaincus de la nécessité d'en faire une loi de la république.

Dans les maux physiques, un artiste habile est forcé quelquefois de sacrifier un membre pour sauver le corps entier : ainsi des Législateurs admettent le divorce pour arrêter des maux plus grands. Puissions-nous un jour, par de bonnes institutions, en rendre l'usage inutile ! C'est par de bonnes lois, mais c'est aussi par de grands exemples, que les mœurs publiques se réforment et se purifient : ce n'est pas le langage seul qu'on doit épurer ; c'est la morale qu'il faut mettre en action. Que le mariage soit honoré ; que le nom et le titre d'époux soient respectés ; que l'opinion publique régénérée, flétrisse également le séducteur et l'infidèle, et nous n'aurons peut-être plus besoin du divorce ! Mais jusques-là, gardons-nous de repousser un remède que l'état actuel de nos mœurs rend encore et trop souvent nécessaire.

Suit le texte de la loi.

TITRE VI.

Du Divorce.

Décrété le 30 ventose an XI. Promulgué le 10 germinal suivant.

CHAPITRE PREMIER.

Des causes du divorce.

Article 229. — Le mari pourra demander le divorce pour cause d'adultère de sa femme.

Art. 230. — La femme pourra demander le divorce pour cause d'adultère de son mari, lorsqu'il aura tenu sa concubine dans la maison commune.

Art. 231. — Les époux pourront réciproquement demander le divorce pour excès, sévices ou injures graves, de l'un d'eux envers l'autre.

Art 232. — La condamnation de l'un des époux à une peine infamante, sera pour l'autre époux une cause de divorce.

Art. 233. — Le consentement mutuel et persévérant des époux, exprimé de la manière prescrite par la loi, sous les conditions et après les épreuves qu'elle détermine, prouvera suffisamment que la vie commune leur est insupportable, et qu'il existe, par rapport à eux, une cause péremptoire de divorce.

CHAPITRE II.

Du divorce pour cause déterminée.

SECTION PREMIÈRE.

Des formes du divorce pour cause déterminée.

Article. 234. — Quelle que soit la nature des faits ou des délits qui donneront lieu à la demande en divorce pour cause déterminée, cette demande ne pourra être formée qu'au tribunal de l'arrondissement dans lequel les époux auront leur domicile.

Art. 235. — Si quelques-uns des faits allégués par l'époux demandeur, donnent lieu à une poursuite criminelle de la part du ministère public, l'action en divorce restera suspendue jusqu'après le jugement du tribunal criminel ; alors elle pourra être reprise, sans qu'il soit permis d'inférer du jugement criminel aucune fin de non-recevoir ou exception préjudicielle contre l'époux demandeur.

Art. 236. — Toute demande en divorce détaillera les faits : elle sera remise, avec les pièces à l'appui, s'il y en a, au président du tribunal ou au juge qui en fera les fonctions, par l'époux demandeur en personne, à moins qu'il n'en soit empêché par maladie ; auquel cas, sur sa réquisition et le certificat de deux docteurs en médecine ou en chirurgie, ou de deux officiers de santé, le magistrat se transportera au domicile du demandeur pour y recevoir sa demande.

Art. 237. — Le juge, après avoir entendu le demandeur, et lui avoir fait les observations qu'il croira convenables, paraphera la demande et les pièces, et dressera procès-verbal de la remise du tout en ses mains. Ce procès-verbal sera signé par le juge et par le demandeur, à moins que celui-ci ne sache ou ne puisse signer ; auquel cas il en sera fait mention.

Art. 238. — Le juge ordonnera, au bas de son procès-verbal, que les parties comparaîtront en personne devant lui, au jour et à l'heure qu'il indiquera, et qu'à cet effet copie de son ordonnance sera par lui adressée à la partie contre laquelle le divorce est demandé.

Art. 239. — Au jour indiqué, le juge fera aux deux époux, s'ils se présentent, ou au demandeur, s'il est seul comparant, les représentations qu'il croira propres à opérer un rapprochement : s'il ne peut y parvenir, il en dressera procès-verbal, et ordonnera la communication de la demande et des pièces au commissaire du Gouvernement, et le référé du tout au tribunal.

Art. 240. — Dans les trois jours qui suivront, le tribunal, sur le rapport du président ou du juge qui en aura fait les fonctions, et sur les conclusions du commissaire du Gouvernement, accordera ou suspendra la permission de citer. La suspension ne pourra excéder le terme de vingt jours.

Art. 241. — Le demandeur, en vertu de la permission du tribunal, fera citer le défendeur dans la forme ordinaire, à comparaître en personne à l'audience, à huis clos, dans le délai de la loi ; il fera donner copie, en tête de la citation, de la demande en divorce et des pièces produites à l'appui.

Art. 242. — A l'échéance du délai, soit que le défendeur comparaisse ou non, le demandeur en personne, assisté d'un conseil s'il le juge à propos, exposera ou fera exposer les motifs de sa demande ; il représentera les pièces qui l'appuient, et nommera les témoins qu'il se propose de faire entendre.

Art. 243. — Si le défendeur comparaît en personne ou par un fondé de pouvoir, il pourra proposer ou faire proposer ses observations, tant sur les motifs de la demande que sur les pièces produites par le demandeur et sur les témoins par lui nommés. Le défendeur nommera, de son côté, les témoins qu'il se propose de faire entendre, et sur les lesquels le demandeur fera réciproquement ses observations.

Art. 244. — Il sera dressé procès-verbal des comparutions, dires et observations des parties, ainsi que des aveux que l'une ou l'autre pourra faire. Lecture de ce procès-verbal sera donnée auxdites parties, qui seront requises de le signer; et il sera fait mention expresse de leur signature, ou de leur déclaration de ne pouvoir ou ne vouloir signer.

Art. 245. — Le tribunal renverra les parties à l'audience publique, dont il fixera le jour et l'heure; il ordonnera la communication de la procédure au commissaire du Gouvernement, et commettra un rapporteur. Dans le cas où le défendeur n'aurait pas comparu, le demandeur sera tenu de lui faire signifier l'ordonnance du tribunal, dans le délai qu'elle aura déterminé.

Art. 246. — Au jour et à l'heure indiqués, sur le rapport du juge commis, le commissaire du Gouvernement entendu, le tribunal statuera d'abord sur les fins de non-recevoir, s'il en a été proposé. En cas qu'elles soient trouvées concluantes, la demande en divorce sera rejettée: dans le cas contraire, ou s'il n'a pas été proposé de fins de non-recevoir, la demande en divorce sera admise.

Art. 247. — Immédiatement après l'admission de la demande en divorce, sur le rapport du juge commis, le commissaire du Gouvernement entendu, le tribunal statuera au fond. Il fera droit à la demande, si elle lui paraît en état d'être jugée; sinon, il admettra le demandeur à la preuve des faits pertinens par lui allégués, et le défendeur à la preuve contraire.

Art. 248. — A chaque acte de la cause, les parties pourront, après le rapport du juge, et avant que le commissaire du Gouvernement ait pris la parole, proposer ou faire proposer leurs moyens respectifs, d'abord sur les fins de non-recevoir, et ensuite sur le fond; mais en aucun cas le conseil du demandeur ne sera admis, si le demandeur n'est pas comparant en personne.

Art. 249. — Aussitôt après la prononciation du jugement qui ordonnera les enquêtes, le greffier du tribunal donnera lecture de la partie du procès-verbal qui contient la nomination déjà faite des témoins que les parties se proposent de faire entendre. Elles seront averties par le président, qu'elles peuvent encore en désigner d'autres, mais qu'après ce moment elles n'y seront plus reçues.

Art. 250. — Les parties proposeront de suite leurs reproches respectifs contre les témoins qu'elles voudront écarter. Le tribunal statuera sur ces reproches, après avoir entendu le commissaire du Gouvernement.

Art. 251. — Les parens des parties, à l'exception de leurs enfans et descendans, ne sont pas reprochables du chef de la parenté, non plus que les domestiques des époux, en raison de cette qualité; mais le tribunal aura tel égard que de raison aux dépositions des parens et des domestiques.

Art. 252. — Tout jugement qui admettra une preuve testimoniale, dénommera les témoins qui seront entendus, et déterminera le jour et l'heure auxquels les parties devront les présenter.

Art. 253. — Les dépositions des témoins seront reçues par le tribunal séant à huis clos, en présence du commissaire du Gouvernement, des parties, et de leurs conseils ou amis, jusqu'au nombre de trois de chaque côté.

Art. 254. — Les parties, par elles ou par leurs conseils, pourront faire aux témoins telles observations et interpellations qu'elles jugeront à propos; sans pouvoir néanmoins les interrompre dans le cours de leurs dépositions.

Art. 255. — Chaque déposition sera rédigée par écrit, ainsi que les dires et observations auxquels elle aura donné lieu. Le procès-verbal d'enquête sera lu tant aux témoins qu'aux parties : les uns et les autres seront requis de le signer, et il sera fait mention de leur signature, ou de leur déclaration qu'ils ne peuvent ou ne veulent signer.

Art. 256. — Après la clôture des deux enquêtes ou de celle du demandeur, si le défendeur n'a pas produit de témoins, le tribunal renverra les parties à l'audience publique, dont il indiquera le jour et l'heure; il ordonnera la communication de la procédure au commissaire du Gouvernement, et commettra un rapporteur. Cette ordonnance sera signifiée au défendeur, à la requête du demandeur, dans le délai qu'elle aura déterminé.

Art. 257. — Au jour fixé pour le jugement définitif, le rapport sera fait par le juge commis : les parties pourront ensuite faire, par elles-mêmes ou par l'organe de leurs conseils, telles observations qu'elles jugeront utiles à leur cause; après quoi le commissaire du Gouvernement donnera ses conclusions.

Art. 258. — Le jugement définitif sera prononcé publiquement : lorsqu'il admettra le divorce, le demandeur sera autorisé à se retirer devant l'officier de l'état civil pour le faire prononcer.

Art. 259. — Lorsque la demande en divorce aura été formée pour cause d'excès, de sévices ou d'injures graves, encore qu'elle soit bien établie, les juges pourront ne pas admettre immédiatement le divorce. Dans ce cas, avant de faire droit, ils autoriseront la femme à quitter la compagnie de son mari, sans être tenue de le recevoir, si elle ne le juge à propos ; et ils condamneront le mari à lui payer une pension alimentaire proportionnée à ses facultés, si la femme n'a pas elle-même des revenus suffisans pour fournir à ses besoins.

Art. 260. — Après une année d'épreuve, si les parties ne se sont pas réunies, l'époux demandeur pourra faire citer l'autre époux à comparaître au tribunal, dans les délais de la loi, pour y entendre prononcer le jugement définitif, qui pour lors admettra le divorce.

Art. 261. — Lorsque le divorce sera demandé par la raison qu'un des époux est condamné à une peine infamante, les seules formalités à observer consisteront à présenter au tribunal civil une expédition en bonne forme du jugement de condamnation, avec un certificat du tribunal criminel, portant que ce même jugement n'est plus susceptible d'être réformé par aucune voie légale.

Art. 262. — En cas d'appel du jugement d'admission ou du jugement définitif, rendu par le tribunal de première instance en matière de divorce, la cause sera instruite et jugée par le tribunal d'appel, comme affaire urgente.

Art. 263. — L'appel ne sera recevable qu'autant qu'il aura été interjetté dans les trois mois à compter du jour de la signification du jugement rendu contradictoirement ou par défaut. Le délai pour se pourvoir au tribunal de cassation contre un jugement en dernier ressort, sera aussi de trois mois, à compter de la signification. Le pourvoi sera suspensif.

Art. 264. — En vertu de tout jugement rendu en dernier ressort ou passé en force de chose jugée, qui autorisera le divorce, l'époux qui l'aura obtenu, sera obligé de se présenter, dans le délai de deux mois, devant l'officier de l'état civil, l'autre partie dûment appelée, pour faire prononcer le divorce.

Art. 265. — Ces deux mois ne commenceront à courir, à l'égard des jugemens de première instance, qu'après l'expiration du délai d'appel ; à l'égard des jugemens rendus par défaut en cause d'appel, qu'après l'expiration du délai d'opposition ; et à l'égard des jugemens contradictoires en dernier ressort, qu'après l'expiration du délai du pourvoi en cassation.

Art. 266. — L'époux demandeur qui aura laissé passer le délai de deux mois ci-dessus déterminé, sans appeler l'autre époux devant l'officier de l'état civil, sera déchu du bénéfice du jugement qu'il avait obtenu, et ne pourra reprendre son action en divorce, sinon pour cause nouvelle; auquel cas il pourra néanmoins faire valoir les anciennes causes.

SECTION II.

Des mesures provisoires auxquelles peut donner lieu la demande en divorce pour cause déterminée.

Article 267. — L'administration provisoire des enfans restera au mari demandeur ou défendeur en divorce, à moins qu'il n'en soit autrement ordonné par le tribunal, sur la demande soit de la mère, soit de la famille, ou du commissaire du Gouvernement, pour le plus grand avantage des enfans.

Art. 268. — La femme demanderesse ou défenderesse en divorce, pourra quitter le domicile du mari pendant la poursuite, et demander une pension alimentaire proportionnée aux facultés du mari. Le tribunal indiquera la maison dans laquelle la femme sera tenue de résider, et fixera, s'il y a lieu, la provision alimentaire que le mari sera obligé de lui payer.

Art. 269. — La femme sera tenue de justifier de sa résidence dans la maison indiquée, toutes les fois qu'elle en sera requise : à défaut de cette justification, le mari pourra refuser la provision alimentaire, et, si la femme est demanderesse en divorce, la faire déclarer non-recevable à continuer ses poursuites.

Art. 270. — La femme commune en biens, demanderesse ou défenderesse en divorce, pourra, en tout état de cause, à partir de la date de l'ordonnance dont il est fait mention en l'article 238, requérir, pour la conservation de ses droits, l'apposition des scellés sur les effets mobiliers de la communauté. Ces scellés ne seront levés qu'en faisant inventaire avec prisée, et à la charge par le mari de représenter les choses inventoriées, ou de répondre de leur valeur comme gardien judiciaire.

Art. 271. — Toute obligation contractée par le mari à la charge de la communauté, toute aliénation par lui faite des immeubles qui en dépendent, postérieurement à la date de l'ordonnance dont il est fait mention en l'article 238, sera déclarée nulle, s'il est prouvé d'ailleurs qu'elle ait été faite ou contractée en fraude des droits de la femme.

SECTION III.

Des fins de non-recevoir contre l'action en divorce pour cause déterminée.

Article 272. — L'action en divorce sera éteinte par la réconciliation des époux, survenue soit depuis les faits qui auraient pu autoriser cette action, soit depuis la demande en divorce.

Art. 273. — Dans l'un et l'autre cas, le demandeur sera déclaré non-recevable dans son action ; il pourra néanmoins en intenter une nouvelle pour cause survenue depuis la réconciliation, et alors faire usage des anciennes causes pour appuyer sa nouvelle demande.

Art. 274. — Si le demandeur en divorce nie qu'il y ait eu réconciliation, le défendeur en fera preuve, soit par écrit, soit par témoins, dans la forme prescrite en la première section du présent chapitre.

CHAPITRE III.

Du divorce par consentement mutuel.

Article 275. — Le consentement mutuel des époux ne sera point admis, si le mari a moins de vingt-cinq ans, ou si la femme est mineure de vingt-un ans.

Art. 276. — Le consentement mutuel ne sera admis qu'après deux ans de mariage.

Art. 277. — Il ne pourra plus l'être après vingt ans

de mariage, ni lorsque la femme aura quarante-cinq ans.

Art. 278. — Dans aucun cas, le consentement mutuel des époux ne suffira, s'il n'est autorisé par leurs pères et mères, ou par leurs autres ascendans vivans, suivant les règles prescrites par l'article 150, au titre *du Mariage*.

Art. 279. — Les époux déterminés à opérer le divorce par consentement mutuel, seront tenus de faire préalablement inventaire et estimation de tous leurs biens meubles et immeubles, et de régler leurs droits respectifs, sur lesquels il leur sera néanmoins libre de transiger.

Art. 280. — Ils seront pareillement tenus de constater par écrit leur convention sur les trois points qui suivent :

1°. A qui les enfans nés de leur union seront confiés, soit pendant le temps des épreuves, soit après le divorce prononcé ;

2°. Dans quelle maison la femme devra se retirer et résider pendant le temps des épreuves ;

3°. Quelle somme le mari devra payer à sa femme pendant le même temps, si elle n'a pas des revenus suffisans pour fournir à ses besoins.

Art. 281. — Les époux se présenteront ensemble, et en personne, devant le président du tribunal civil de leur arrondissement, ou devant le juge qui en fera les fonctions, et lui feront la déclaration de leur volonté, en présence de deux notaires amenés par eux.

Art. 282. — Le juge fera aux deux époux réunis, et à chacun d'eux en particulier, en présence des deux notaires, telles représentations et exhortations qu'il croira convenables; il leur donnera lecture du chapitre IV du présent titre, qui règle *les effets du divorce*, et leur développera toutes les conséquences de leur démarche.

Art. 283. — Si les époux persistent dans leur résolution, il leur sera donné acte, par le juge, de ce qu'ils demandent le divorce et y consentent mutuellement; et ils seront tenus de produire et déposer à l'instant, entre les mains des notaires, outre les actes mentionnés aux articles 279 et 280,

1°. Les actes de leur naissance et celui de leur mariage;

2°. Les actes de naissance et de décès de tous les enfans nés de leur union;

3°. La déclaration authentique de leurs père et mère ou autres ascendans vivans, portant que, ponr les causes à eux connues, ils autorisent tel *ou* telle, leur fils *ou* fille, petit-fils *ou* petite-fille, marié *ou* mariée à tel *ou* telle à demander le divorce et à y consentir. Les pères, mères, aïeuls et aïeules des époux, seront présumés vivans jusqu'à la représentation des actes constatant leur décès.

Art. 284. — Les notaires dresseront procès-verbal détaillé de tout ce qui aura été dit et fait en exécution des articles précédens; la minute en restera au plus âgé des deux notaires, ainsi que les pièces produites, qui demeureront annexées au procès-verbal, dans lequel il sera fait mention de l'avertissement qui sera donné à la femme de se retirer, dans les vingt-quatre heures, dans la maison convenue entre elle et son mari, et d'y résider jusqu'au divorce prononcé.

Art. 285. — La déclaration ainsi faite sera renouvelée dans la première quinzaine de chacun des quatrième, septième et dixième mois qui suivront, en observant les mêmes formalités. Les parties seront obligées à rapporter chaque fois la preuve, par acte public, que leurs pères, mères, ou autres ascendans vivans, persistent dans leur première détermination ; mais elles ne seront tenues à répéter la production d'aucun autre acte.

Art. 286. — Dans la quinzaine du jour où sera révolue l'année, à compter de la première déclaration, les époux, assistés chacun de deux amis, personnes notables dans l'arrondissement, âgés de cinquante ans au moins, se présenteront ensemble et en personne devant le président du tribunal ou le juge qui en fera les fonctions ; ils lui remettront les expéditions en bonne forme, des quatre procès-verbaux contenant leur consentement mutuel, et de tous les actes qui y auront été annexés, et requerront du magistrat, chacun séparément, en présence néanmoins l'un de l'autre et des quatre notables, l'admission du divorce.

Art. 287. — Après que le juge et les assistans auront fait leurs observations aux époux, s'ils persévèrent, il leur sera donné acte de leur réquisition, et de la remise par eux faite des pièces à l'appui : le greffier du tribunal dressera procès-verbal, qui sera signé tant par les parties (à moins qu'elles ne déclarent ne savoir ou ne pouvoir signer, auquel cas il en sera fait mention), que par les quatre assistans, le juge et le greffier.

Art. 288. — Le juge mettra de suite, au bas de ce procès-verbal, son ordonnance portant que, dans les trois jours, il sera par lui référé du tout au tribunal en la chambre du conseil, sur les conclusions par écrit du commissaire du Gouvernement, auquel les pièces seront, à cet effet, communiquées par le greffier.

Art. 289. — Si le commissaire du Gouvernement trouve dans les pièces la preuve que les deux époux étaient âgés, le mari de vingt-cinq ans, la femme de

vingt-un

vingt-un ans, lorsqu'ils ont fait leur première déclaration; qu'à cette époque ils étaient mariés depuis deux ans, que le mariage ne remontait pas à plus de vingt, que la femme avait moins de quarante-cinq ans, que le consentement mutuel a été exprimé quatre fois dans le cours de l'année, après les préalables ci-dessus prescrits, et avec toutes les formalités requises par le présent chapitre, notamment avec l'autorisation des pères et mères des époux, ou avec celle de leurs autres ascendans vivans en cas de prédécès des pères et mères, il donnera ses conclusions en ces termes, *La loi permet*; dans le cas contraire, ses conclusions seront en ces termes, *La loi empêche*.

Art. 290. — Le tribunal, sur le référé, ne pourra faire d'autres vérifications que celles indiquées par l'article précédent. S'il en résulte que, dans l'opinion du tribunal, les parties ont satisfait aux conditions et rempli les formalités déterminées par la loi, il admettra le divorce, et renverra les parties devant l'officier de l'état civil pour le faire prononcer : dans le cas contraire, le tribunal déclarera qu'il n'y a pas lieu à admettre le divorce, et déduira les motifs de la décision.

Art. 291. — L'appel du jugement qui aurait déclaré ne pas y avoir lieu à admettre le divorce, ne sera recevable qu'autant qu'il sera interjeté par les deux parties, et néanmoins par actes séparés, dans les dix jours au plutôt, et au plus tard dans les vingt jours de la date du jugement de première instance.

Art. 292. — Les actes d'appel seront réciproquement signifiés, tant à l'autre époux, qu'au commissaire du Gouvernement près du tribunal de première instance.

Art. 293. — Dans les dix jours, à compter de la signification qui lui aura été faite du second acte d'appel,

N *

le commissaire du Gouvernement près le tribunal de première instance fera passer au commissaire du Gouvernement près du tribunal d'appel, l'expédition du jugement et les pièces sur lesquelles il est intervenu. Le commissaire près du tribunal d'appel donnera ses conclusions par écrit, dans les dix jours qui suivront la réception des pièces; le président, ou le juge qui le suppléera, fera son rapport au tribunal d'appel, en la chambre du conseil; et il sera statué définitivement dans les dix jours qui suivront la remise des conclusions du commissaire.

Art. 294. — En vertu du jugement qui admettra le divorce, et dans les vingt jours de sa date, les parties se présenteront ensemble et en personne, devant l'officier de l'état civil, pour faire prononcer le divorce. Ce délai passé, le jugement demeurera comme non avenu.

CHAPITRE IV.

Des effets du divorce.

Article 295. — Les époux qui divorceront, pour quelque cause que ce soit, ne pourront plus se réunir.

Art. 296. — Dans le cas de divorce prononcé pour cause déterminée, la femme divorcée ne pourra se remarier que dix mois après le divorce prononcé.

Art. 297. — Dans le cas de divorce par consentement mutuel, aucun des deux époux ne pourra contracter un nouveau mariage que trois ans après la prononciation du divorce.

Art. 298. — Dans le cas de divorce admis en justice pour cause d'adultère, l'époux coupable ne pourra jamais se marier avec son complice. La femme adultère sera condamnée par le même jugement et sur la réquisition du *Ministère public*, à la réclusion dans une maison de correction, pour un temps déterminé, qui ne pourra être moindre de trois mois, ni excéder deux années.

Art. 299. — Pour quelque cause que le divorce ait lieu, hors le cas du consentement mutuel, l'époux contre lequel le divorce aura été admis, perdra tous les avantages que l'autre époux lui avait faits, soit par leur contrat de mariage, soit depuis le mariage contracté.

Art. 300. — L'époux qui aura obtenu le divorce, conservera les avantages à lui faits par l'autre époux, encore qu'ils aient été stipulés réciproques, et que la réciprocité n'ait pas lieu.

Art. 301. — Si les époux ne s'étaient fait aucun avantage, ou si ceux stipulés ne paraissaient pas suffisans pour assurer la subsistance de l'époux qui a obtenu le divorce, le tribunal pourra lui accorder, sur les biens de l'autre époux, une pension alimentaire qui ne pourra excéder le tiers des revenus de cet autre époux. Cette pension sera révocable, dans le cas où elle cesserait d'être nécessaire.

Art. 302. — Les enfans seront confiés à l'époux qui a obtenu le divorce, à moins que le tribunal, sur la demande de la famille, ou du commissaire du Gouvernement, n'ordonne pour le plus grand avantage des enfans, que tous ou quelques-uns d'eux seront confiés aux soins, soit de l'autre époux, soit d'une tierce personne.

Art. 303. — Quelle que soit la personne à laquelle les enfans seront confiés, les père et mère conserveront respectivement le droit de surveiller l'entretien et l'éducation de leurs enfans, et seront tenus d'y contribuer à proportion de leurs facultés.

Art. 304. — La dissolution du mariage par le divorce admis en justice, ne privera les enfans nés de ce mariage d'aucun des avantages qui leur étaient assurés par les lois, ou par les conventions matrimoniales de leurs père et mère; mais il n'y aura d'ouverture aux droits des enfans, que de la même manière et dans les mêmes circonstances où ils se seraient ouverts s'il n'y avait pas eu de divorce.

Art. 305. — Dans le cas de divorce par consentement mutuel, la propriété de la moitié des biens de chacun des deux époux sera acquise de plein droit, du jour de leur première déclaration, aux enfans nés de leur mariage : les père et mère conserveront néanmoins la jouissance de cette moitié jusqu'à la majorité de leurs enfans, à la charge de pourvoir à leur nourriture, entretien et éducation, conformément à leur fortune et à leur état; le tout sans préjudice des autres avantages qui pourraient avoir été assurés auxdits enfans par les conventions matrimoniales de leurs père et mère.

CHAPITRE V.

De la séparation de corps.

Article 306. — Dans les cas où il y a lieu à la demande en divorce pour cause déterminée, il sera libre aux époux de former demande en séparation de corps.

Art. 307. — Elle sera intentée, instruite et jugée de la même manière que toute autre action civile : elle ne pourra avoir lieu par le consentement mutuel des époux.

Art. 308. — La femme contre laquelle la séparation

de corps sera prononcée pour cause d'adultère, sera condamnée par le même jugement, et sur la réquisition du ministère public, à la réclusion dans une maison de correction pendant un temps déterminé, qui ne pourra être moindre de trois mois, ni excéder deux années.

Art. 309. — Le mari restera le maître d'arrêter l'effet de cette condamnation, en consentant à reprendre sa femme.

Art. 310. — Lorsque la séparation de corps prononcée pour toute autre cause que l'adultère de la femme, aura duré trois ans, l'époux qui était originairement défendeur, pourra demander le divorce au tribunal, qui l'admettra, si le demandeur originaire, présent ou dûment appelé, ne consent pas immédiatement à faire cesser la séparation.

Art. 311. — La séparation de corps emportera toujours séparation de biens.

TITRE VII.

De la Paternité et de la Filiation.

LE PREMIER CONSUL a nommé, pour présenter la loi formant le Titre VII du CODE CIVIL, et pour en soutenir la discussion, les cit. *Bigot-Préameneu*, *Thibaudeau* et *Redon*, Conseillers d'État.

Introduits dans la salle du Corps Législatif, le 20 ventose an 11; l'un d'eux, portant la parole, a prononcé le discours suivant.

CITOYENS LÉGISLATEURS,

IL est à regretter que, pour établir des règles sur les moyens de constater la paternité, la nature seule ne puisse plus servir de guide.

Elle semblait avoir marqué en caractères ineffaçables, les traits de la paternité, lorsqu'elle avait rempli le cœur des père et mère, et celui des enfans, des sentimens de tendresse les plus profonds et les plus éclatans.

Mais trop souvent les droits de la nature, qui devraient être invariables, sont altérés ou anéantis par toutes les passions qui agitent l'homme en société. Les replis de son cœur ne permettent plus de le connaître; et comment établir des règles générales sur les sentimens qu'on aurait à découvrir et à constater dans chaque individu?

D'un autre côté, la nature a couvert d'un voile impénétrable la transmission de notre existence.

Cependant il était nécessaire que la paternité ne restât pas incertaine. C'est par elle que les familles se perpétuent, et qu'elles se distinguent les unes des autres : c'est une des bases de l'ordre social ; on doit la maintenir et la consolider.

Il a fallu, pour y parvenir, s'attacher à des faits extérieurs et susceptibles de preuves.

On trouve un premier point d'appui dans cette institution, qui, consacrée par tous les peuples civilisés, a son origine et sa cause dans la nature même ; qui établit, maintient et renouvelle les familles, dont l'objet principal est de veiller sur l'existence et sur l'éducation des enfans, dont la dignité inspire un respect religieux : dans le mariage.

Les avantages que la société en retire doivent être principalement attribués à ce que, pour fixer la paternité, il établit une présomption qui, presque toujours, suffit pour écarter tous les doutes.

Cette présomption, admise chez tous les peuples, est devenue une règle d'ordre public, dont l'origine, comme celle du mariage, se perd dans la nuit des temps : *Pater est quem nuptiæ demonstrant.* Quels pourraient donc être les indices plus grands que ceux qui résultent de la foi promise des deux époux, de leur cohabitation, des regards de leurs concitoyens au milieu desquels ils passent leur vie ?

Cependant lorsqu'on est forcé d'avouer que cette règle, si nécessaire au maintien de la société, n'est établie que sur des indices, le Législateur se mettrait en opposition avec les premiers élémens du droit et de la raison, s'il faisait prévaloir une présomption à une preuve positive ou à une présomption plus forte. Au lieu de soutenir la dignité du mariage, on l'avilirait : on le rendrait odieux, s'il servait de prétexte à légitimer un enfant qui, aux yeux du public, convaincu par des circonstances décisives, n'appartiendrait point au mariage.

Tel serait le cas où le mari aurait été dans l'impossibilité physique de cohabiter avec sa femme.

Cette impossibilité peut avoir pour cause l'éloignement ou quelqu'accident.

La distance qui a séparé le mari et la femme, doit avoir toujours été telle, qu'il ne reste aucun doute sur ce qu'il ne peut y avoir eu de rapprochement.

La loi n'a dû admettre, contre la présomption résultante du mariage, que les accidens qui rendent physiquement impossible la cohabitation. Elle a ainsi prévenu tous ces procès scandaleux, ayant pour prétexte des infirmités plus ou moins graves, ou des accidens dont les gens de l'art ne peuvent tirer que des conjectures trompeuses.

Le mari, lui-même, ne sera point admis à désavouer l'enfant, en alléguant son impuissance naturelle.

Des exemples célèbres ont prouvé que ni cette cause d'impossibilité de cohabitation, ni la déclaration du mari qui veut s'en prévaloir, ne méritent confiance. Les gens de l'art n'ont eux-mêmes aucun moyen de pénétrer de pareils mystères; et tel mari dont le mariage a été dissous pour cause d'impuissance, a obtenu d'un autre mariage une nombreuse postérité.

En vain la voix du mari s'éleverait-elle contre sa femme pour l'accusation la plus grave, celle de l'adultère: ce crime, fût-il prouvé, ne ferait naître contre l'enfant que le père voudrait désavouer, qu'une présomption qui ne saurait balancer celle qui résulte du mariage. La femme peut avoir été coupable, sans que le flambeau de l'hyménée fût encore éteint.

Cependant si la femme, ayant été condamnée pour adultère, avoit caché à son mari la naissance de cet enfant, cette conduite deviendrait un témoignage d'un grand poids.

Il ne saurait y avoir, de la part de cette femme, d'aveu plus formel que l'enfant n'appartient point au mariage.

Comment présumer que la mère ajoute à son crime envers son mari, celui de tromper son propre enfant qu'elle exclut du rang des enfans légitimes?

Lorsqu'il est ainsi repoussé de la famille, et par la femme qui cache sa naissance, et par le mari qui a fait prononcer la peine d'adultère, cela forme une masse de présomptions qui ne laissent plus à celle que l'on peut tirer du mariage, son influence décisive.

Alors même l'enfant, au milieu de ces dissensions, et malgré la condamnation de sa mère, peut toujours invoquer la règle générale; mais on n'a pas cru qu'il fût possible de refuser au mari la faculté de proposer les faits propres à justifier qu'il n'est pas le père. Comment, en effet, repousser un mari qui, ayant fait déclarer sa femme adultère, ayant ignoré qu'elle eût un enfant, verrait après coup, et peut-être même après la mort de sa femme, cet enfant se présenter comme étant né de son mariage?

C'est dans de pareilles circonstances que l'honnêteté publique et la dignité de l'union conjugale, réclament, en faveur du mari, le droit de prouver que cet enfant lui est étranger.

Il est une autre présomption avec laquelle le mari peut contester l'application de la règle générale; c'est lorsque cette règle se trouve en opposition avec la marche constante de la nature. On croit plutôt à la faiblesse humaine qu'à l'interversion de l'ordre naturel.

La naissance de l'homme est précédée du temps où il se forme dans le sein de la mère. Ce temps est ordinairement de neuf mois. On voit des exemples assez fréquens de ce que ce terme est avancé ou retardé; mais il est très-rare qu'un enfant soit né avant que six mois de grossesse, ou cent quatre-vingts jours depuis la conception, se soient écoulés, ou qu'il soit resté dans le sein de sa mère plus de dix mois, ou trois cents jours.

Les naissances avancées ou tardives, ont été la matière de procès célèbres. Il a toujours été reconnu que la physiologie n'a aucun moyen de découvrir la vérité relativement à l'enfant qui est l'objet de la contestation: ces débats scandaleux ne portaient que sur des recherches non moins scandaleuses, d'exemples que, de part et d'autre, on alléguait souvent sans preuves. Les juges ne pouvaient recevoir aucune lumière sur le fait particulier, et chaque tribunal se formait un système différent sur l'extension ou sur la limitation qu'il devait admettre dans le cours ordinaire de la nature. La jurisprudence n'avait aucune uniformité, par le motif même qu'elle ne pouvait être qu'arbitraire.

Il fallait sortir d'un pareil état : ce n'était point une vérité absolue que les rédacteurs de la loi avaient à découvrir ; il leur suffisait de donner aux juges une règle qui fixât leur incertitude ; et ils devaient prendre cette règle dans la marche tellement uniforme de la nature, qu'à peine pût-on lui opposer quelques exceptions qui ne feraient que la confirmer.

Ce sont les motifs qui ont déterminé à fixer le terme des naissances avancées à cent quatre-vingts jours, et celui des naissances tardives à trois cents jours.

Il n'en résulte pas que l'enfant qui serait né avant les cent quatre-vingts jours, ou depuis les trois cents jours, doive être, par cela même, déclaré non légitime. Il faudra que la présomption résultante d'une naissance trop avancée ou trop tardive, se trouve confirmée, lorsque le mari vit, par une présomption qui paraîtra plus forte encore à quiconque observe le cœur humain. Il faudra que l'enfant soit désavoué par le mari. Comment croire qu'il étouffe tous les sentimens de la nature ? comment croire qu'il allume dans sa maison les torches de la discorde, et qu'au dehors il se dévoue à l'humiliation, s'il n'est pas dans la conviction intime que l'enfant n'est point né de son mariage ?

La loi ne se borne pas à sonder le cœur et à calculer les véritables intérêts du mari ; elle se met en garde contre les passions qui pourraient l'aveugler ; elle n'admet point le désaveu qui ne se trouve pas d'accord avec sa conduite antérieure. S'il avait toujours cru que l'enfant lui fût étranger, aucun acte ne démentirait une opinion qui, depuis la naissance de cet enfant, a dû déchirer son ame. S'il a varié dans cette opinion, il n'est plus recevable à refuser à l'enfant l'état qu'il ne lui a pas toujours contesté.

Ainsi, dans le cas où l'enfant serait né avant le cent quatre-vingtième jour (six mois) depuis le mariage, la loi présume qu'il n'a point été conçu pendant cette union ; mais le mari ne pourra désavouer l'enfant si, avant de se marier, il a eu connaissance de la grossesse. On présume alors qu'il n'a contracté le mariage que pour réparer sa faute personnelle; on présume qu'un pareil hymen n'eût jamais été consenti, s'il n'eût été persuadé que la femme portait dans son sein le fruit de leurs amours; et lorsqu'il a eu dans la conduite de cette femme une telle confiance qu'il a voulu que leur destinée fût unie, comment pourrait-on l'admettre à démentir un pareil témoignage?

Le mari ne pourra encore désavouer l'enfant né avant le cent-quatre-vingtième jour du mariage, s'il a assisté à l'acte de naissance, et si cet acte est signé de lui, ou contient sa déclaration qu'il ne sait signer.

Comment, en effet, pourrait-il revenir contre sa propre déclaration, donnée dans l'acte même destiné à constater l'état civil de l'enfant?

Il est une troisième circonstance, dans laquelle le mari n'est pas admissible au désaveu; c'est lorsque l'enfant n'a pas été déclaré *viable*.

Il faut, à cet égard, que les gens de l'art prononcent.

L'enfant vivait dans le sein de la mère. Cette existence peut se prolonger pendant un nombre de jours indéterminé, sans qu'il soit possible qu'il la conserve; et c'est cette possibilité de parcourir la carrière ordinaire de la vie, qu'on entend par l'expression être *viable*.

Lorsque l'enfant n'est pas déclaré *viable*, la présomption contre la femme n'est plus la même. Il n'y a plus de certitude que ce soit un accouchement naturel qui ait dû être précédé du temps ordinaire de la grossesse. Toute recherche serait scandaleuse et sans objet.

Quel but le mari pourrait-il se proposer, en désavouant un enfant qui ne doit pas vivre, si ce n'est de porter atteinte à la réputation de la femme à laquelle il s'est uni? Il ne peut même pas avoir l'intérêt du divorce pour cause d'adultère, puisqu'il suppose que la faute est antérieure à son mariage. Les tribunaux ne doivent pas l'écouter dans son aveugle ressentiment.

La règle établie sur les naissances avancées ou tardives, recevra encore son application, dans le cas où le mari voudra désavouer son enfant pour cause d'impossibilité physique de cohabitation. La loi exige qu'il y ait eu impossibilité pendant le temps qui aura couru depuis le trois-centième jusqu'au cent-quatre-vingtième jour avant la naissance de l'enfant; le temps le plus long de la grossesse étant de trois cents jours, et le plus court de cent-quatre-vingts, si depuis l'époque où a pu commencer le temps le plus long jusqu'à celui où a pu commencer le temps le plus court, il y a eu impossibilité, il est évident que la présomption qui naît du cours ordinaire de la nature a toute sa force.

Enfin la naissance tardive peut être opposée à l'enfant, s'il naît trois cents jours après la dissolution du mariage.

Néanmoins la présomption qui en résulte ne sera décisive contre lui, qu'autant qu'elle ne sera pas affaiblie par d'autres circonstances.

On vient de voir que la loi, en donnant au mari un droit de désaveu que la justice et la raison ne permettaient pas de lui refuser, a en même temps repoussé toute attaque qui aurait été précédée d'actes incompatibles. C'est encore en consultant le cœur humain, qu'elle a regardé comme ne devant plus être admise une pareille action judiciaire, qui n'aurait pas été intentée dans les plus courts délais.

Le sentiment naturel du mari qui a des motifs suffisans pour désavouer un enfant qu'il croit lui être étranger, est de le rejetter sur-le-champ de la famille : son devoir, l'outrage qu'il a reçu, tout doit le porter à faire sur-le-champ éclater sa plainte. S'il diffère, il s'entend appeler du nom de père, et son silence équivaut à un aveu formel en faveur de l'enfant : la qualité de père, que l'on a consenti une fois de porter, est irrévocable.

Il devra réclamer dans le mois, s'il se trouve sur les lieux de la naissance de l'enfant; dans les deux mois après son retour, si, à la même époque, il est absent; et dans les deux mois après la découverte de la fraude, si on lui avait caché la naissance.

Cependant, si le mari meurt avant qu'il ait fait sa déclaration, et lorsque le délai pour la former n'était pas encore expiré, l'action qu'il pouvait intenter est au nombre des droits que la loi transmet à ses héritiers. On a considéré que le plus souvent les enfans dont la légitimité peut être contestée, ne sont produits dans la famille qu'après la mort du mari qui aurait eu tous les moyens de les repousser. D'ailleurs, le mari qui meurt dans le court délai que lui donne la loi pour réclamer, a le plus souvent été dans l'impuissance d'avoir d'autres soins que ceux de prolonger ses derniers instans. On eût exposé les familles à être injustement dépouillées, si on eût rejetté leur action contre l'enfant que le mari eût pu désavouer.

Mais en même temps la loi a voulu que l'état de cet enfant ne restât pas incertain, et elle ne donne aux héritiers pour contester sa légitimité que deux mois, à compter, soit de l'époque où il serait mis en possession des biens du mari, soit de l'époque où les héritiers seraient troublés par l'enfant dans cette possession.

On a même prévu que le mari ou ses héritiers pourraient chercher à prolonger ces délais, en se bornant à un acte extra-judiciaire, contenant le désaveu.

La loi déclare que cet acte ne sera d'aucune considération, s'il n'est suivi, dans le délai d'un mois, d'une action en justice, dirigée contre le tuteur nommé à l'enfant, en présence de sa mère.

Après avoir établi le petit nombre d'exceptions à la régle générale *pater est quem nuptiæ demonstrant*, la loi indique aux enfans légitimes les preuves qu'ils doivent fournir de leur filiation.

Déjà vous avez vu dans un précédent titre du Code combien de précautions ont été prises pour constater l'état civil des citoyens. Des actes dressés de manière à établir une preuve complète, sont inscrits sur des registres, toujours ouverts à ceux qu'ils peuvent intéresser.

S'il existe sur ces registres un acte qui constate l'état réclamé par l'enfant, il ne peut s'élever aucun doute sur sa filiation. C'est un acte public et authentique; il fait foi, tandis qu'il n'est point inscrit de faux.

Mais il est possible que le registre sur lequel l'acte a été inscrit soit perdu, qu'il ait été brûlé, que les feuilles en ayent été déchirées ou rongées; il est même encore possible, et sur-tout dans des temps de troubles ou de guerre civile, que les registres n'aient pas été tenus, ou qu'il n'y ait pas eu d'acte dressé.

C'est pour l'enfant un malheur d'être privé d'un titre aussi commode.

Mais son état ne dépend point de ce genre de preuve.

L'usage des registres publics pour l'état civil n'est pas très-ancien, et c'est dans des temps plus modernes encore qu'ils ont commencé à être tenus plus régulièrement. Ils ont été établis en faveur des enfans, et seulement pour les dispenser d'une preuve moins facile.

Le genre de preuve le plus ancien, celui que toutes les nations ont admis, celui qui embrasse tous les faits propres à faire éclater la vérité, celui sans lequel il n'y aurait plus rien de certain ni de sacré parmi les hommes, c'est la preuve de la possession constante de l'état d'enfant légitime.

Différente des conventions qui la plupart ne laissent d'autres traces que l'acte même qui les constate, la possession d'état se prouve par une longue suite de faits extérieurs et notoires, dont l'ensemble ne pourrait jamais exister, s'il n'était pas conforme à la vérité.

On ne peut plus douter que l'enfant ne soit né de mariage, quand il prouve que ses père et mère, unis légitimement, l'ont constamment traité comme le sont tous les enfans légitimes.

Cette preuve peut se composer de faits si nombreux et si variés, que leur énumération eût été impossible.

La loi se borne à indiquer les principaux.

L'individu a-t-il toujours porté le nom du père auquel il prétend appartenir ?

Le père l'a-t-il traité comme son enfant, et a-t-il pourvu, en cette qualité, à son éducation, à son entretien et à son établissement ?

A-t-il été constamment reconnu pour tel dans la société ?

A-t-il été reconnu pour tel dans la famille ?

La loi n'exige point que tous ces faits concourent ; l'objet est de prouver que l'enfant a été reconnu et traité comme légitime : il n'importe que la preuve résulte de faits plus ou moins nombreux, il suffit qu'elle soit certaine.

Lorsque les deux principaux moyens de constater l'état civil d'un individu, qui sont le titre de naissance et la possession conforme à ce titre, se réunissent, son état est irrévocablement fixé.

Il ne serait même pas admis à réclamer un état contraire ; et réciproquement, nul ne serait recevable à le lui contester.

Le titre et la possession d'état ne pourraient être démentis par l'enfant, qu'autant qu'il opposerait à ces faits celui de l'accouchement de la femme dont il prétendrait être né, et qu'il prouverait que c'est à lui à qui elle a donné le jour.

Comment entre des faits contraires, celui qui n'est qu'obscur et isolé, tel que l'accouchement, balancerait-il le fait littéralement prouvé par le titre de naissance, ou cette masse de faits notoires qui établissent la possession d'état ?

Lorsque l'enfant n'a ni possession constante ni titre, ou lorsqu'il a été inscrit, soit sous de faux noms, soit comme né de père et mère inconnus, il en résulte une présomption très-forte qu'il n'appartient point au mariage. Cependant des circonstances extraordinaires, les passions qui auront égaré les auteurs de ses jours, leurs dissensions, des motifs de crainte ou d'autres considérations majeures, peuvent avoir empêché qu'il n'ait été habituellement traité comme enfant légitime. Les faits même qui y auront mis obstacle deviendront des preuves en sa faveur.

Mais il faut que la présomption qui s'élève contre l'enfant soit balancée par celle que présenteront des faits consignés dans des actes écrits, ou qu'ils soient dès-lors constans.

Lorsqu'un enfant veut constater son état par une possession qui se compose de faits continus pendant un certain nombre d'années, la preuve par témoins ne présente aucun inconvénient; elle conduit au plus haut degré de certitude que l'on puisse atteindre. Mais lorsque la question d'état dépend de faits particuliers sur lesquels des témoins subornés ou crédules peuvent en imposer à la justice, leur témoignage seul ne doit point être admis. Une fâcheuse expérience a démontré que, pour des sommes ou des valeurs peu considérables, les témoins ne donnent pas une garantie suffisante. Comment pourrait-on y avoir confiance, lorsqu'il s'agit d'attribuer les droits attachés à la qualité d'enfant légitime, droits qui emportent tous les genres de propriété ?

Cependant il peut résulter d'un acte écrit, et dont la foi ne soit pas suspecte, des indices que les juges trouvent assez graves pour que la vérité doive être approfondie par tous les moyens, au nombre desquels se trouve la preuve testimoniale.

Cet acte est ce qu'on appelle, dans le langage de la loi, *un commencement de preuve par écrit.* Il faut qu'il présente les caractères de la vérité; il faut qu'il émane directement de ceux qui, par leur intérêt personnel, sont à l'abri de tout soupçon. On n'admettrait donc point le commencement de preuve par écrit, s'il ne se trouvait, soit dans les titres de famille, soit dans les actes publics et même privés, d'une personne engagée dans la contestation, ou qui y aurait intérêt si elle était vivante.

Il ne serait pas nécessaire qu'il y eût un acte par écrit, si le commencement de preuve dont se prévaut l'enfant, était fondé sur un fait dont toutes les parties reconnaîtraient la vérité, ou qui serait dès-lors constant.

Que le fait qui établit le commencement de preuve soit ou qu'il ne soit pas consigné dans un acte écrit, il suffit que son existence

existence soit démontrée aux juges autrement que par l'enquête demandée.

La loi craint tellement de faire dépendre entièrement les questions d'état, de simples témoignages, qu'elle impose aux juges le devoir de proscrire les moyens indirects que l'on voudrait prendre pour y parvenir. Telles seraient les plaintes en suppression d'état que l'on porterait aux tribunaux criminels, avant qu'il y ait eu, par la voie civile, un jugement définitif.

Toujours de pareilles plaintes ont été rejettées comme frauduleuses, et les parties ont été renvoyées devant les juges civils.

Cette décision est contraire à la règle générale qui, considérant la punition des crimes comme le plus grand intérêt de l'Etat, suspend les procédures civiles, quand il y a lieu à la poursuite criminelle. Mais lorsqu'il y a un intérêt autre que celui de la vengeance publique, intérêt dont l'importance fait craindre que l'action criminelle n'ait pas été intentée de bonne foi; lorsque cette action est présumée n'avoir pour but que d'éluder la règle de droit civil, qui, sur les questions d'état, écarte, comme très-dangereuse, la simple preuve par témoins; lorsque la loi civile qui rejette cette preuve, même pour des intérêts civils, serait en opposition avec la loi criminelle qui l'admettrait, quoiqu'elle dût avoir pour résultat le déshonneur et une peine afflictive, il ne peut rester aucun doute sur la nécessité de faire juger les questions d'état dans les tribunaux civils, avant que les poursuites criminelles puissent être exercées.

On ne peut se dissimuler que, même avec ces précautions, il ne soit encore possible que dans des cas très-rares, la religion des juges soit trompée. Mais il n'est pas douteux qu'il y aurait des victimes nombreuses, si l'on repoussait impitoyablement les enfans qui, privés de titre et de possession d'état, ou inscrits soit sous de faux noms, soit comme nés de père et mère inconnus, se présenteraient avec les moyens qui viennent d'être indiqués. C'est à la sagesse des tribunaux qu'il appartiendra d'apprécier la foi que méritent les témoins, et de se mettre en garde contre l'intrigue.

La loi veille suffisamment à l'intérêt des familles, lorsque, dans tous les cas où l'enfant peut appeler des témoins, elles sont autorisées à faire la preuve contraire par tous les moyens propres à établir que le réclamant n'est pas l'enfant de la mère qu'il prétend avoir.

La loi ne regarde pas comme preuve de paternité contre un mari, la preuve de maternité qui aurait été faite contre sa femme. En effet, la preuve de la maternité s'établissant sur le fait de l'accouchement d'un enfant, le même que celui qui réclame, il n'en résulte aucune possession d'état, aucune reconnaissance du père, aucun titre.

Si la loi se montre sévère sur le genre de preuves qu'elle admet, elle veut que l'accès des tribunaux soit toujours ouvert à l'enfant qui réclame. Elle écarte les obstacles qui s'opposeraient à ce que des actions ordinaires fussent intentées. Cette réclamation d'état sera imprescriptible à son égard.

La prescription est fondée sur l'intérêt public, qui exige que les propriétés ne restent pas incertaines.

Il ne s'agit pas ici d'une simple propriété, l'état civil affecte la personne et les biens. C'est un intérêt qui doit l'emporter sur tous les autres.

Pour qu'une propriété ordinaire cesse d'être incertaine, il suffit qu'après un certain temps, on ne puisse plus l'attaquer.

Pour que l'état civil cesse d'être incertain, il faut que l'on puisse toujours, afin de le fixer, recourir aux tribunaux.

La même faveur ne doit pas s'étendre aux héritiers. Il ne s'agit pas pour eux d'obtenir le rang d'enfans légitimes, et leurs prétentions contre la famille dans laquelle ils veulent entrer, doivent dépendre de la conduite qu'a tenue, envers cette famille, celui qu'ils représentent.

Si l'action a été intentée par l'enfant, les héritiers la trouvent au nombre des droits qu'ils ont à exercer dans sa succession.

Mais si on peut induire de la conduite de l'enfant qu'il n'ait pas cru avoir des droits, ou qu'il s'en soit désisté, les héritiers ne doivent plus être admis à s'introduire dans une famille à laquelle leur auteur s'est lui-même regardé comme étranger.

Il n'y aura aucun doute à cet égard, si l'enfant, après avoir intenté son action, s'en est formellement désisté.

L'intention de se désister sera présumée, respectivement aux héritiers, s'il a laissé trois années s'écouler sans donner suite à la procédure commencée.

Il sera, de même, réputé n'avoir jamais eu l'intention de réclamer, s'il est mort sans l'avoir fait après cinq années expirées depuis sa majorité.

Dans tous ces cas, l'action ne pourra être intentée par ses héritiers.

C'est ainsi que, dans la loi proposée, on a cherché à concilier l'intérêt de ceux qui réclament leur état et celui des familles. Il n'est point de demande plus favorable que celle d'un enfant qui veut recouvrer son état civil. Mais aussi les exemples d'enfans qui se trouvent injustement dans cette position malheureuse, sont moins nombreux que les exemples d'individus troublant injustement le repos des familles : il y a plus de gens excités par la cupidité, qu'il n'y a de pères et de mères dénaturés.

Après avoir établi les règles sur la filiation des enfans légitimes, la loi s'occupe du sort des enfans nés hors mariage.

Elle met dans une classe à part ceux qui, étant nés de pères et mères libres, peuvent être élevés au rang d'enfans légitimes, lorsque leurs pères et mères s'unissent par les liens du mariage.

La légitimation par le mariage subséquent, fut au nombre des lois romaines.

Le droit canonique, suivi à cet égard en France depuis un grand nombre de siècles, mit aussi au nombre de ses principes, que la force du mariage rendait légitimes les enfans que les époux avaient eus ensemble antérieurement.

L'ordre public, le devoir du père, l'intérêt de la mère, la faveur due à l'enfant, tout concourt à faire maintenir cette espèce de légitimation.

L'ordre public est intéressé à ce que l'homme et la femme qui vivent dans le désordre, aient un moyen d'éviter l'un et l'autre de ces deux écueils, celui de se séparer par dégoût, ou celui de continuer un commerce illicite. La loi leur offre, dans une union sainte et respectable, des avantages assez précieux pour les porter à la contracter.

Au nombre de ces avantages, l'homme aura celui de procurer à l'enfant, pour qui la nature doit lui avoir inspiré des sentimens de tendresse, toutes les prérogatives que donne dans la société la qualité d'enfant légitime. C'est même, de sa part, un devoir que sa conscience doit sans cesse lui rappeler.

Cette légitimation est, pour la femme, le plus heureux moyen de réparer sa faute, de recouvrer son honneur, et de se rendre digne des titres honorables d'épouse et de mère.

Les enfans nés d'un père et d'une mère qui deviennent ensuite époux légitimes, ne sauraient être plus favorisés, que quand ils invoquent les effets d'une union qui a des rapports si intimes avec leur naissance antérieure.

Cependant, si l'intérêt des mœurs a fait admettre la légitimation par mariage subséquent, ce même intérêt s'oppose à ce qu'elle ait lieu, si les enfans ne sont pas nés de pères et de mères libres. Les fruits de l'adultère ou de l'inceste, ne sauraient être ensuite assimilés à ceux d'un hymen légitime.

Il est encore, pour le repos des familles, une condition exigée des pères et mères : ils doivent reconnaître, avant le mariage, ou dans l'acte de sa célébration, les enfans qu'ils ont à légitimer.

Ceux qui regrettent que la reconnaissance, postérieure à la célébration, n'ait pas le même effet, pensent que la légitimation est une suite nécessaire du mariage, et ils craignent que la pudeur ou l'intérêt de ne pas aliéner le cœur de parens austères, n'ait empêché les époux de faire à tems les actes de reconnaissance.

La règle, suivant laquelle le mariage légitimait de plein droit, avait été admise dans le système où la recherche de la paternité n'était pas interdite. Alors l'enfant conservait toujours le droit de prouver, contre ses père et mère, l'origine de sa naissance ; il n'avait pas besoin d'être reconnu. Mais lorsqu'il n'y a de paternité constante que par la reconnaissance même du père, ainsi qu'on l'expliquera dans la suite, il est indispensable que l'enfant soit d'abord avoué pour être ensuite légitimé.

La légitimation n'est point un effet nécessaire du mariage ; elle n'est qu'un bénéfice de la loi. Autrefois même, dans plusieurs pays, elle devait être rendue solennelle par des cérémonies publiques, au moment de la célébration.

Dans d'autres, tels que l'Angleterre, on ne l'a point adoptée ; elle y a été considérée comme favorisant le concubinage.

Dans la loi proposée, si on la regarde comme utile à l'ordre public, ce n'est qu'avec des précautions dictées par l'expérience.

Les enfans nés hors mariage n'ont point en leur faveur de présomption légale de leur naissance ; ils n'ont qu'un témoignage : il doit être donné dans un tems non-suspect. La loi ne peut laisser à des époux la faculté de s'attribuer des enfans par leur consentement mutuel. Les familles ne doivent pas être dans une continuelle incertitude.

La pudeur ou la crainte par lesquelles on suppose que les père et mère ont pu être enchaînés avant le mariage et à l'époque de sa célébration, ne sont pas des motifs d'admettre une reconnaissance tardive.

La loi ne peut faire entrer en considération une fausse pudeur et des vues d'intérêt. Il est au contraire dans ses principes, que rien ne peut dispenser d'obéir à sa conscience, et de remplir les devoirs de la nature.

Cette légitimation est admise même en faveur des enfans décédés qui ont laissé une postérité, et dans ce cas elle profite à leurs descendans.

L'équité a prescrit cette mesure. La légitimation du père aurait eu sur le sort et sur la fortune de ses enfans une telle influence, qu'elle ne saurait être regardée comme un bienfait qui lui soit personnel. C'est un chef de famille que la loi a voulu créer : si ce chef n'existe plus, ses descendans doivent être admis à le représenter.

Une déclaration du 26 novembre 1639 avait déclaré incapables de toute succession, les enfans nés de femmes que les pères avaient entretenues, et qu'ils avaient épousées à l'extrémité de la vie.

Cette disposition, qui ne fut d'abord appliquée qu'aux pères, fut ensuite étendue aux femmes par un édit de 1697, et l'incapacité de succéder fut rendue commune aux enfans mêmes qui naîtraient après ces mariages, et à leur postérité.

Aucune loi semblable n'avait encore été rendue. Elle fut déterminée par quelques arrêts dont les plus anciens sont, de peu d'années, antérieurs à la déclaration de 1639. Elle dérogeait au droit commun, qui donnait alors au mariage la force de légitimer les enfans. Elle a toujours trouvé de nombreux contradicteurs. L'expérience d'un siècle et demi prouve que la société n'en a pas retiré des avantages réels, et il peut en résulter des inconvéniens très-graves.

Et d'abord n'y a-t-il pas contradiction à permettre le mariage à quelque époque de la vie que ce soit, et à priver ce mariage d'un effet aussi important que celui de la légitimation des enfans qui pourraient en naître, ou qui seraient nés antérieurement ?

Ce contrat exige des formalités et des cérémonies extérieures qui donnent la certitude que les époux y ont consenti avec réflexion et avec persévérance.

Comment supposer qu'ils ayent été capables de réflexion pour leur mariage, et qu'ils aient été incapables de faire avec discernement la reconnaissance d'enfans qu'ils auraient eus antérieurement ?

Le mariage, dans son institution et dans sa fin, est tout en faveur des enfans. Quelle serait donc cette espèce de mariage incompatible avec leur légitimité?

On a senti que dans la loi de 1639 il y avait une inconséquence, en ce que le mariage contracté à l'extrémité de la vie était suffisant pour légitimer les enfans nés postérieurement, tandis que ce mariage était déclaré insuffisant pour légitimer des enfans dont la naissance serait antérieure. On a, dans la loi de 1697, fait cesser cette contradiction par une disposition plus étrange encore et plus destructive de tous les principes. On a enveloppé dans la même proscription les enfans nés depuis un mariage légitime, comme ceux nés antérieurement.

Si on peut citer quelques exemples de reconnaissances suggérées, combien d'autres dictées par la conscience auront été étouffées! La seule crainte de la fraude ne doit point être un motif pour interdire des actes commandés par la justice.

On a craint que le concubinage ne fût encouragé, si les femmes qui se livrent à ce désordre, pouvaient se marier à l'époque où l'homme, près du tombeau, ne serait plus arrêté par aucune considération.

L'expérience a prouvé que les recherches sur le concubinage d'une femme, devenue épouse légitime, n'ont présenté que des scènes scandaleuses, sans utilité pour les mœurs : l'honnêteté publique ne peut pas permettre que, pour sacrifier des enfans, on commence par déshonorer la mère. Son mariage ne serait pas annullé; elle serait décorée du titre de femme; sa conduite antérieure serait couverte de ce voile respectable, et cette conduite ne pourrait plus être opposée qu'à ceux qui n'en sont pas coupables.

Les mariages à l'extrémité de la vie sont très-rares; ce qui prouve qu'il n'est point dans le cœur de l'homme, sur-tout lorsqu'il a des enfans, d'attendre ses derniers momens pour assurer leur sort.

Le respect dû aux mœurs, la justice à rendre aux enfans, le désespoir d'un homme qui, surpris par les maux avant-coureurs de la mort, ne pourrait plus réparer ses torts ; le malheur d'une femme qui le plus souvent a été séduite par des promesses trop long-tems retardées ; tous ces motifs ont fait rejetter, dans le nouveau Code, la législation sur l'effet des mariages contractés à l'extrémité de la vie.

Une autre espèce de légitimation avait lieu dans l'ancien régime. Elle se faisait par l'autorité du prince ; elle n'attribuait point tous les droits de la légitimité. Le principal objet de cette prérogative royale était de faire cesser, pour ceux qui obtenaient cette faveur, l'incapacité de remplir des dignités et des emplois.

Cette incapacité a été regardée comme une proscription inutile et même nuisible à l'ordre social. Depuis long-tems le préjugé qui tenait les enfans naturels dans l'avilissement a été détruit par la raison et par l'humanité.

Cette espèce de légitimation n'a point dû reparaître dans le nouveau Code.

Après avoir réglé le sort des enfans naturels qui peuvent être légitimés par le mariage subséquent, la loi s'occupe de ceux qui ne peuvent aspirer aux droits d'enfans légitimes.

Ce sont des victimes innocentes de la faute de leurs parens. L'ordre social a exigé que des prérogatives fussent accordées aux enfans nés de mariages légitimes. La nécessité de maintenir la barrière qui les sépare, a été reconnue par tous les peuples ; mais la dignité du mariage n'exige point qu'ils soient étrangers à ceux dont ils tiennent la naissance. La loi serait à la fois impuissante et barbare, qui voudrait étouffer le cri de la nature entre ceux qui donnent et ceux qui reçoivent l'existence.

Les pères et mères ont envers leurs enfans naturels des devoirs d'autant plus grands, qu'ils ont à se reprocher leur infortune. La loi a seulement été obligée de poser des bornes au-delà desquelles l'institution du mariage serait compromise.

Lorsqu'il s'agit de fixer le sort des enfans naturels, rien n'est plus difficile que de conserver un juste équilibre entre les droits qu'ils tiennent de leur naissance, et les mesures qu'exige la nécessité de maintenir l'organisation des familles. Il semble que ce soit un écueil contre lequel, jusqu'ici, les législateurs ont échoué; ils ont trop exigé pour l'ordre social, ou ils l'ont trop négligé.

Dans l'ancien régime, on donnait aux enfans naturels qui n'étaient point reconnus par leurs pères, trop de facilité à inquiéter des familles auxquelles ils étaient étrangers; et, sous les rapports de la fortune, ils étaient traités avec une rigueur excessive.

Pendant la révolution, la loi ancienne a été réformée en ce qu'elle admettait des recherches odieuses sur la paternité; mais on s'est laissé entraîner par des sentimens de bienfaisance : on leur a donné des droits qui les assimilent, sous un trop grand nombre de rapports, aux enfans légitimes.

On a cherché, dans le nouveau Code, à réparer ces erreurs, et à poser enfin les justes limites, entre lesquelles ni les droits de la nature ni ceux de la société ne seront violés.

La part que les enfans naturels auront dans les biens de leurs pères et mères, et la qualité dans laquelle ils pourront réclamer cette part, seront déterminées au titre *des successions*. Il s'agit seulement ici d'établir les règles, pour reconnaître le lien qui les unit aux auteurs de leurs jours.

Depuis long-tems, dans l'ancien régime, un cri général s'était élevé contre les recherches de paternité. Elles exposaient les tribunaux aux débats les plus scandaleux, aux jugemens les plus arbitraires, à la jurisprudence la plus variable. L'homme dont la conduite était la plus pure, celui même dont les cheveux avaient blanchi dans l'exercice de toutes les vertus, n'étaient point à l'abri de l'attaque d'une femme impudente ou d'enfans qui lui étaient étrangers. Ce genre de calomnie laissait toujours des traces affligeantes. En un mot, les recherches de paternité étaient regardées comme le fléau de la société.

Une loi très-favorable aux enfans naturels, fut rendue par la Convention, le 12 brumaire an 2. Cependant elle crut devoir faire cesser l'abus des procès dont les enfans voudraient encore tourmenter les familles sans motifs plausibles.

Il fut réglé pour le passé que, « la preuve de leur possession « d'état ne pourrait résulter que de la représentation d'écrits « publics ou privés du père, ou de la suite de soins donnés à « titre de paternité et sans interruption, tant à leur entretien « qu'à leur éducation, et qu'il en serait de même à l'égard « de la mère. »

Quant à l'avenir, il fut statué que « l'état et les droits des « enfans naturels dont le père et la mère seraient encore existans, « lors de la promulgation du Code civil, seraient en tous points « réglés par les dispositions de ce Code, et que néanmoins, en « cas de mort de la mère avant la promulgation, la reconnais- « sance du père, faite devant un officier public, suffirait pour « constater l'état de cet enfant. »

A cette même époque, une partie du Code civil était préparée, et on se disposait à la promulguer d'un jour à l'autre. On y avait établi que la loi n'admet point la recherche de la paternité non avouée, et que la preuve de la reconnaissance du père ne peut résulter que de sa déclaration, faite devant un officier public.

Dans la loi proposée, cette sage disposition, qui interdit les recherches de la paternité, a été maintenue. Elle ne pourra jamais être établie contre le père que par sa propre reconnaissance, et encore faudra-t-il, pour que les familles soient à cet égard à l'abri de toute surprise, que cette reconnaissance ait été faite, ou par l'acte même de naissance, ou par un acte authentique.

La loi proposée n'admet qu'une seule exception : c'est le cas d'enlèvement, dont l'époque se rapporte à celle de la conception. Alors le ravisseur pourra, sur la demande des personnes intéressées, être déclaré père de l'enfant.

Dans ce cas, le délit du ravisseur et la forte présomption qu'il est l'auteur de la grossesse de la femme, lorsque l'enlèvement se rapporte à l'époque de la conception, sont des motifs suffisans pour qu'il puisse, s'il n'a pas de moyens de défense valables, être déclaré père de l'enfant. On se portera moins facilement à ce genre de crime, et on en subira la peine la plus naturelle, si on peut appeller ainsi l'accomplissement des devoirs d'un père.

La règle exclusive de la recherche de la paternité, ne s'applique point à la mère. Il ne s'agit point, à son égard, de pénétrer les mystères de la nature : son accouchement et l'identité de l'enfant, sont des faits positifs, et qui peuvent être constatés.

Cependant la loi a cru devoir prendre des précautions contre le genre de preuves qui pourra être admis. Si la crainte des vexations et de la diffamation a fait rejetter les recherches de la paternité, ce serait, pour les femmes, un malheur encore plus grand, si leur honneur pouvait être compromis par quelques témoins complaisans ou subornés. On ne présume point qu'un enfant ait été mis au monde sans qu'il y ait par écrit, quelques traces, soit de l'accouchement, soit des soins donnés à cet enfant. Il était donc à la fois, de justice particulière et d'honnêteté publique, de n'admettre l'enfant à prouver qu'il est identiquement le même que celui dont la mère qu'il réclame est accouchée, que dans le cas où il aura déja un commencement de preuve par écrit.

La reconnaissance des enfans adultérins ou incestueux, serait, de la part du père et de la mère, l'aveu d'un crime. Il a été réglé qu'elle ne pourrait avoir lieu qu'au profit d'enfans nés d'un commerce libre.

On a voulu également éviter le scandale public que causerait l'action judiciaire d'un enfant adultérin ou incestueux, qui rechercherait son état dans la preuve du délit de ceux qu'il prétendrait en même-tems être les auteurs de ses jours. Ils ne seront, dans aucun cas, admis à la recherche, soit de la paternité, soit de la maternité.

La déclaration de la mère sur la paternité, ne pouvant devenir un titre pour inquiéter celui qu'elle aurait désigné, il devait être décidé, par réciprocité, et par le même motif d'honnêteté publique, que celui qui se reconnaîtrait pour père, ne pourrait point donner des droits contre la femme qu'il indiquerait. La reconnaissance du père, sans l'indication et l'aveu de la mère, n'aura d'effet qu'à l'égard du père.

Il semble, au premier coup-d'œil, que la reconnaissance du père ne devrait être d'aucun effet, quand elle est désavouée par la mère. C'est elle qui doit avoir, plus encore que celui qui se reconnaît pour le père, le secret de la paternité. Mais il est possible que la mère, soit par haine contre le père qui s'est reconnu, soit par d'autres considérations, désavoue cette reconnaissance. On a trouvé qu'il serait trop dur que le cri de la conscience et de la nature, de la part du père, fût étouffé par un seul témoignage, qui pourrait même souvent être suspect.

Il faut encore observer qu'il serait contraire aux mœurs, que la reconnaissance du père ne pût être faite sans indiquer la mère, afin qu'elle avoue ou désavoue. Il pourrait même arriver qu'elle mourût avant d'avoir fait sa déclaration. Le père doit donc avoir le droit de reconnaître l'enfant, sans indiquer la mère; et puisqu'il n'a pas besoin de son concours, c'est un motif de plus pour que le désaveu de la mère indiquée, ne puisse nuire aux enfans.

Il est un cas dans lequel un enfant naturel ne pourrait se prévaloir de la reconnaissance du père; c'est celui où elle aurait été donnée par l'un des époux, au profit d'un enfant naturel qu'il aurait eu, pendant son mariage, d'un autre que de son époux. Une pareille reconnaissance ne pourra nuire ni à l'autre époux, ni aux enfans nés de ce mariage. Il ne peut pas dépendre de l'un des époux de changer, après son mariage, le sort de sa famille légitime, en appellant des enfans naturels qui demanderaient une part dans les biens. Ce serait violer la foi sous laquelle le mariage aurait été contracté. Si l'ordre public ne permet pas que des époux reconnaissent, après leur mariage, leurs propres enfans qu'ils voudraient légitimer, à plus forte raison les enfans qui sont étrangers à l'un d'eux, ne peuvent-ils acquérir, depuis le mariage, des droits contraires à ceux des enfans légitimes.

Cependant il peut arriver qu'à l'époque de la dissolution de ce mariage, il ne reste pas de descendans. Il n'y a point alors de motif pour que la reconnaissance ne reçoive pas son exécution, comme elle l'aurait eue, s'il n'y avait point eu d'enfans du mariage.

Une dernière précaution prise par la loi, est que toute reconnaissance de la part du père ou de la mère, de même que toute réclamation de la part de l'enfant, pourra être contestée par tous ceux qui y auront intérêt.

Les enfans légitimes sont sous l'égide du mariage. Leur état civil n'est pas susceptible d'être attaqué dans les cas où peut l'être une simple reconnaissance d'enfans naturels. Nul ne peut, par son seul témoignage, être utile à l'un, en faisant une injustice à l'autre.

Enfin, il a été regardé comme important de rappeler et de consacrer la maxime, qu'il n'appartient qu'aux tribunaux de statuer sur les réclamations d'état. C'est une des principales garanties de la liberté civile.

Tels sont, citoyens Législateurs, les motifs des dispositions contenues au titre *de la paternité et de la filiation*.

Il était nécessaire de remplir, dans la législation, le vuide immense que laissait le défaut de règle générale et positive sur une matière aussi importante, et presque toujours exposée aux variations de jurisprudence des tribunaux. Ce sera, sans doute, un grand bienfait de la loi, lorsque chacun y trouvera son sort clairement fixé sur des principes que son cœur et sa raison ne pourront méconnaître.

Suit le texte de la loi.

TITRE VII.

De la Paternité et de la Filiation.

Décrété le 2 germinal an XI. Promulgué le 12 du même mois.

CHAPITRE PREMIER.

De la filiation des enfans légitimes ou nés dans le mariage.

Article 312. — L'enfant conçu pendant le mariage, a pour père le mari.

Néanmoins celui-ci pourra désavouer l'enfant, s'il prouve que, pendant le temps qui a couru depuis le trois-centième jusqu'au cent-quatre-vingtième jour avant la naissance de cet enfant, il était, soit par cause d'éloignement, soit par l'effet de quelque accident, dans l'impossibilité physique de cohabiter avec sa femme.

Art. 313. — Le mari ne pourra, en alléguant son impuissance naturelle, désavouer l'enfant : il ne pourra le désavouer même pour cause d'adultère, à moins que la naissance ne lui ait été cachée, auquel cas il sera admis à proposer tous les faits propres à justifier qu'il n'en est pas le père.

Art. 314. — L'enfant né avant le cent-quatre-vingtième jour du mariage, ne pourra être désavoué par le mari, dans les cas suivans : 1°. s'il a eu connaissance de la grossesse avant le mariage ; 2°. s'il a assisté à l'acte de naissance, et si cet acte est signé de lui, ou contient sa déclaration qu'il ne sait signer ; 3°. si l'enfant n'est pas déclaré viable.

Art. 315. — La légitimité de l'enfant né trois cents jours après la dissolution du mariage, pourra être contestée.

Art. 316. — Dans les divers cas où le mari est autorisé à réclamer, il devra le faire dans le mois, s'il se trouve sur les lieux de la naissance de l'enfant;

Dans les deux mois après son retour, si, à la même époque, il est absent;

Dans les deux mois après la découverte de la fraude, si on lui avait caché la naissance de l'enfant.

Art. 317. — Si le mari est mort avant d'avoir fait sa réclamation, mais étant encore dans le délai utile pour la faire, les héritiers auront deux mois pour contester la légitimité de l'enfant, à compter de l'époque où cet enfant se serait mis en possession des biens du mari, ou de l'époque où les héritiers seraient troublés par l'enfant dans cette possession.

Art. 318. — Tout acte extrajudiciaire contenant le désaveu de la part du mari ou de ses héritiers, sera comme non avenu, s'il n'est suivi, dans le délai d'un mois, d'une action en justice, dirigée contre un tuteur *ad hoc* donné à l'enfant, et en présence de sa mère.

CHAPITRE II.

Des preuves de la filiation des enfans légitimes.

Article 319. — La filiation des enfans légitimes se prouve par les actes de naissance inscrits sur le registre de l'état civil.

Art. 320. — A défaut de ce titre, la possession constante de l'état d'enfant légitime suffit.

Art. 321. — La possession d'état s'établit par une réunion suffisante de faits qui indiquent le rapport de filiation et de parenté entre un individu et la famille à quelle il prétend appartenir.

Les principaux de ces faits sont,

Que l'individu a toujours porté le nom du père auquel il prétend appartenir ;

Que le père l'a traité comme son enfant, et a pourvu en cette qualité, à son éducation, à son entretien et son établissement ;

Qu'il a été reconnu constamment pour tel dans société ;

Qu'il a été reconnu pour tel par la famille.

Art. 322. — Nul ne peut réclamer un état contraire celui que lui donnent son titre de naissance et la po sion conforme à ce titre ;

Et réciproquement, nul ne peut contester l'état de ce qui a une possession conforme à son titre de naissance.

Art. 323. — A défaut de titre et de possession co tante, ou si l'enfant a été inscrit, soit sous de faux noms soit comme né de père et mère inconnus, la preuve filiation peut se faire par témoins.

Néanmoins cette preuve ne peut être admise que lo qu'il y a commencement de preuve par écrit, ou que les présomptions ou indices résultant de faits lors constans, sont assez graves pour déterminer l' mission.

Art. 324. — Le commencement de preuve par résulte des titres de famille, des registres et papiers do tiques du père ou de la mère, des actes publics et mé privés émanés d'une partie engagée dans la contes ou qui y aurait intérêt si elle était vivante.

Art. 325. — La preuve contraire pourra se faire tous les moyens propres à établir que le réclamant n pas l'enfant de la mère qu'il prétend avoir, ou même la maternité prouvée, qu'il n'est pas l'enfant du mari de la mère.

Art. 326. — Les tribunaux civils seront seuls compétens pour statuer sur les réclamations d'état.

Art. 327. — L'action criminelle contre un délit de suppression d'état, ne pourra commencer qu'après le jugement définitif sur la question d'état.

Art. 328. — L'action en réclamation d'état est imprescriptible à l'égard de l'enfant.

Art. 329. — L'action ne peut être intentée par les héritiers de l'enfant qui n'a pas réclamé, qu'autant qu'il est décédé mineur, ou dans les cinq années après sa majorité.

Art. 330. — Les héritiers peuvent suivre cette action lorsqu'elle a été commencée par l'enfant, à moins qu'il ne s'en fût désisté formellement, ou qu'il n'eût laissé passer trois années sans poursuites, à compter du dernier acte de la procédure.

CHAPITRE III.

Des enfans naturels.

SECTION PREMIÈRE.

De la légitimation des enfans naturels.

Article. 331. — Les enfans nés hors mariage, autres que ceux nés d'un commerce incestueux ou adultérin, pourront être légitimés par le mariage subséquent de leurs père et mère, lorsque ceux-ci les auront également reconnus avant leur mariage, ou qu'ils les reconnaîtront dans l'acte même de célébration.

Art. 332. — La légitimation peut avoir lieu, même en faveur des enfans décédés qui ont laissé des descendans; et, dans ce cas, elle profite à ces descendans.

Art. 333. — Les enfans légitimés par le mariage subséquent, auront les mêmes droits que s'ils étaient nés de ce mariage.

SECTION II.

De la reconnaissance des enfans naturels.

Article 334. — La reconnaissance d'un enfant naturel sera faite par un acte authentique, lorsqu'elle ne l'aura pas été dans son acte de naissance.

Art. 335. — Cette reconnaissance ne pourra avoir lieu au profit des enfans nés d'un commerce incestueux ou adultérin.

Art. 336. — La reconnaissance du père, sans l'indication et l'aveu de la mère, n'a d'effet qu'à l'égard du père.

Art. 337. — La reconnaissance faite pendant le mariage, par l'un des époux, au profit d'un enfant naturel qu'il aurait eu, avant son mariage, d'un autre que de son époux, ne pourra nuire ni à celui-ci, ni aux enfans nés de ce mariage.

Néanmoins elle produira son effet après la dissolution de ce mariage, s'il n'en reste pas d'enfans.

Art. 338. — L'enfant naturel reconnu ne pourra réclamer les droits d'enfant légitime. Les droits des enfans naturels seront réglés au titre *des Successions*.

Art. 339. — Toute reconnaissance de la part du père ou de la mère, de même que toute réclamation de la part de l'enfant, pourra être contestée par tous ceux qui y auront intérêt.

Art. 340. — La recherche de la maternité est interdite. Dans le cas d'enlèvement, lorsque l'époque de cet enlèvement se rapportera à celle de la conception, le ravisseur pourra être, sur la demande des parties intéressées, déclaré père de l'enfant.

Art. 341. — La recherche de la maternité est admise.

L'enfant qui réclamera sa mère, sera tenu de prouver qu'il est identiquement le même que l'enfant dont elle est accouchée.

Il ne sera reçu à faire cette preuve par témoins, que lorsqu'il aura déjà un commencement de preuve par écrit.

Art. 342. — Un enfant ne sera jamais admis à la recherche soit de la paternité, soit de la maternité, dans les cas où, suivant l'article 335, la reconnaissance n'est pas admise.

TITRE VIII.

De l'adoption et de la tutelle officieuse.

Le PREMIER CONSUL a nommé, pour présenter la loi formant le Titre VIII. du Code civil, et pour en soutenir la discussion, les citoyens *Berlier*, *Thibaudeau* et *Lacnée*, Conseillers d'État.

Introduits dans la salle du Corps Législatif, le 21 ventose an 11; l'un d'eux, portant la parole, a prononcé le discours suivant.

CITOYENS LÉGISLATEURS,

Le Gouvernement vous présente aujourd'hui le huitième titre du Code civil, qui traite de l'*adoption* et *de la tutelle officieuse.*

En prononçant le nom d'une institution qui, jusqu'à la révolution, n'avait point figuré parmi les actes de l'état civil des Français, et qui, même depuis cette époque, n'a reçu aucune organisation, je vois votre attention se diriger sur elle avec cet intérêt, et peut-être même cette inquiétude qui environnent tout essai en matière de législation.

Cette inquiétude vertueuse le Gouvernement l'a éprouvée aussi; elle lui a imposé le devoir d'approfondir cette importante matière : il croit avoir, sans blesser aucune de nos institutions, trouvé dans celle-ci de nouveaux élémens de bienfaisance et de prospérité publique.

Pour obtenir ce résultat, il a fallu écarter tout ce qui n'était pas en harmonie avec nos mœurs : mais, avant de rejeter les modèles que l'antiquité nous offrait sur cette matière, il convenait de les apprécier; et il n'est pas, en ce moment, inutile d'appeller votre propre jugement sur ces anciennes institutions.

Je ne parlerai pas de l'adoption que quelques exemples indiquent comme ayant existé chez les Hébreux, et dont l'organisation est restée sans traces, supposé même qu'elle ait jamais été chez ce peuple une institution régulière.

Je dirai peu de choses aussi de l'adoption des Athéniens, qui, selon qu'on peut l'induire de quelques fragmens historiques, n'avait lieu qu'en faveur d'enfans mâles, dans la vue de perpétuer le nom; et ne liaient pas l'adopté de telle sorte qu'il ne pût retourner à sa famille primitive, pourvu qu'il laissât un fils légitime à la famille dans laquelle il était entré par l'adoption.

Quand la pensée se porte sur l'adoption des anciens, c'est à celle des Romains qu'elle s'arrête, comme à celle dont les documens nous ont été le plus complètement transmis, et peut-être aussi comme ayant appartenu à celui des peuples anciens dont les institutions se sont le plus généralement naturalisées chez nous.

Mais qu'était-ce que l'adoption même des Romains? une mutation complète de la famille. L'adopté ou l'adrogé sortait de sa famille, et acquérait, dans celle de l'adoptant, les droits d'agnat ou parent par mâles, c'est-à-dire qu'il succédait non-seulement à l'adoptant, mais aux parens de celui-ci, à l'exclusion des parens par femmes, tant qu'on admit, dans les successions, la différence entre agnats et cognats.

Tels étaient, chez les Romains, les effets de l'adoption dont je n'examinerai point les formes primitives si souvent violées sur la fin de la république, et plus encore sous les empereurs.

C'était une image complète de la paternité, et l'on voit que la fiction ne s'arrêtait pas même à la personne de l'adoptant.

Il serait difficile d'admettre en France une législation qui contrarie aussi essentiellement les idées reçues.

Comment, en effet, sans le consentement d'une famille, y introduire, *et dans tous ses degrés*, un individu que la nature n'y a point placé? car, c'est la nature qui fait les familles:

un contrat peut les unir, mais l'allié n'est point un parent ; il n'en a pas les droits, et, dans le contrat de mariage même, l'un des époux n'acquiert, à l'égard de l'autre, et à plus forte raison vis-à-vis des parens de l'autre époux, ni la famille, ni la successibilité qui en est la suite.

Et si, pour obtenir de si vastes effets en faveur de l'adopté, il eût fallu faire consacrer chaque adoption par un acte solennel du pouvoir politique, quels inconvéniens d'un autre ordre n'en eussent pas dérivé ?

Au milieu de tant de difficultés, on a senti que l'adoption des Romains, dirigée d'ailleurs par des vues plus politiques que civiles, ne convenait point à nos mœurs, et l'on conçoit bien que celle des Germains, dont parle l'auteur de l'*Esprit des Lois*, ne pouvait pas même devenir la matière d'un sérieux examen ; car si quelques traits relatifs aux mœurs de nos ancêtres sont lus avec intérêt, comme des débris échappés au naufrage des tems, ils ne peuvent guères, au dix-neuvième siècle, éclairer les travaux du législateur.

Ainsi l'adoption, si elle ne pouvait exister qu'avec les caractères qu'on vient d'examiner, devrait rester bannie de nos institutions. Mais un exemple plus rapproché de nos tems et de nos mœurs existe près de nous.

L'adoption a trouvé place et faveur dans le *Code prussien* ; là, elle ne rompt pas les liens de la famille entre l'adopté et ses parens ; là aussi elle n'établit, entre l'adoptant et l'adopté, qu'un contrat personnel, et dont les effets circonscrits entre eux, n'atteignent nul autre membre de la famille.

Si, dans le Code cité, l'organisation de cette idée principale est susceptible d'améliorations, du moins le vrai point de départ y est fixé, et nous l'avons suivi, ou plutôt nous nous sommes rencontrés dans la même voie, après avoir examiné beaucoup d'autres systêmes.

Ainsi, la possibilité de faire une bonne loi a été apperçue, et plusieurs adversaires de cette institution s'y sont ralliés, lorsqu'ils ont reconnu qu'elle était compatible avec nos habitudes sociales.

Eh ! comment, sans faire injure au peuple français, pourrait-on penser que son caractère répugne à une institution qui doit être tout à la fois un acte de consolation pour celui qui adopte, et un acte de bienfaisance envers celui qui est adopté ?

Que la loi la consacre ; et les mœurs y applaudiront : elles y gagneront aussi ; car le bien, pour se faire, a souvent besoin d'être indiqué.

Autrefois, dans l'absence de l'adoption, n'a-t-on pas vu des institutions d'héritiers, sous condition de porter le nom de l'instituant ? Il faut faire mieux aujourd'hui ; il faut donner aux passions humaines un écoulement heureux, en les dirigeant vers un but utile.

Admettez une adoption sagement organisée, et vous verrez les citoyens qui n'ont ni enfans, ni l'espoir d'en obtenir, se choisir de leur vivant, et pour leur vieillesse, un appui dans cette classe nombreuse d'enfans peu fortunés, qui, à leur tour, paieront, d'une éternelle reconnaissance, le bienfait de leur éducation et de leur état.

Ce ne sera plus l'orgueil qui présidera à cet acte ; l'habitant des campagnes adoptera comme celui des villes, et plus souvent peut-être.

Le bien se fera pendant la vie de l'adoptant ; il en recueillera lui-même les fruits ; et s'il y a, au-delà de la vie, des avantages réservés à l'adopté, l'adoptant aura élevé un citoyen pour l'Etat, avant de s'être donné un héritier à lui-même.

Mais pour que cette institution donne tout ce qu'elle promet, il faut qu'elle soit bien organisée ; et c'est ici que vient naturellement l'exposition des bases de notre projet.

J'ai déjà suffisamment annoncé que l'adoption n'opérant pas un changement de famille, l'adoptant ne sera qu'un protecteur légal qui, sans jouir, même fictivement, des droits de la paternité complète, en aura cependant quelques-uns : ce sera, si l'on peut s'exprimer ainsi, une quasi-paternité, fondée sur le bienfait et la reconnaissance.

Mais cette quasi-paternité, par qui pourra-t-elle s'acquérir?

Par qui? Puisque l'adoption n'est accordée que comme consolation à l'adoptant, il doit non-seulement être *sans enfans*, mais il doit encore avoir passé l'âge où la société invite au mariage.

Le *mariage!* Je viens, citoyens Législateurs, de prononcer le mot qui appelle le plus votre attention; car, bonne en soi, l'adoption manquerait son but si elle nuisait au mariage: mais les droits du mariage et ses vrais intérêts ne seront-ils pas suffisamment respectés, quand la faculté d'adopter ne sera accordée qu'aux personnes âgées de plus de cinquante ans?

Voyons d'abord deux époux arrivés à cet âge: peuvent-ils espérer que leur union, stérile jusques-là, cessera de l'être; et la nature même ne leur interdit-elle point cet espoir?

Ce que j'ai dit de la femme mariée, s'applique également à celle qui ne l'est pas; car le terme de la fécondité leur est commun.

A l'égard des hommes, si cette limite n'existe pas invinciblement pour eux, il en est bien peu qui, après cinquante ans, songent au mariage; et, disons plus, il est peu dans l'intérêt social qu'ils y songent.

Mais ici se place la discussion d'un point important, et longuement agité dans les délibérations qui ont précédé l'émission du projet.

Convient-il d'ajouter à la condition d'âge, celle d'être ou d'avoir été marié; ou, en d'autres termes, convient-il de refuser le bénéfice de l'adoption aux célibataires?

Les lois contre le célibat ont été, chez les différens peuples de la terre, plus ou moins sévères, selon le besoin des sociétés pour lesquelles elles étaient faites.

Les lois de Lycurgue sont comptées parmi les plus rigoureuses qui aient été portées contre le célibat; mais nous ne sommes pas dans la position des Spartiates.

Toutefois, si la faculté d'adopter, accordée aux célibataires âgés de plus de cinquante ans, pouvait être un encouragement général au célibat, il faudrait sans doute leur ravir cette faculté, plutôt que d'exposer la société toute entière aux maux résultant de l'abandon des mariages.

Ce point accordé, voyons si les craintes qu'on a manifestées à ce sujet, sont fondées.

Les partisans de l'exclusion des célibataires la fondent moins sur les moyens qui, au-delà de cinquante ans, peuvent leur rester encore pour se reproduire, que sur la crainte de voir les jeunes gens mêmes s'éloigner du mariage, dans la perspective de la faculté qu'ils auront d'adopter un jour.

Vaine terreur! c'est trop accorder à la prévoyance de l'homme, et trop peu aux impulsions de la nature : qu'on s'en fie à celle-ci; et de même qu'on préfère ses enfans à ceux d'autrui, de même aussi le mariage sera généralement préféré à l'adoption.

Qu'arrivera-t-il avec l'*adoption*? Ce qui arrivait avant elle et sans elle : il y aura toujours quelques célibataires sans doute, mais ce sera une exception dans la société, et cette exception ne devra point sa naissance au calcul qu'on suppose; elle existe aujourd'hui, elle a toujours existé.

Tel homme se trouvera parvenu au revers de la vie sans avoir songé au mariage, uniquement par insouciance; tel autre ne s'en sera abstenu que pour cause de maladies ou d'infirmités; tel autre enfin, pour soutenir de proches parens auxquels il tiendra lieu de père, car il peut se trouver, jusques dans le célibat, quelques motifs louables, ou du moins quelques excuses légitimes.

Eh bien! arrêtons-nous d'abord à la première espèce, la moins favorable de toutes.

Cet homme frivole et insouciant n'a point payé sa dette à la patrie : cela est vrai; mais le tems opportun de la payer sera passé, et les mariages tardifs, rarement heureux pour les individus, sont plus rarement encore utiles à la société.

Pourquoi donc ne pas admettre cet homme à réparer ses

torts par la voie la plus convenable à sa situation ? pourquoi lui interdire un acte de bienfaisance ? Lui refuser l'adoption, ne serait-ce pas lui dire : *Tu as été inutile jusqu'à présent, nous te condamnons à l'être toujours* ?

Mais si l'attention se porte sur les autres classes de célibataires, et principalement sur les individus que des infirmités ont éloignés du mariage, combien l'exclusion ne serait-elle pas plus injuste envers eux !

Ceux-là sont sans reproches, ils ne sont qu'à plaindre : si l'on eût pu avancer, pour eux, l'époque de l'adoption, peut-être l'eût-on dû ; mais s'il eût été trop dangereux de modifier la règle générale en leur faveur, dans la crainte des applications abusives, comment, lorsqu'à force de ménagemens ils auront poussé leur débile existence jusqu'à cinquante ans, leur refuserait-on la faculté d'adopter ? car l'adoption qui sera, pour les autres, une simple jouissance, deviendra souvent pour eux un vrai besoin.

Nous avons insisté sur ce point, citoyens Législateurs ; mais ces détails devenaient nécessaires sur l'objet qui, dans le dernier plan, a été le plus controversé.

Je reprends la série des conditions imposées à l'adoptant : *n'avoir ni enfans ni descendans légitimes, et être âgé de plus de cinquante ans* : voilà les deux premières.

Il convenait aussi de déterminer le nombre d'années dont l'adoptant doit être plus âgé que l'adopté : cette protection légale qui doit résulter de l'adoption, perdrait toute sa dignité sans cette condition.

D'autres règles viennent ensuite : ainsi plusieurs personnes, autres que des époux, ne peuvent adopter le même enfant.

L'exception en faveur des époux est tracée par la nature des choses, et par le titre même qui les unit.

Associés dans l'espoir d'obtenir des enfans que la nature leur a refusés, ou que la mort leur a enlevés, ils sont admis à en adopter d'autres, qui, remplaçant, à leur égard, les enfans du mariage, peuvent appartenir à l'un et à l'autre des époux.

J'ai dit qu'ils *pouvaient* appartenir à l'un et à l'autre ; car ils peuvent aussi n'appartenir qu'à un seul, si un seul les adopte.

Il est, en effet, possible que l'un des époux éprouve le désir ou même le besoin d'adopter, sans que ce désir ou ce besoin soit partagé par l'autre époux.

Cette différence naîtra le plus souvent de la différence de leur situation respective vis-à-vis de leurs parens.

L'un des époux aura de proches parens, objet de son affection, et à l'égard desquels il ne voudra point déranger l'ordre naturel de sa succession.

L'autre n'aura que des parens éloignés, à peine connus de lui.

De-là l'adoption qui, dans notre système, pourra être faite séparément par un époux, pourvu que l'autre y consente.

Ce consentement, essentiel en pareil cas, placera l'adopté, vis-à-vis de l'époux non adoptant, dans une position à peu près semblable à celle où se trouve, vis-à-vis d'un beau-père ou d'une belle-mère, l'enfant né d'un autre mariage ; mais avec plus d'avantage peut-être, parce qu'il n'y aura pas, près de lui, d'autres enfans, objets d'une préférence assez ordinaire de la part de celui des époux à qui ils appartiennent.

Je viens, citoyens Législateurs, d'examiner par qui la quasi-paternité résultante de l'adoption, pouvait être acquise.

Le moment est venu d'examiner envers qui elle peut l'être.

L'idée principale qui s'est toujours attachée à l'adoption, et celle qui l'a rendue recommandable aux amis des institutions libérales et philantropiques, c'est qu'elle devait venir au secours de l'être faible ; et l'attention s'est immédiatement fixée sur l'enfant, ou du moins sur l'individu mineur.

Le fond de cette pensée était vrai, et pourtant on a failli en déduire de faux résultats, lorsque, confondant le fait avec le contrat, on supposait que ce contrat devait être passé durant la minorité même ; car un acte aussi important n'aurait pu devenir parfait que par la ratification de l'adopté à sa majorité, et ce point était même reconnu.

Mais, alors, que seraient devenus les actes intermédiaires ? Quel eût été le sort de l'adoption, si l'adopté était mort après l'adoptant, et néanmoins avant sa majorité ? Aurait-il été saisi de l'hérédité, l'aurait-il transmise ? En matière d'état, tout ce qui n'a pas le caractère absolu de la fixité, devient toujours inquiétant, et souvent funeste.

Quelle eût été d'ailleurs la situation d'un adoptant, irrévocablement lié, vis-à-vis d'un enfant qui n'eût pas été lié lui-même ? et l'adoption n'eût-elle point par-là perdu tout son charme ?

En conservant l'idée principale des secours accordés à l'enfance, le projet qui vous est soumis l'a organisée d'après d'autres vues.

Rendre le contrat parfait dès son principe, et n'y faire concourir que des majeurs, sans effacer la cause essentielle du contrat, c'est-à-dire *les services rendus en minorité*, tel était le problème à résoudre ; il a été résolu.

L'adoption ne pourra se conclure qu'à la majorité de l'adopté ; mais elle devra avoir été précédée de six ans de soins et de services à lui rendus pendant sa minorité.

Ainsi l'on a conservé ce qu'il y avait de grand et de bon dans les vues primitives, et l'adoption acquerra un nouveau degré d'utilité, quand elle ne sera plus seulement dictée par l'espoir des bons offices réciproques, mais par l'expérience qu'on en aura déjà faite ; et lorsque, préparée par la bienfaisance, elle sera scellée par la sympathie.

Cette condition des services préalables a paru si essentielle dans le principe du contrat, et si heureuse dans ses effets, qu'on n'a pas cru devoir en dispenser l'oncle vis-à-vis de son neveu, comme cela était demandé par quelques personnes.

Qu'importe ici cette qualité pour motiver l'exception ?

La nature place le neveu d'un homme sans enfans, au nombre de ses héritiers.

Cette qualité, indépendante de l'adoption, lui assigne des droits que son parent pourra même étendre par des dispositions particulières ; mais, pour acquérir le droit d'adopter, il y a des soins préalables qui le donnent, et dont on ne saurait se départir, sans énerver l'institution dès son origine.

Que serait-ce d'ailleurs que cette adoption soudaine, sinon un moyen de dépouiller souvent les frères mêmes de l'adopté, de la réserve légale qui pourra exister pour eux dans l'ordre des successions ?

Si donc il s'agit de l'adoption, *même d'un neveu*, qu'elle soit, en tous points, soumise aux conditions qui la rendent favorable et juste envers tous ceux qui y sont appelés.

Des principes posés, il résulte que celui-là seul pourra être adopté, devenu majeur, qui, pendant sa minorité, aura été secouru par l'adoptant.

Cependant la majorité de vingt-un ans ne suffira à l'adopté pour former le contrat, qu'autant qu'il se trouvera sans père ni mère.

Si tous deux, ou l'un d'eux, sont vivans, il faudra suivre les règles établies au titre du mariage ; car il s'agit ici d'un acte non moins important.

Dans ce cas, et jusqu'à vingt-cinq ans accomplis, l'adopté aura besoin du consentement de ses père et mère ; à tout âge, il devra requérir leur conseil. Les droits des père et mère de l'adopté seront ainsi respectés, autant qu'ils devaient l'être.

Mais jusqu'ici, citoyens Législateurs, nous n'avons considéré qu'une classe d'adoptés.

Nous avons maintenant à vous entretenir d'une autre espèce d'adoption dirigée, non envers l'individu à qui l'on aura donné l'être moral par tous les soins que l'enfance appelle, mais envers celui dont on aura reçu le service extraordinaire de la conservation de sa propre vie, dans des circonstances propres à signaler un grand dévouement.

Cette position est l'inverse de celle dans laquelle se feront les adoptions ordinaires ; mais elle mérite peut-être plus de faveur encore.

Un citoyen sauve la vie à un autre, soit dans un combat, soit en le retirant des flammes ou des flots.

Qui n'applaudirait point à la faculté qu'aura l'homme sauvé, d'acquitter sa dette, en adoptant celui qui lui aura conservé la vie ?

Ici le sentiment entraîne, et le premier mouvement porte à rejetter toute entrave, toute condition, dans un cas si favorable.

Cependant, citoyens Législateurs, s'il est quelques-unes des conditions générales qui peuvent être remises dans ce cas extraordinaire, il en est d'autres aussi que des considérations non moins fortes ne permettent pas d'effacer.

Ainsi, s'il y a des enfans, leurs droits préexistans s'opposent à l'adoption, mais sans exclure tous les autres actes que la reconnaissance admet, qu'elle commande même, et qui deviendraient la propre dette des enfans, si leur père était capable de l'oublier, ou hors d'état de la remplir.

Excepté ce cas, et celui où le libérateur serait plus âgé que l'homme à qui il aurait sauvé la vie, il sera permis à celui-ci de l'adopter ; cette dernière modification était commandée par la nature même des choses ; car on ne peut adopter plus âgé que soi.

Au surplus, citoyens Législateurs, cette seconde cause d'adoption que la loi doit consacrer comme un encouragement aux grandes et belles actions, ne sera toujours qu'une exception dans le système général ; non que la générosité manque au caractère français, mais parce qu'heureusement peu d'hommes se trouveront dans la situation critique qui, seule, peut donner naissance à cette exception.

Fixons maintenant les effets de l'adoption, à quelque cause qu'elle se rapporte.

L'adopté qui ne sort pas de sa famille, en conservera le nom ; mais il y ajoutera celui de l'adoptant.

L'obligation réciproque de s'aider dans le besoin, existera entre eux par le seul effet de l'adoption ; ainsi le commandent la morale et le titre qui les unit.

Il a paru même conforme aux principes de la matière, d'appliquer à l'adopté quelques-unes des prohibitions de mariage qui ont lieu dans la propre famille.

Ainsi le mariage ne pourra avoir lieu entre l'adoptant et l'individu adopté, ni entre les enfans adoptifs du même homme, ni entre l'adopté et les enfans qui pourraient survenir à l'adoptant, ni enfin, en cas de veuvage, entre l'adopté et l'époux de l'adoptant.

L'affinité morale établie par l'adoption entre les personnes de cette qualité, et les rapports physiques que la cohabitation fait naître entre elles, prescrivaient de ne point offrir d'aliment à leurs passions par l'espoir du mariage.

Voyons maintenant quels seront les effets de l'adoption par rapport à la successibilité.

Le projet accorde à l'adopté, vis-à-vis de l'adoptant, tous les droits d'un enfant légitime.

Je m'arrête ici pour répondre à une objection dirigée contre cette proposition.

Comment, a-t-on dit, cette successibilité qui absorbe tout, se conciliera-t-elle, dans le cas où l'adoptant aurait des frères ou des neveux, avec la réserve que la législation actuelle leur fait, et que la législation projettée modifie sans l'anéantir ? Ces frères, ces neveux seront-ils pleinement écartés de la succession ?

Oui, ils le seront, mais sans qu'il en résulte d'incohérence dans le système général de nos lois.

Ce sera une prime accordée à l'adoption sur le testament, et à l'homme utile qui aura élevé un citoyen, sur celui qui, au terme de son inutile carrière, voudrait disposer sans réserve.

L'on vient de parler de la successibilité de l'adopté, une autre disposition s'y rattache.

Comme cette successibilité sort du droit commun, elle a lieu sans réciprocité ; mais le projet consacre le droit qui appartient à l'adoptant, de reprendre les choses par lui données à l'adopté, dans le cas où celui-ci mourrait sans enfans.

Rien de plus juste que ce retour ; car si les parens de l'adopté succèdent à celui-ci par le principe qu'il est resté dans la famille, leurs droits ne peuvent raisonnablement s'étendre aux choses données par l'adoptant, quand elles existent en nature, et qu'il se présente pour les reprendre.

Citoyens Législateurs, vous connaissez maintenant les conditions, les causes et les effets de l'adoption ; il reste à vous donner une idée des formes dans lesquelles elle devra être prononcée.

S'il ne s'agissait ici que d'un acte de l'état civil gissant dans un fait simple, tel qu'une naissance, un décès ou même un mariage, il suffirait, sans doute, de s'adresser directement à l'officier de l'état civil pour le constater ; mais d'assez nombreuses conditions en forment l'essence, pour que leur examen soit la matière d'un jugement préalable.

Ainsi, après une demande d'adoption, reçue par le juge-de-paix, le tribunal de première instance, et ensuite celui d'appel (sur le renvoi officiel et nécessaire qui lui sera fait de la procédure et du premier jugement), vérifieront si toutes les conditions de la loi sont remplies.

Mais leur mission ne se bornera point à ce simple examen ; ils auront aussi à examiner la moralité de l'adoptant, et la réputation dont il jouit.

Le besoin de cette disposition s'est fait sur-tout sentir, quand la question a été traitée sous le rapport des mœurs domestiques.

L'adoption pourrait devenir un présent funeste, si l'adoptant était sans mœurs ; qu'il soit donc examiné sous ce rapport important.

Et remarquez combien notre institution va, par ce moyen, s'ennoblir encore.

Tout individu qui craindrait les regards de la justice, ne se présentera

présentera point pour adopter, ou du moins il sera repoussé par les tribunaux; mais celui qui sera admis par eux, obtiendra, par ce seul fait, un éclatant témoignage de sa bonne conduite, un titre d'autant plus honorable, que, donné et confirmé à la suite d'un examen judiciaire par des hommes à qui la loi recommande une juste sévérité, il ne pourra être confondu dans la foule de ces vagues témoignages accordés par la faiblesse à l'importunité; et quand le nom d'un adoptant sera prononcé, l'on pourra ajouter : *C'est un honnête homme.*

Ce qui vient d'être dit indique assez que la procédure doit être secrette, et les jugemens rendus sans énonciation de motifs; car si les tribunaux sont appellés à rejeter, quelquefois en cette matière, des demandes imprudentes faites par des hommes sans mœurs, il serait sans utilité de les mulcter par une fâcheuse publicité.

Cette publicité commencera quand le tribunal d'appel aura admis l'adoption. C'est alors aussi que l'adoption devra être portée sur les registres de l'état civil, et qu'elle sera véritablement accomplie.

Notre tâche finirait ici, citoyens Législateurs, si elle n'eût consisté qu'à vous entretenir de l'adoption; mais à côté de cette institution principale, il en a été placé une secondaire, *la Tutelle officieuse*, dont il me reste à vous rendre brièvement compte.

De la tutelle officieuse.

Pour en prendre une juste idée, il faut se placer dans les circonstances qui pourront y donner lieu.

Un homme aura le dessein d'adopter un enfant : mais l'adoption ne peut avoir lieu qu'à la majorité de cet enfant, et après six ans, au moins, de soins par lui reçus en minorité.

Cet enfant peut bien, sans tutelle ni aucun contrat préalable, être confié aux soins officieux d'un tiers, et acquérir par-là l'aptitude à l'adoption future; le fait suffira sans le secours d'un contrat.

Mais il peut arriver, et sans doute il arrivera souvent, que la famille de l'enfant ne se décidera à le remettre, qu'en obtenant pour lui une assurance de secours, pendant le temps difficile de la minorité; assurance sans laquelle l'enfant pourrait être gardé ou renvoyé, selon la volonté ou le caprice de la personne qui l'aurait recueilli, et se trouverait dans la situation la plus précaire.

D'un autre côté, le désir que l'on vient de supposer à la famille de l'enfant, pourra bien être partagé par la personne même qui s'en sera chargée; il naîtra souvent de la prévoyance d'un décès qui laisserait l'enfant sans secours, et sans titre pour en obtenir.

Dans l'une et l'autre de ces hypothèses, qu'y a-t-il de plus favorable qu'un contrat qui aura pour objet d'assurer des secours à un mineur, et de le mettre en état de gagner sa vie?

Faciliter de telles conventions, et même y inviter, tel est le but de la tutelle officieuse : ce n'est point une promesse d'adopter, ni un moyen préliminaire de l'adoption, puisque les soins, sans tutelle, suffisent pour y parvenir.

C'est un contrat renfermé dans le strict objet des secours qu'on promet au mineur; c'est un acte qui complète notre système de bienfaisance, et qui, sans attribuer aucun des effets de l'adoption, ni en être la voie nécessairement *préparatoire*, en est plus exactement l'*auxiliaire*.

Néanmoins, comme cet acte indique le désir d'adopter, et que, s'il était permis de suivre cette première impulsion avant l'âge de cinquante ans, elle pourrait, dès ce moment, étouffer toutes dispositions au mariage; et comme la loi ne doit point affaiblir ces dispositions, tant qu'elles sont dans l'ordre de la nature et dans l'intérêt social, l'on a pensé qu'il convenait, même quant à l'âge, d'imposer au tuteur officieux les mêmes conditions qu'à l'adoptant.

Au surplus, la tutelle officieuse n'offre, dans son organisation, qu'un bien petit nombre de points qui aient besoin d'explications; car on n'a point à s'occuper de tout ce qui peut entrer dans un tel contrat, par la seule volonté de l'homme.

Si cette volonté s'est expliquée sur la quotité des secours, ainsi que sur la nature, il faudra l'exécuter.

La loi ne posera elle-même de règles générales sur ce point, qu'autant que nulle stipulation spéciale n'accompagnerait la tutelle officieuse.

Dans le silence de l'homme, *secourir* et non *enrichir* le pupille, tel est le principe qui a paru devoir être suivi, et dont on a développé les résultats dans quelques articles du projet, applicables, dans certains cas, aux héritiers même du tuteur officieux.

Il reste, citoyens Législateurs, à vous parler d'un acte, dont l'objet a paru assez favorable pour faire exception à la règle, qui n'admet d'adoption qu'à la majorité de l'adopté.

Dans le cas où il se serait écoulé plus de cinq ans depuis la tutelle officieuse, l'on vous propose d'admettre l'adoption testamentaire, et de lui donner tous les effets de l'adoption ordinaire.

Tel homme, souvent sexagénaire, aura recueilli un enfant de six ans à qui il aura, pendant huit ou dix ans, prodigué les soins les plus tendres.

Celui-ci y aura répondu par de justes égards et par un naïf attachement, orné de tout ce que l'enfance a d'aimable.

Le vieillard sent sa fin approcher, et voudrait consommer son ouvrage : le pupille est parvenu à son adolescence; mais il n'est point majeur encore.

Placés l'un et l'autre dans le vestibule du temple, ils n'avaient plus que quelques mois, quelques jours peut-être à passer, pour qu'il s'ouvrît entièrement à leurs vœux.

Qu'un testament puisse, en ce cas, effacer les obstacles de la nature, et remplacer l'acte bienfaisant qui allait s'accomplir.

Citoyens Législateurs, tout le plan du projet, relatif à l'adoption et à la tutelle officieuse, vient de vous être développé.

Nulle matière n'a été plus approfondie; elle était neuve, et elle a été envisagée sous beaucoup de faces, avant qu'on se soit fixé sur le système qui a été adopté.

A force de persévérance, on est arrivé à des résultats simples, faciles, et dégagés de tous les inconvéniens des projets antérieurs.

Si ces inconvéniens avaient frappé de bons esprits, et fermé leurs cœurs aux douces émotions que fait naître le nom seul de l'adoption, elles y renaîtront lorsque le nouveau plan sera apprécié, et lorsqu'on verra que, sans mutation de familles, sans incertitude sur le sort du contrat, et sans détriment pour la population, le projet soumis à votre sanction n'a pour objet que de consoler les mariages stériles et les célibataires infirmes, et d'ouvrir, pour eux et pour de jeunes enfans, le plus souvent sans appui, une nouvelle source de prospérité réciproque.

Suit le texte de la loi.

TITRE VIII.

De l'Adoption et de la Tutelle officieuse.

Décrété le 2 germinal an XI. Promulgué le 12 du même mois.

CHAPITRE PREMIER.

De l'Adoption.

SECTION PREMIÈRE.

De l'adoption et de ses effets.

Article 343. — L'adoption n'est permise qu'aux personnes de l'un ou de l'autre sexe, âgées de plus de cinquante ans, qui n'auront, à l'époque de l'adoption, ni enfans, ni descendans légitimes, et qui auront au moins quinze ans de plus que les individus qu'elles se proposent d'adopter.

Art. 344. — Nul ne peut être adopté par plusieurs, si ce n'est par deux époux.

Hors le cas de l'article 366, nul époux ne peut adopter qu'avec le consentement de l'autre conjoint.

Art. 345. — La faculté d'adopter ne pourra être exercée qu'envers l'individu à qui l'on aura, dans sa minorité et pendant six ans au moins, fourni des secours et donné des soins non interrompus, ou envers celui qui aurait sauvé la vie à l'adoptant, soit dans un combat, soit en le retirant des flammes ou des flots.

Il suffira, dans ce deuxième cas, que l'adoptant soit majeur, plus âgé que l'adopté, sans enfans ni descendans légitimes; et s'il est marié, que son conjoint consente à l'adoption.

Art. 346. — L'adoption ne pourra, en aucun cas, avoir lieu avant la majorité de l'adopté. Si l'adopté, ayant encore ses père et mère, ou l'un des deux, n'a point accompli sa vingt-cinquième année, il sera tenu de rapporter le consentement donné à l'adoption par ses père et mère, ou par le survivant; et s'il est majeur de vingt-cinq ans, de requérir leur conseil.

Art. 347. — L'adoption conférera le nom de l'adoptant à l'adopté, en l'ajoutant au nom propre de ce dernier.

Art. 348. — L'adopté restera dans sa famille naturelle, et y conservera tous ses droits; néanmoins le mariage est prohibé

Entre l'adoptant, l'adopté et ses descendans;

Entre les enfans adoptifs du même individu;

Entre l'adopté et les enfans qui pourraient survenir à l'adoptant ;

Entre l'adopté et le conjoint de l'adoptant, et réciproquement entre l'adoptant et le conjoint de l'adopté.

Art. 349. — L'obligation naturelle, qui continuera d'exister entre l'adopté et ses père et mère, de se fournir des alimens dans les cas déterminés par la loi, sera considérée comme commune à l'adoptant et à l'adopté, l'un envers l'autre.

Art. 350. — L'adopté n'acquerra aucun droit de successibilité sur les biens des parens de l'adoptant ; mais il aura sur la succession de l'adoptant les mêmes droits que ceux qu'y aurait l'enfant né en mariage, même quand il y aurait d'autres enfans de cette dernière qualité nés depuis l'adoption.

Art. 351. — Si l'adopté meurt sans descendans légitimes, les choses données par l'adoptant, ou recueillies dans sa succession, et qui existeront en nature lors du décès de l'adopté, retourneront à l'adoptant ou à ses descendans, à la charge de contribuer aux dettes, et sans préjudice des droits des tiers.

Le surplus des biens de l'adopté appartiendra à ses propres parens ; et ceux-ci excluront toujours, pour les objets même spécifiés au présent article, tous héritiers de l'adoptant autres que ses descendans.

Art. 352. — Si, du vivant de l'adoptant, et après le décès de l'adopté, les enfans ou descendans laissés par celui-ci mouraient eux-mêmes sans postérité, l'adoptant succédera aux choses par lui données, comme il est dit en l'article précédent ; mais ce droit sera inhérent à la personne de l'adoptant, et non transmissible à ses héritiers, même en ligne descendante.

SECTION II.

Des formes de l'adoption.

Article 353. — La personne qui se proposera d'adopter et celle qui voudra être adoptée, se présenteront devant le juge de paix du domicile de l'adoptant, pour y passer acte de leurs consentemens respectifs.

Art. 354. — Une expédition de cet acte sera remise, dans les dix jours suivans, par la partie la plus diligente, au commissaire du Gouvernement près le tribunal de première instance dans le ressort duquel se trouvera le domicile de l'adoptant, pour être soumis à l'homologation de ce tribunal.

Art. 355. — Le tribunal, réuni en la chambre du conseil, et après s'être procuré les renseignemens convenables, vérifiera, 1°. si toutes les conditions de la loi sont remplies; 2°. si la personne qui se propose d'adopter jouit d'une bonne réputation.

Art. 356. — Après avoir entendu le commissaire du Gouvernement, et sans aucune autre forme de procédure, le tribunal prononcera, sans énoncer de motifs, en ces termes : *Il y a lieu*, ou *il n'y a pas lieu à l'adoption*.

Art. 357. — Dans le mois qui suivra le jugement du tribunal de première instance, ce jugement sera, sur les poursuites de la partie la plus diligente, soumis au tribunal d'appel, qui instruira dans les mêmes formes que le tribunal de première instance, et prononcera, sans énoncer de motifs : *Le jugement est confirmé*, ou *le jugement est réformé*; *en conséquence*, *il y a lieu*, ou *il n'y a pas lieu à l'adoption*.

Art. 358. — Tout jugement du tribunal d'appel qui

admettra une adoption, sera prononcé à l'audience, et affiché en tels lieux et en tel nombre d'exemplaires que le tribunal jugera convenables.

Art. 359. — Dans les trois mois qui suivront ce jugement, l'adoption sera inscrite, à la réquisition de l'une ou de l'autre des parties, sur le registre de l'état civil du lieu où l'adoptant sera domicilié.

Cette inscription n'aura lieu que sur le vu d'une expédition, en forme, du jugement du tribunal d'appel; et l'adoption restera sans effet, si elle n'a été inscrite dans ce délai.

Art. 360. — Si l'adoptant venait à mourir après que l'acte constatant la volonté de former le contrat d'adoption a été reçu par le juge de paix et porté devant les tribunaux, et avant que ceux-ci eussent définitivement prononcé, l'instruction sera continuée et l'adoption admise, s'il y a lieu.

Les héritiers de l'adoptant pourront, s'ils croient l'adoption inadmissible, remettre au commissaire du Gouvernement tous mémoires et observations à ce sujet.

CHAPITRE II.

De la tutelle officieuse.

Article. 361. — Tout individu âgé de plus de cinquante ans, et sans enfans ni descendans légitimes, qui voudra, durant la minorité d'un individu, se l'attacher par un titre légal, pourra devenir son tuteur officieux, en obtenant le consentement des père et mère de l'enfant, ou du survivant d'entre eux, ou, à leur défaut, d'un conseil de famille, ou enfin, si l'enfant n'a point de parens connus, en obtenant le consentement des administrateurs de l'hospice où il aura été recueilli, ou de la municipalité du lieu de sa résidence.

Art. 362. — Un époux ne peut devenir tuteur officieux qu'avec le consentement de l'autre conjoint.

Art. 363. — Le juge de paix du domicile de l'enfant dressera procès-verbal des demandes et consentemens relatifs à la tutelle officieuse.

Art. 364. — Cette tutelle ne pourra avoir lieu qu'au profit d'enfans âgés de moins de quinze ans.

Elle emportera avec soi, sans préjudice de toutes stipulations particulières, l'obligation de nourrir le pupille, de l'élever, de le mettre en état de gagner sa vie.

Art. 365. — Si le pupille a quelque bien, et s'il était antérieurement en tutelle, l'administration de ses biens, comme celle de sa personne, passera au tuteur officieux, qui ne pourra néanmoins imputer les dépenses de l'éducation sur les revenus du pupille.

Art. 366. — Si le tuteur officieux, après cinq ans révolus depuis la tutelle, et dans la prévoyance de son décès avant la majorité du pupille, lui confère l'adoption par acte testamentaire, cette disposition sera valable, pourvu que le tuteur officieux ne laisse point d'enfans légitimes.

Art. 367. — Dans le cas où le tuteur officieux mourrait soit avant les cinq ans, soit après ce temps, sans avoir adopté son pupille, il sera fourni à celui-ci, durant sa minorité, des moyens de subsister, dont la quotité et l'espèce, s'il n'y a été antérieurement pourvu par une convention formelle, seront réglées soit amiablement entre les représentans respectifs du tuteur et du pupille, soit judiciairement en cas de contestation.

Art. 368. — Si, à la majorité du pupille, son tuteur officieux veut l'adopter, et que le premier y consente, il sera procédé à l'adoption selon les formes prescrites au chapitre précédent, et les effets en seront, en tous points, les mêmes.

Art. 369. — Si, dans les trois mois qui suivront la majorité du pupille, les réquisitions par lui faites à son tuteur officieux, à fin d'adoption, sont restées sans effet, et que le pupille ne se trouve point en état de gagner sa vie, le tuteur officieux pourra être condamné à indemniser le pupille de l'incapacité où celui-ci pourrait se trouver de pourvoir à sa subsistance.

Cette indemnité se résoudra en secours propres à lui procurer un métier : le tout sans préjudice des stipulations qui auraient pu avoir lieu dans la prévoyance de ce cas.

Art. 370. — Le tuteur officieux qui aurait eu l'administration de quelques biens pupillaires, en devra rendre compte dans tous les cas.

TITRE IX.

De la Puissance paternelle.

LE PREMIER CONSUL a nommé, pour présenter la loi formant le Titre IX du CODE CIVIL, et pour en soutenir la discussion, les cit. *Réal*, *Bigot-Préameneu* et *Cretet*, Conseillers d'État.

Introduits dans la salle du Corps Législatif, le 23 ventose an 11 ; l'un d'eux, portant la parole, a prononcé le discours suivant.

CITOYENS LÉGISLATEURS,

LE projet de loi *sur le mariage* constitue la famille ; celui relatif à la *paternité* et à la *filiation* désigne les individus qui la composent. Le projet que j'ai l'honneur de vous présenter, relatif à la *puissance paternelle*, établit les lois qui doivent y maintenir l'ordre, prescrit les principaux devoirs, reconnaît les droits principaux qui obligent et qui lient plus étroitement entre eux les membres de toutes ces petites sociétés naturelles dont l'agrégation civile forme la grande famille. Ce projet institue, pour veiller à l'observation de ces devoirs, à la conservation de ces droit, la magistrature paternelle, la plus sacrée de toutes les magistratures, indépendante de toutes les conventions, et qui les a toutes précédées.

Nous naissons faibles, assiégés par les maladies et les besoins. La nature veut que, dans ce premier âge, celui de l'enfance, le père et la mère aient, sur leurs enfans, une puissance entière, qui est toute de défense et de protection.

Dans le second âge, vers l'époque de la puberté, l'enfant a

déjà observé, réfléchi. Mais c'est à ce moment même, où l'esprit commence à exercer ses forces, où l'imagination commence à déployer ses ailes, où nulle expérience n'a formé le jugement; c'est à ce moment où, faisant les premiers pas dans la vie, livré sans défense à toutes les passions qui s'emparent de son cœur, vivant de désirs, exagérant ses espérances, s'aveuglant sur les obstacles, qu'il a sur-tout besoin qu'une main ferme le protège contre ces nouveaux ennemis, le dirige à travers ces écueils, dompte ou modère, à leur naissance, ces passions, tourment ou bonheur de la vie, selon qu'une main mal-adroite ou habile leur aura donné une bonne ou mauvaise direction. C'est à cette époque qu'il a besoin d'un conseil, d'un ami qui puisse défendre sa raison naissante contre les séductions de toute espèce qui l'environneront, qui puisse seconder la nature dans ses opérations, hâter, féconder, agrandir ses heureux développemens. La *puissance paternelle*, qui est alors toute d'administration domestique et de direction, pourra seule procurer tous ces avantages, ajouter la vie morale à l'existence physique, et, dans l'homme naissant, préparer le citoyen.

Enfin, arrive l'âge où l'homme est déclaré par la loi, ou reconnu par son père, en état de marcher seul dans la route de la vie. A cet âge ordinairement il entre dans la grande famille, devient lui-même le chef d'une famille nouvelle, et va rendre à d'autres les soins qui lui ont été prodigués : mais c'est au moment même où la nature et la loi relâchent, pour lui, les liens de la *puissance paternelle*, que la raison vient en resserrer les nœuds. C'est à ce moment que, jettant les regards en arrière, il retrouve dans des souvenirs qui ne s'effacent jamais, dans l'éducation dont il recueille les fruits, dans cette existence dont, seulement alors, il apprécie bien la valeur, de nouveaux liens formés par la reconnaissance; c'est sur-tout dans les soins qu'exigent de lui ses propres enfans, dans les dangers qui assiègent leur berceau, dans les inquiétudes qui déchirent son cœur, dans cet amour ineffable, quelquefois aveugle, toujours sacré, toujours invincible, qui attache, pour la vie, le père à l'enfant qui vient de naître, que, retrouvant les soins, les inquiétudes, l'amour dont il a été l'objet, il puise les motifs de ce respect sacré qui le saisit à la vue des auteurs de ses jours. En vain la loi civile l'affranchirait alors de toute espèce d'*autorité paternelle*; la nature, plus forte que la loi, le maintiendrait éternellement sous cette autorité. Désormais, libre possesseur de ses biens, libre dans la disposition qu'il peut en faire, libre dans toute sa conduite et dans les soins qu'il donne à ses propres enfans, il sent qu'il n'est pas libre de se soustraire à la bienfaisante autorité qui ne se fait plus maintenant sentir que par des conseils, des vœux, des bénédictions. La nature et la reconnaissance lui présentent alors les auteurs de ses jours sous l'aspect d'une divinité domestique et tutélaire. Ce n'est plus un devoir dont il s'acquitte envers eux, c'est un culte qu'il leur rend toute sa vie; et le sentiment qui l'attache à eux ne peut plus être exprimé par les mots de respect, de reconnaissance et d'amour; c'est désormais la *piété filiale* adorant la *piété paternelle*.

Voilà, Législateurs, les vérités que la nature a gravées dans nos cœurs; voilà son code sur la *puissance paternelle*. Il faut l'avouer, il n'est pas entièrement semblable à celui que nous trouvons dans nos livres; et le dernier état de notre législation, en provoquant quelques-uns des résultats que je viens de vous offrir, n'y arrive pas par les mêmes moyens. Dans son code, l'homme a substitué l'intérêt au sentiment; il a méconnu, étouffé la voix de la nature; et, au lieu de reconnaître la *puissance*, il a créé le *despotisme* paternel.

Sur cette importante partie de la législation, comme sur beaucoup d'autres, les Français étaient et sont encore gouvernés par des principes différens, opposés; et les principes sont plus ou moins rigoureux, plus ou moins relâchés, selon que la partie du sol français où ils sont professés, est régie par le droit écrit ou par le droit coutumier.

La législation des Romains, si conforme en beaucoup de points à la nature, si fidèle interprète de la raison, s'écarte de l'une et de l'autre d'une manière bien étrange, lorsqu'elle s'occupe de la *puissance paternelle*; elle méconnaît alors et le droit naturel et le droit des gens, et prend pour règle unique ses institutions civiles.

Aussi *Justinien* reconnait-il que la puissance paternelle, telle qu'elle était exercée chez les Romains, était toute particulière à ce peuple.

Sous l'empire de cette législation, et par le droit ancien, le père de famille avait une puissance égale à celle du maître sur l'esclave. Relativement au père de famille, le fils de famille n'était pas même considéré comme une *personne*, mais comme une *chose* dont le père de famille avait l'absolue propriété; il pouvait en user, en abuser. Le père pouvait, sous cette législation, charger de fers son fils; il pouvait le vendre, il pouvait le tuer.

Cette *puissance* durait pendant toute la vie du père de famille, et embrassait alors tous ses biens.

Cette législation peint, avec une rare fidélité, et le législateur qui l'a créée, et les féroces compagnons de ses brigandages, et la barbarie du siècle et des lieux auxquels elle a pu convenir.

Mais, en même temps que *Romulus* marquait ainsi cette législation d'une ineffaçable empreinte, il lui conférait ce principe de vie, ce caractère de durée, on dirait presque d'éternité, que cet homme extraordinaire a imprimé à toutes ses institutions.

Elle conserva toute sa sévérité aussi long-temps que les mœurs des Romains conservèrent toute leur âpreté; elle ne fléchit qu'avec elles.

Ainsi *Numa* décida que le père ne pourrait vendre le fils qui se serait marié de son consentement; et par la suite, ce droit de vendre ne fut permis que dans le cas d'extrême misère des parens, pour des enfans qui viendraient de naître, et sous la condition de pouvoir toujours les racheter.

Ainsi, mais après une longue succession de siècles, le droit de vie et de mort fut restreint à celui d'une correction modérée.

Enfin, le droit accordé au père de famille de s'emparer de tous les biens de son fils, éprouva des restrictions considérables par les lois qui enlevèrent au père de famille la jouissance de divers *pécules*.

Mais, telle qu'elle est modifiée suivant le dernier état du *droit romain* admis en France, la *puissance paternelle* rappelle encore, par les principes sur lesquels elle repose, par les distinctions qu'elle établit, et par quelques-uns de ses résultats, sa sauvage origine et son farouche auteur.

En effet, dans le dernier état des choses, la *puissance paternelle* n'est fondée que sur les principes du droit civil; elle est étrangère à toutes les affections que le droit naturel commande.

Le père seul est investi de cette puissance, et malgré les droits donnés par la nature, mais sans doute en conséquence de cette antique législation qui plaçait jadis l'épouse sous l'empire de la *puissance paternelle*, la mère n'a aucune participation à cette puissance.

Dans le dernier état de cette législation, le fils de famille reste, de droit, sous la puissance paternelle pendant toute la vie de son père. Il y est maintenu, quand même il aurait 60 ans, à moins qu'il ne plaise au père de l'émanciper.

Comme, sous l'empire de l'ancienne législation, le fils de famille marié, non émancipé, n'a point sur ses enfans cette puissance que son père exerce sur lui, ils sont encore sous la puissance de son père; conséquence révoltante, mais exacte, du principe sur lequel toute la théorie de cette législation est établie.

Relativement aux biens qui appartiennent au fils de famille, la loi conserve toute sa première injustice.

A l'exception des *pécules*, tout appartient au père; le père a la propriété des biens d'une certaine nature, et la jouissance de tous les autres pendant tout le temps que subsistera la *puissance paternelle*, c'est-à-dire, pendant toute sa vie.

Pendant la vie de son père, le fils de famille, même majeur, ne peut s'obliger pour cause de prêt.

Il ne peut tester, même avec le consentement de son père.

Voilà, sauf quelques exceptions de détails, les principes fondamentaux qui gouvernent encore aujourd'hui les départemens de la République, soumis au régime du droit écrit.

Il suffit de les énoncer, pour prouver qu'ils sont contraires à toute idée de liberté, d'industrie, de commerce; qu'ils contrarient, dénaturent et anéantissent, dans son principe, la *puissance paternelle* elle-même; qu'ils flétrissent la vie et nuisent à la prospérité générale.

L'on observera peut-être que ces principes ne sont jamais suivis à la rigueur; que l'émancipation antérieure au mariage, ou par mariage, obvie à tous les abus : l'on prouvera alors qu'il est jugé depuis long-temps que cette législation est incompatible avec nos mœurs, et que son abrogation a été nécessaire.

Quelques-uns des principes du droit écrit, sur cette matière, ont été adoptés par quelques coutumes. Ils y paraissent en d'autant plus grand nombre, ils y dominent avec d'autant plus de force, que les départemens gouvernés par ces coutumes sont plus voisins de ceux qui sont régis par le droit écrit.

Mais ces coutumes si différentes, si opposées entre elles sur tous les autres points de législation, ont été aussi divisées, aussi opposées, soit dans le choix qu'elles ont fait de diverses parties du système de la *puissance paternelle*, soit dans les modifications plus ou moins prononcées qu'elles ont fait éprouver aux dispositions qu'elles empruntaient, dans ce système, au droit romain.

Ainsi, à l'inconvénient résultant de l'admission d'un système peu moral dans son principe et dans ses conséquences, cette fusion a ajouté l'inconvénient aussi grave, résultant d'une multitude de contradictions nouvelles, introduites dans cette multitude de législations coutumières, déjà si discordantes et si opposées entre elles sur tous les autres points.

Et le désordre résultant de toutes ces législations opposées, se fait d'autant plus sentir, lorsqu'il s'agit de la *puissance paternelle*, que si ce statut, en tant qu'il donne au père la jouissance

sance des biens du fils de famille, est un statut réel qui n'a conséquemment de pouvoir que sur les biens de son territoire; ce même statut, en tant qu'il met le fils de famille dans l'incapacité d'agir, de contracter et de tester, est un statut personnel, dont l'effet se règle par la loi du lieu où le père avait son domicile, au tems de la naissance du fils de famille; et ce statut étend son empire sur la personne du fils de famille, en quelque lieu que le père ou le fils aillent par la suite demeurer.

Il faut donc avouer qu'entre les lois civiles qui, jusqu'à ce moment, ont régi nos personnes et nos biens, il n'en est pas une seule qui ait besoin d'une plus prompte, d'une plus entière réforme, et qui ramène à ce que la nature ordonne, et qui doive recevoir une plus uniforme application.

Ne pouvant, sur cette importante question, trouver aucun secours dans la loi romaine; ne trouvant dans les coutumes que des vues imparfaites, marchant entre l'exagération et la faiblesse, le législateur a dû consulter la nature et la raison.

La nature et la raison exigent évidemment l'établissement et l'exercice de la *puissance paternelle.*

Jusqu'à la majorité, cette puissance est dans les mains des auteurs de nos jours, moyen de défense et de direction; et si cette puissance est donnée, par la nature, au père et à la mère, il est facile de reconnaître que la raison exige que le père seul puisse l'exercer; et que la mère ne commence à en jouir réellement, qu'à l'instant où elle devient veuve.

Après la majorité, la puissance paternelle est toute de conseil et d'assistance; elle se borne, dans ses effets, à obtenir du fils de famille des témoignages éternels de respect et de reconnaissance.

Elle appartient au père et à la mère; elle exige le consentement de l'un et de l'autre au mariage du fils de famille; elle donne, à l'un et à l'autre, le pouvoir de récompenser la piété filiale et de punir l'ingratitude.

Voilà la puissance paternelle.

R

Voilà, d'après la nature et la raison, l'étendue ; mais aussi voilà les bornes de cette puissance.

« C'est un droit fondé sur la nature et confirmé par la loi qui « donne au père et à la mère, pendant un tems limité et sous « certaines conditions, la surveillance de la personne, l'admi- « nistration et la jouissance des biens de leurs enfans. »

Le projet que j'ai l'honneur de vous présenter, ne contient qu'une partie des dispositions qui constituent la plénitude de cette puissance. Tout ce qui est relatif au consentement des père et mère exigé pour le mariage de leurs enfans, est porté au titre de cette institution ; et ce qui a trait à la liberté de disposer, se trouvera sous le titre des testamens.

Le projet actuel s'occupe donc principalement, je dirais presque uniquement, de l'effet de cette puissance pendant la minorité du fils de famille.

L'article 1er. est le seul du projet qui impose à l'enfant un devoir qu'il devra remplir à tout âge ; toutes les autres dispositions de ce titre le supposent dans les liens de la minorité, et c'est sous cet unique point de vue que la puissance paternelle y est traitée.

Le législateur commence par déclarer que l'enfant, à tout âge, doit honneur et respect à ses père et mère. En étendant à la vie entière la durée de cette obligation, le législateur a obéi à la nature et à la morale ; il a écouté la nature, la raison et l'intérêt de la société, lorsque, par l'article qui suit, il prononce que l'enfant né ne reste sous l'autorité paternelle que jusqu'à sa majorité ou son émancipation.

Il règle ensuite que le père seul exerce cette autorité durant le mariage.

Le législateur a dû prévoir que, quelquefois, les exemples, les exhortations d'un père, que les privations qu'il imposera, que les peines légères qu'il fera subir, seront insuffisantes, inefficaces pour maintenir, dans le devoir, un enfant peu heureusement né, pour corriger de perverses inclinations. Il appelle alors l'autorité publique au secours de la magistrature paternelle. Dans certains cas, le magistrat ne fait que *légaliser* pour ainsi dire, ne fait qu'ordonner l'exécution pure et simple de la volonté du père.

La loi du 24 août 1792 établissait, dans cette occasion, un tribunal de famille, qui pouvait admettre, mais qui pouvait rejetter la plainte du père : la décision de ce tribunal ne pouvait être exécutée qu'en vertu de l'ordonnance du juge, rendue en connaissance de cause.

Cet ordre de choses, était inconvenant, inefficace.

Il créait un procès entre le père et le fils; procès que le père ne pouvait perdre sans compromettre son autorité.

Il n'établissait aucune nuance relativement à l'âge et à la situation de l'enfant.

Le projet produit ces distinctions; il règle le pouvoir du père par des considérations prises de l'âge de l'enfant et de sa situation.

Autant il est raisonnable de donner au père le droit de faire enfermer, de sa seule autorité, et pour quelques jours, un enfant de douze ans, autant il serait injuste de lui abandonner et de laisser pour ainsi dire à sa discrétion, un adolescent d'une éducation soignée, et qui annoncerait des talens précoces. Quelque confiance que méritent les pères, la loi ne doit cependant pas être basée sur la fausse supposition que tous sont également bons et vertueux; la loi doit tenir la balance avec équité; et le législateur ne doit pas oublier que les lois dures préparent souvent les révolutions des Etats.

Le président et le commissaire du tribunal doivent donc être autorisés à peser les motifs d'un père qui veut faire enfermer un jeune homme au-dessus de seize ans. Il doit leur être permis de refuser l'ordre d'arrêter, et de fixer la durée de la détention.

Il faut des précautions plus sévères encore, lorsque l'enfant dont un père demande l'arrestation, a des biens personnels, ou lorsqu'il exerce déjà un état dans la société. Si cet enfant a, pour père, un dissipateur, il est hors de doute que le père cherchera à le dépouiller, qu'il se vengera des refus de l'enfant, et que peut-être il lui fera acheter sa liberté.

Il est même de toute justice, dans cette dernière hypothèse, que l'enfant soit autorisé à se pourvoir devant le président et le commissaire du tribunal d'appel, contre la décision du président du tribunal de première instance, qui aura dû recevoir une exécution provisoire.

Le concours de l'autorité pour l'arrestation du fils de famille, n'est accordé qu'avec de grandes précautions, si le père qui se plaint est remarié. La loi ne lui suppose plus alors la même tendresse ni la même impartialité.

Mais, dans tous les cas, les motifs de la plainte ne paraîtront jamais dans aucun acte, pas même dans l'ordre d'arrestation. Donner de la publicité à des erreurs, à des faiblesses de jeunesse, en éterniser le souvenir, ce serait marcher directement contre le but qu'on se propose; et de ces punitions mêmes qui ne sont infligées à l'enfance que pour épargner des tourmens à l'âge mûr, ce serait faire naître des chagrins qui flétriraient le reste de la vie.

En accordant les mêmes droits à la mère survivante non-remariée, le projet veut que, dans tous les cas, elle ne puisse faire détenir un enfant qu'avec le concours des deux plus proches parens paternels, et par voie de réquisition, sur laquelle le juge devra prononcer en connaissance de cause.

Le législateur a dû prévoir que la mère, trop faible ou trop légèrement alarmée, pourrait peut-être trop facilement recourir à ces moyens extrêmes. D'un autre côté, il a dû penser qu'une veuve sans défense, dont toutes les actions sont exposées à la critique de la malignité, devait se ménager, dans le concours des deux plus proches parens paternels, des témoins impartiaux qui puissent toujours attester la nécessité de cette mesure de rigueur, et qui fussent les garans de sa bonne administration.

Un des articles du projet accorde la même puissance et les

mêmes droits aux père et mère des enfans naturels légalement reconnus.

D'après ce que nous avons déjà dit, on doit penser que cette disposition ne se trouvait pas dans le droit romain. L'adoption ou la légitimation pouvait seule, dans ce cas, donner au père la puissance paternelle ; c'est toujours la conséquence très-exacte du principe qui, dans leur législation, tirait la puissance paternelle du seul droit civil. Mais le législateur qui a reconnu que cette puissance, uniquement fondée sur la nature, ne recevait de la loi civile qu'une confirmation, a dû, pour être conséquent, accorder au père ou à la mère qui reconnaissent légalement leur enfant naturel, et sur cet enfant, une puissance et des droits semblables à ceux auxquels donne naissance une union légitime. C'est ainsi, et d'après le même principe, que, dans le projet relatif au mariage, vous avez vu le législateur exiger de l'enfant naturel qui veut se marier, le consentement du père ou de la mère naturels qui l'auront légalement reconnu.

Après avoir constitué la puissance paternelle, établi les devoirs qu'elle impose, les droits qu'elle accorde, fixé ses limites et sa durée ; après avoir ainsi, de concert avec la nature, donné des alimens, des défenseurs à l'enfance, des soins, des instructions, une bonne éducation à la jeunesse, c'est-à-dire après avoir établi quels sont les droits onéreux attachés à l'exercice de la *puissance paternelle*, le législateur a dû en déterminer les droits utiles.

La loi romaine accorde au père (sauf l'exception de divers pécules) tout ce qui appartiendra au fils de famille pendant la vie du père.

La plupart des coutumes ne reconnaissent point de droit utile attaché à l'exercice de la *puissance paternelle*, et celle de Paris garde, sur ce point, le silence le plus absolu ; car il ne faut pas confondre avec le droit dont nous parlons, celui qui résultait du droit de *garde noble* ou *bourgeoise*, accordé *au survivant* sur les biens des enfans restés en minorité.

Ainsi, une législation accorde tout, pendant que l'autre ne donne rien.

C'est encore en évitant ces deux extrêmes, que le Gouvernement propose la disposition que contient le quatorzième article du projet.

Il y distingue l'exercice de la puissance paternelle durant le mariage, de l'exercice de cette même puissance après sa dissolution.

Au premier cas, il donne au père la jouissance des biens de ses enfans jusqu'à l'âge de dix-huit ans accomplis ou jusqu'à l'émancipation qui pourra avoir lieu avant cet âge.

Après la dissolution du mariage, il accorde les mêmes droits au père ou à la mère survivant.

Dans l'un et l'autre cas, le législateur exige qu'à l'époque où l'enfant aura accompli sa dix-huitième année, les père et mère cessent de conserver la jouissance des biens de leurs enfans, parce que, si les pères jouissaient des biens de leurs enfans jusqu'à la majorité de ces derniers, on aurait à craindre que, pour se conserver cet avantage dans toute son étendue, ils ne se refusassent à consentir à une émancipation ou à un mariage dont pourrait dépendre le bonheur et la fortune de leurs enfans.

Enfin, en prononçant par cet article que la mère jouit, dans cette circonstance, des droits qu'il accorde au père, le législateur établit un droit égal, une égale indemnité là où la nature avait établi une égalité de peines, de soins et d'affections; il répare, par cette équitable disposition, l'injustice de plusieurs siècles; il fait, pour ainsi dire, entrer pour la première fois la mère dans la famille, et la rétablit dans les droits imprescriptibles qu'elle tenait de la nature; droits sacrés, trop méprisés par les législations anciennes, reconnus, accueillis par quelques-unes de nos coutumes, et notamment par celle de Paris, mais qui, effacés dans nos Codes, auraient dû se retrouver écrits en caractères ineffaçables dans le cœur de tous les enfans bien nés.

Mais en même tems que, fidèle interprête de la nature, le moderne législateur rend le nom de mère à toute sa dignité, en même tems, gardien austère des bonnes mœurs, il refuse à celui des père et mère contre lequel le divorce aura été prononcé, la jouissance accordée par l'article 14.... Celui contre lequel le divorce a été prononcé, a, par un délit grave, brisé les nœuds les plus sacrés : pour lui, il n'y a plus de famille.

Enfin, une dernière disposition prononce que cette jouissance cessera, à l'égard de la mère, dans le cas d'un second mariage. Qnelques motifs parlaient en faveur des mères qui ne se marient que pour conserver à leurs enfans l'établissement formé par leur père ; mais cette exception ne peut effacer l'inconvenance qu'il y aurait à établir, en principe, que la mère peut porter, dans une autre famille, les revenus des enfans du premier lit, et enrichir ainsi, à leur préjudice, son époux.

Suit le texte de la loi.

TITRE IX.

De la Puissance paternelle.

Décrété le 3 germinal an XI. Promulgué le 13 du même mois.

Article 371. — L'enfant, à tout âge, doit honneur et respect à ses père et mère.

Art. 372. — Il reste sous leur autorité jusqu'à sa majorité ou son émancipation.

Art. 373. — Le père seul exerce cette autorité durant le mariage.

Art. 374. — L'enfant ne peut quitter la maison paternelle sans la permission de son père, si ce n'est pour enrôlement volontaire, après l'âge de dix-huit ans révolus.

Art. 375. — Le père qui aura des sujets de mécontentement très-graves sur la conduite d'un enfant, aura les moyens de correction suivans.

Art. 376. — Si l'enfant est âgé de moins de seize ans commencés, le père pourra le faire détenir pendant un temps qui ne pourra excéder un mois; et, à cet effet, le président du tribunal d'arrondissement devra, sur sa demande, délivrer l'ordre d'arrestation.

Art. 377. — Depuis l'âge de seize ans commencés jusqu'à la majorité ou l'émancipation, le père pourra seulement requérir la détention de son enfant pendant six mois au plus; il s'adressera au président dudit tribunal, qui, après en avoir conféré avec le commissaire du Gouvernement, délivrera l'ordre d'arrestation ou le refusera, et pourra, dans le premier cas, abréger le temps de la détention requis par le père.

Art. 378. — Il n'y aura, dans l'un et l'autre cas, aucune écriture ni formalité judiciaire, si ce n'est l'ordre même d'arrestation, dans lequel les motifs n'en seront pas énoncés.

Le père sera seulement tenu de souscrire une soumission de payer tous les frais, et de fournir les alimens convenables.

Art. 379. — Le père est toujours maître d'abréger la durée de la détention par lui ordonnée ou requise. Si après sa sortie l'enfant tombe dans de nouveaux écarts, la détention pourra être de nouveau ordonnée de la manière prescrite aux articles précédens.

Art. 380. — Si le père est remarié, il sera tenu, pour faire détenir son enfant du premier lit, lors même qu'il serait âgé de moins de seize ans, de se conformer à l'article 377.

Art. 381. — La mère survivante et non remariée ne pourra faire détenir un enfant qu'avec le concours des deux plus proches parens paternels, et par voie de réquisition, conformément à l'article 377.

Art. 382. — Lorsque l'enfant aura des biens personnels ou lorsqu'il exercera un état, sa détention ne pourra, même au-dessous de seize ans, avoir lieu que par voie de réquisition, en la forme prescrite par l'article 377.

L'enfant détenu pourra adresser un mémoire au commissaire du Gouvernement près le tribunal d'appel. Ce commissaire se fera rendre compte par celui près le tribunal de première instance, et fera son rapport au président du tribunal d'appel, qui, après en avoir donné avis au père, et après avoir recueilli tous les renseignemens, pourra révoquer ou modifier l'ordre délivré par le président du tribunal de première instance.

Art. 383. — Les articles 376, 377, 378 et 379 seront communs aux pères et mères des enfans naturels légalement reconnus.

Art. 384. — Le père durant le mariage, et, après la dissolution du mariage, le survivant des père et mère, auront la jouissance des biens de leurs enfans jusqu'à l'âge de dix-huit ans accomplis, ou jusqu'à l'émancipation qui pourrait avoir lieu avant l'âge de dix-huit ans.

Art. 385. — Les charges de cette jouissance seront,

1°. Celles auxquelles sont tenus les usufruitiers ;

2°. La nourriture, l'entretien et l'éducation des enfans, selon leur fortune ;

3°. Le paiement des arrérages ou intérêts des capitaux;

4°. Les frais funéraires et ceux de dernière maladie.

Art. 386. — Cette jouissance n'aura pas lieu au profit de celui des père et mère contre lequel le divorce aurait été prononcé ; et elle cessera à l'égard de la mère dans le cas d'un second mariage.

Art. 387. — Elle ne s'étendra pas aux biens que les enfans pourront acquérir par un travail et une industrie séparés, ni à ceux qui leur seront donnés ou légués sous la condition expresse que les père et mère n'en jouiront pas.

TITRE X.

De la Minorité, de la Tutelle et de l'Emancipation.

LE PREMIER CONSUL a nommé, pour présenter la loi formant le Titre X du CODE CIVIL, et pour en soutenir la discussion, les cit. *Berlier, Emmery* et *Miot*, Conseillers d'État.

Introduits dans la salle du Corps Législatif, le 25 ventose an 11; l'un d'eux, portant la parole, a prononcé le discours suivant.

CITOYENS LÉGISLATEURS,

DÉJA plusieurs projets de lois, destinés à faire partie du Code civil, vous ont été présentés, et déjà quelques-uns ont obtenu votre sanction.

Nous vous apportons aujourd'hui la suite, mais non la fin de ce grand travail.

Le titre qui va vous être soumis est celui qui traite *de la minorité*, *de la tutelle* et *de l'émancipation.*

Sa division, en trois chapitres, répond à chacune des matières indiquées dans son texte.

Nous allons en motiver les principales dispositions.

De la minorité.

Le premier chapitre, relatif à la minorité, se compose d'un seul article.

Cet article, en réglant que *le mineur est l'individu de l'un ou de l'autre sexe qui n'a point encore l'âge de vingt-un ans accomplis*, statue, par-là même, qu'on est majeur à cet âge.

Cette disposition a été maintenue, quoiqu'elle se trouvât en opposition avec des souvenirs récens; car, avant la loi du 20 septembre 1792, la minorité durait jusqu'à l'âge de vingt-cinq ans, sur presque tous les points du territoire français.

L'exemple de plusieurs États voisins dont les lois faisaient cesser la minorité à un âge moins avancé; celui plus frappant encore de quelques-unes de nos anciennes provinces, comme l'*Anjou* et le *Maine*, où la minorité cessait à vingt ans, sans que l'ordre public ni les intérêts privés en souffrissent; les développemens sur-tout de notre organisation morale, qui se trouvaient avancés en raison des progrès que les lumières avaient faits depuis plusieurs siècles : toutes ces circonstances sollicitaient depuis long-temps une réforme, et peut-être elles n'eussent point prévalu contre d'anciennes habitudes sans la révolution, qui, en ébranlant tout, dut froisser beaucoup d'intérêts, mais détruisit aussi beaucoup de préjugés.

Alors on osa examiner la question, et l'on reconnut que l'incapacité civile résultante de la minorité, portée au-delà du vrai, mettait la société en perte réelle de toute la somme de travaux et de transactions qu'y eût versé l'individu paralysé par la loi.

On reconnut aussi que la capacité naturelle était la vraie mesure de la capacité légale; et, comme on ne pouvait méconnaître que cette capacité existait, sinon chez tous les individus, du moins chez le plus grand nombre, à vingt-un ans, le terme de la minorité fut fixé à cet âge.

Il ne peut être aujourd'hui question de changer cette importante disposition; car la législation des onze années qui viennent de s'écouler, indépendamment des motifs qui la fondèrent, est ici fortifiée par la constitution, qui, en fixant la majorité *politique* à vingt-un ans, a adopté elle-même la mesure indiquée pour la majorité *civile*, et a voulu les mettre en harmonie.

De la tutelle.

Tout mineur n'est pas nécessairement en tutelle ; celui dont les père et mère sont vivans, trouve en eux des protecteurs naturels, et s'il a quelques biens personnels, l'administration en appartient à son père.

La tutelle commence au décès du père ou de la mère ; car alors, en perdant un de ses protecteurs naturels, le mineur réclame déjà une protection plus spéciale de la loi.

Mais quel sera, dans ce cas, le caractère de la tutelle? Quel sera-t-il dans le cas où le mineur aura perdu non-seulement son père ou sa mère, mais tous les deux?

Ici, comme sur beaucoup d'autres points, il y avait à se décider entre des usages fort opposés.

Dans une grande partie de la France, toute tutelle était *ative*, c'est-à-dire donnée par le juge, d'après le choix fait par la famille assemblée.

Dans d'autres parties du territoire français, et plus spécialement dans les pays de droit écrit, on admettait la tutelle *légitime* et la tutelle *testamentaire* : ainsi le père avait de droit la tutelle de son fils, et l'ascendant celle du petit-fils, si le père n'avait, par son testament, désigné un autre tuteur.

Le projet a adopté ce dernier système comme plus conforme au vœu de la nature, et comme honorant davantage ce qu'il y a de plus sacré parmi les hommes, le caractère du père de famille.

Mais en même tems il a paru juste de faire participer les mères aux honneurs de la tutelle *légitime*.

Autrefois elles pouvaient être tutrices de leurs enfans, mais ce n'était que par une espèce de dérogation au droit commun, *nisi à principe filiorum tutelam specialiter postulent*, disait la loi romaine.

Cependant, avaient-elles pour leurs enfans moins de tendresse et d'affection que leurs pères? et, en leur accordant, comme un droit, ce qu'elles n'obtenaient que comme une grâce, ne sera-ce pas leur rendre justice, et relever leur caractère trop long-tems méconnu ?

Cette proposition a d'ailleurs une connexion intime avec celle qui vous a été faite, dans le projet relatif à la *puissance paternelle*, d'accorder, à la mère survivante, les fruits provenans des biens de son enfant, jusqu'à ce que celui-ci ait atteint l'âge de dix-huit ans; car, en jouissant pour elle, elle administrera pour son enfant, et l'ancienne objection tirée du peu de capacité qu'on lui supposait pour administrer des biens, se réduira à bien peu de chose, quand on réfléchira que la mère doit avoir l'usufruit *légal* de ces mêmes biens dont on avait craint jusqu'à ce jour de lui confier l'administration.

Si toutefois le père de famille, vrai juge de la capacité de sa femme, a lui-même conçu cette inquiétude, il pourra, sans lui ôter la tutelle, lui désigner un conseil, et cette exception satisfera sans doute à l'intérêt du mineur.

Ce même intérêt appellait une autre exception, dans le cas où la tutrice se remarierait.

Sans vouloir frapper de défaveur ces secondes unions qui, dans les campagnes et chez les artisans, ont souvent pour objet de rendre un nouveau protecteur à des orphelins, il en résulte toujours que la femme passe dans une nouvelle société dont le chef est étranger à ses enfans; et si ce fait ne saurait, sans injustice, lui faire perdre la tutelle de plein doit, du moins suffit-il pour appeller la famille à délibérer si elle doit lui être conservée.

Dans ce cas encore, si la mère, maintenue dans la tutelle, choisit un tuteur par son testament, ce choix devra être confirmé par la famille.

Aux exceptions près que nous venons de tracer, il a paru juste de traiter les mères comme les pères eux-mêmes, et, en effaçant de trop fortes inégalités entre les deux sexes, de resserrer, par les droits civils, les liens de la nature.

Ainsi les pères et mères auront, de plein droit, la tutelle des leurs enfans: ainsi le dernier mourant pourra, par son testament, leur choisir un tuteur ; et ce dernier acte de sa volonté a paru le titre le plus respectable après celui qui l'avait appellé lui-même à la tutelle.

Au-delà vient la tutelle des ascendans, qui fait partie encore de la tutelle légitime.

Mais la tutelle que nous venons d'envisager comme un droit est aussi une charge.

Une mère (ce cas sera rare) pourrait trouver le fardeau trop pesant ; un ascendant très-âgé pourra craindre d'y succomber ; l'excuse déduite du sexe, ou celle offerte par l'âge, viendront à leurs secours ; mais leur volonté seule réglera l'exercice ou l'abandon de leurs droits ; car il a paru dangereux de les subordonner à la confirmation d'un conseil de famille qui pourrait capricieusement refuser sa sanction à l'ordre tracé par la nature ; il eût, dans cette hypothèse, été plus simple et moins injurieux de rendre la tutelle purement dative.

Si cependant le tuteur, soit légitime, soit testamentaire, était sans conduite, ou atteint de quelques-unes des autres causes qui excluent de la tutelle, le conseil de famille pourra et devra en poursuivre l'application.

C'est ainsi que les intérêts civils du mineur seront garantis sans altérer la dévolution légitime, et sans que l'exception se mette à la place du principe.

Mais un enfant peut rester sans père, mère ni ascendans, et sans que le dernier mourant de ses père et mère lui ait désigné de tuteur ; et c'est ici qu'en l'absence des personnes présumées lui porter une affection supérieure à toutes les autres affections, le concours des collatéraux deviendra nécessaire, et la tutelle essentiellement dative.

Pour parvenir à une bonne organisation des conseils de famille, il a paru nécessaire de les rendre peu nombreux, de n'y admettre que les plus proches parens de chaque ligne, et d'obvier à l'influence d'une ligne sur l'autre, par l'appel d'un nombre égal de parens pris dans chacune.

On appellera donc les trois plus proches parens de chaque

ligne. Voilà (sauf le cas des frères germains et majeurs, s'ils excèdent ce nombre,) la limite qu'on a cru devoir adopter ; elle portera le conseil de famille au nombre de sept ; en y comprenant le juge-de-paix, qui en sera membre et président, et dont le caractère impartial dirigera les résultats vers le bien et l'utilité du mineur.

Ainsi disparaîtront beaucoup d'intrigues, et principalement celles à la faveur desquelles on portait souvent, sur un parent éloigné et peu affectionné, la charge que devait naturellement supporter le parent le plus proche ; abus qui existait déjà du tems de *Domat*, et dont il se plaint en son discours préliminaire sur le titre des *tutelles*.

L'on n'a pourtant pas dû ériger en principe que le plus proche parent serait toujours et nécessairement tuteur ; c'eût été étendre la tutelle légitime au-delà de ses justes limites, et il est possible que quelquefois un cousin convienne mieux qu'un oncle, ou que l'emploi soit plus facile ou moins onéreux pour lui : l'on aura toutes les garanties convenables quand, par son organisation, le conseil de famille offrira intérêt d'affection et esprit de justice.

Nous venons, citoyens Législateurs, d'examiner les diverses espèces de tutelles détaillées dans les quatre premières sections du chapitre en discussion.

Le surplus de ce chapitre contenant les règles relatives à toutes les tutelles, n'offre que peu de difficultés et d'observations.

En toute tutelle il doit y avoir un subrogé tuteur dont les fonctions, assez analogues à celles des curateurs des pays coutumiers, sont expliquées en la section 5e.

La 6e. section exprime les causes qui dispensent de la tutelle, et la 7e. celles qui en excluent.

La plupart des dispositions rédigées sur ce point s'écartent peu de l'ancien état de la législation, et leurs différences n'ont pas même besoin d'être analysées.

Nous en dirons à peu près autant des 8e. et 9e. sections relatives

tives à l'administration du tuteur et à la reddition des comptes de tutelle.

Cependant il est quelques points d'un ordre supérieur, et sur lesquels ils nous a semblé que nous devions plus particulièrement fixer votre attention.

Ainsi, par exemple, le projet contient des vues nouvelles au sujet des transactions qui pourront avoir lieu durant la tutelle.

Les principes admis jusqu'à ce jour, sans repousser ces transactions, en rendaient l'usage impraticable; car elles ne pouvaient valoir qu'autant qu'elles profitaient au pupille, et que celui-ci s'en contentait, *si hoc pupillo expediat*; et ce point de fait, toujours subordonné à la volonté future du mineur, écartait nécessairement un contrat aussi peu solide.

De cette manière, toutes les difficultés, dans lesquelles un mineur était engagé, devenaient un dédale d'où l'on ne pouvait sortir qu'à grands frais, parce que les issues conciliatoires étaient fermées, et que si le tuteur n'osait rien faire qui eût l'air d'altérer un droit équivoque; de son côté, l'adversaire du pupille ne voulait point traiter avec un homme dont le caractère ne lui offrait aucune garantie.

De-là, la ruine de plus d'un mineur; de-là aussi de nombreuses entraves pour beaucoup de majeurs.

Il convenait de mettre un terme à de si grands inconvéniens, et le projet y a pourvu en imprimant un caractère durable aux transactions pour lesquelles le tuteur aura été autorisé par le conseil de famille, de l'avis de trois jurisconsultes désignés par le commissaire du Gouvernement, et après que le tribunal civil aura homologué la transaction, sur les conclusions du même commissaire.

Tant de précautions écartent toute espèce de danger; elles subviennent aussi aux besoins de la société, qui, en accordant une juste sollicitude aux mineurs, doit aussi considérer les majeurs; elles donnent enfin, à l'administration du tuteur, son vrai complément. Que serait-ce, en effet, qu'un administrateur

S *

qui ne trouverait pas dans la législation un moyen d'éviter un mauvais procès, ni de faire un arrangement utile ?

Le projet qui vous est soumis contient un autre changement assez grave, dans la durée de l'action qui existera contre le tuteur, à raison de son administration.

Jusqu'à ce jour cette action n'a, en général, reçu pour limites que celles de la plus longue prescription immobilière ; prescription dont la mesure était différente selon les pays, mais qui, dans un grand nombre, allait jusqu'à trente ans.

Quelle que doive être désormais la plus longue prescription, il a paru, dans le cas particulier, convenable de s'arrêter à celle de dix ans ; car si le pupille est très-favorable, il est impossible de ne pas prendre en considération aussi la situation du tuteur lui-même.

La tutelle fut pour lui, tant qu'elle dura, un acte onéreux, une charge de famille dont les embarras ne doivent pas être immodérément prolongés contre lui : en accordant au pupille, dix ans après, sa majorité pour l'exercice de toutes les actions relatives à la tutelle, on fait assez ; et tout excès, en cette matière, serait un mal réel pour la société toute entière.

Enfin, il existe un point sur lequel nous avons à justifier, non les dispositions écrites, mais le silence du projet : c'est la *reponsabilité* qui était demandée contre les parens *nominateurs*, en cas d'insolvabilité du tuteur.

Cette responsabilité était établie par les lois romaines, et elle était spécialement admise par quelques coutumes, notamment par celle de Bretagne ; mais, en général, elle était étrangère aux pays coutumiers.

A-t-on remarqué, dans ces pays, que les intérêts des mineurs y fussent plus compromis qu'ailleurs ?

Cette réflexion, qui seule eût pu faire écarter la responsabilité dont il s'agit, n'est cependant point la plus forte ; car il est reconnu et avoué que, dans les lieux même où la loi avait établi la responsabilité, elle était tombée en désuétude, et n'était appliquée par les tribunaux que dans le cas d'un dol évident : tant il est vrai que cette règle était odieuse vis-à-vis de parens qui avaient, de bonne foi, rempli cette charge de famille !

Comment d'ailleurs, pour l'intérêt d'un seul, tenir en suspens la fortune d'une famille entière, et d'une famille innocente ?

N'y aura-t-il pas aussi quelquefois recours contre le subrogé tuteur, s'il a mal rempli son mandat ?

Toutes ces considérations ont dû faire rejetter ce vain épouvantail.

La garantie des bons choix, la seule propre à rendre oiseuse, et sans application, la question qu'on examine, se trouvera dans la bonne composition des conseils de famille, et le projet qui vous est offert aura, par ce seul point, résolu beaucoup de difficultés, s'il a atteint ce but principal.

Après avoir vu le mineur en *tutelle*, il reste à le considérer dans un autre état.

De l'émancipation.

Nous ne nous arrêterons point sur la disposition du projet qui fait résulter l'émancipation, du mariage ; elle n'a pas besoin d'être justifiée.

Mais que sera-ce que l'émancipation qui, même hors ce cas, pourra avoir lieu durant la minorité ?

Cette institution serait mal comprise, si on lui appliquait les idées de l'émancipation romaine, de cet acte par lequel un père mettait, hors de sa puissance, son fils souvent majeur.

Il ne s'agit ici que du mineur, et du mineur qui n'a ni père ni mère, comme de celui qui les a tous deux, ou l'un d'eux.

Notre projet considère le mineur sous le rapport de la capacité qu'il a pour administrer ses biens et en toucher les revenus.

Il règle à quel âge et de quelle manière le mineur deviendra habile à ce sujet, non plus comme autrefois, en obtenant des

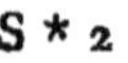

lettres du prince, appellées *lettres de bénéfice d'âge*, mais en remplissant les conditions qui seront prescrites par la loi.

Ces premières notions posées, et bien que l'émancipation embrasse tous les mineurs, on distinguera, entre eux, ceux qui ont père et mère ou l'un des deux, et ceux qui n'en ont point.

Le mineur qui a ses père et mère ne pourra recevoir l'émancipation que de son père : si l'un des deux est mort, le droit d'émanciper le mineur appartiendra au survivant.

Si le mineur n'a ni père ni mère, l'émancipation sera accordée par le conseil de famille.

Mais l'émancipation accordée par le père ou la mère différera de l'autre, dans deux points qu'il convient de fixer.

Le père ou la mère pourra émanciper le mineur dès l'âge de quinze ans; les affections de la nature sont ici garans que l'émancipation sera dans l'intérêt de l'enfant; mais le conseil de famille ne pourra émanciper que le mineur âgé de dix-huit ans, parce qu'il y aurait à craindre qu'un simple tuteur, pour se décharger du poids de la tutelle, ne supposât à son pupille une capacité précoce, qu'il ne le persuadât au conseil de famille, et que l'émancipation ne devînt ainsi un funeste abandon.

Autre différence : s'il s'agit d'un mineur qui soit sous la tutelle d'un simple parent ou d'un étranger, et que ce tuteur, soit pour se maintenir dans une grande gestion ou par tout autre motif, laisse passer à son mineur l'âge de dix-huit ans, sans solliciter son émancipation, que l'on suppose méritée par une bonne conduite et une capacité suffisante, tout parent du mineur, au degré de cousin-germain, ou à des degrés plus proches, pourra lui-même provoquer la réunion du conseil de famille pour délibérer sur l'émancipation; mais cette faculté n'aura jamais lieu contre un père administrateur ou tuteur, ni contre une mère tutrice, parce qu'ils sont juges suprêmes en cette partie, et que leur autorité ne doit, jusqu'à la majorité de leurs enfans, recevoir d'autres limites que celle qu'y mettra leur propre volonté.

Après avoir posé cette double distinction entre ces deux espèces de mineurs, si l'attention se porte sur les effets de l'émancipation, ils seront les mêmes pour tous les émancipés.

Administrer ses biens et toucher ses revenus, tel est le droit qu'acquerra l'émancipé; mais il sera loin d'avoir tous les droits du majeur.

Ainsi, il ne pourra vendre ni aliéner ses immeubles que selon les formes prescrites pour les autres mineurs, ni recevoir un capital mobilier sans l'assistance d'un curateur.

Il ne pourra même faire d'emprunts; *les prêts*, fléau de l'inexpérience, ne doivent pas exister pour un mineur même émancipé.

Cependant, puisqu'il est appelé à l'administration de ses biens, il doit avoir les moyens d'y pourvoir.

Il aura donc la faculté d'acheter les choses utiles à son entretien et à l'exploitation de ses biens; mais, jusques dans l'exercice de cette faculté, il sera placé sous une législation spéciale; car s'il contractait des obligations immodérées, les tribunaux pourront les réduire, en prenant en considération la fortune de l'émancipé, la nature de ses dépenses et la bonne ou mauvaise foi des personnes qui auront contracté avec lui.

Dans ce cas, il y aura preuve d'inconduite, ou tout au moins de mauvaise administration; et ceci a fait naître l'idée d'une disposition tendante à faire rentrer en tutelle l'émancipé qui se serait rendu indigne, ou montré incapable de gérer ses biens.

Dans cette disposition, le Gouvernement a apperçu des résultats d'une grande utilité; car l'émancipation deviendra un stage pour la jeunesse.

L'émancipé craindra d'en perdre le bénéfice; et, averti que son sort dépend de sa conduite, il contractera, dès le commencement de sa carrière civile, de bonnes habitudes qui doivent avoir une si heureuse influence sur le reste de la vie : ce point de législation peut seul produire une révolution utile dans l'ordre moral.

Tel est, citoyens Législateurs, le plan général du projet de loi *sur la minorité, la tutelle et l'émancipation.*

Si nous n'avons motivé que ses dispositions principales, et spécialement celles qui s'écartent le plus de l'ancienne législation, nous avons cru devoir nous arrêter là, dans une matière qui n'offre au surplus que des détails nombreux sans doute, mais simples, faciles, et peu susceptibles de commentaires.

Suit le texte de la loi.

TITRE X.

De la Minorité, de la Tutelle et de l'Emancipation.

Décrété le 5 germinal an XI. Promulgé le 15 du même mois.

CHAPITRE PREMIER.

De la minorité.

Article 388. — Le mineur est l'individu de l'un ou de l'autre sexe qui n'a point encore l'âge de vingt-un ans accomplis.

CHAPITRE II.

De la tutelle.

SECTION PREMIÈRE.

De la tutelle des père et mère.

Article 389. — Le père est, durant le mariage, administrateur des biens personnels de ses enfans mineurs.

Il est comptable, quant à la propriété et aux revenus, des biens dont il n'a pas la jouissance; et, quant à la propriété seulement, de ceux des biens dont la loi lui donne l'usufruit.

Art. 390. — Après la dissolution du mariage, arrivée par la mort naturelle ou civile de l'un des époux, la tutelle des enfans mineurs et non émancipés appartient de plein droit au survivant des père et mère.

Art. 391. — Pourra néanmoins le père nommer à la mère survivante et tutrice, un conseil spécial, sans l'avis duquel elle ne pourra faire aucun acte relatif à la tutelle.

Si le père spécifie les actes pour lesquels le conseil sera nommé, la tutrice sera habile à faire les autres sans son assistance.

Art. 392. — Cette nomination de conseil ne pourra être faite que de l'une des manières suivantes :

1°. Par acte de dernière volonté;

2°. Par une déclaration faite ou devant le juge de paix assisté de son greffier, ou devant notaires.

Art. 393. — Si, lors du décès du mari, la femme est

enceinte, il sera nommé un curateur au ventre par le conseil de famille.

A la naissance de l'enfant, la mère en deviendra tutrice, et le curateur en sera de plein droit le subrogé tuteur.

Art. 394. — La mère n'est point tenue d'accepter la tutelle; néanmoins, et en cas qu'elle la refuse, elle devra en remplir les devoirs jusqu'à ce qu'elle ait fait nommer un tuteur.

Art. 395. — Si la mère tutrice veut se remarier, elle devra, avant l'acte de mariage, convoquer le conseil de famille, qui décidera si la tutelle doit lui être conservée.

A défaut de cette convocation, elle perdra la tutelle de plein droit, et son nouveau mari sera solidairement responsable de toutes les suites de la tutelle qu'elle aura indûment conservée.

Art. 396. — Lorsque le conseil de famille, dûment convoqué, conservera la tutelle à la mère, il lui donnera nécessairement pour cotuteur le second mari, qui deviendra solidairement responsable, avec sa femme, de la gestion postérieure au mariage.

SECTION II.

De la tutelle déférée par le père ou la mère.

Article 397. — Le droit individuel de choisir un tuteur parent, ou même étranger, n'appartient qu'au dernier mourant des père et mère.

Art. 398. — Ce droit ne peut être exercé que dans les formes prescrites par l'article 392, et sous les exceptions et modifications ci-après.

Art. 399. — La mère remariée et non maintenue dans

la tutelle des enfans de son premier mariage, ne peut leur choisir un tuteur.

Art. 400. — Lorsque la mère remariée, et maintenue dans la tutelle, aura fait choix d'un tuteur aux enfans de son premier mariage, ce choix ne sera valable qu'autant qu'il sera confirmé par le conseil de famille.

Art. 401. — Le tuteur élu par le père ou la mère, n'est pas tenu d'accepter la tutelle, s'il n'est d'ailleurs dans la classe des personnes qu'à défaut de cette élection spéciale le conseil de famille eût pu en charger.

SECTION III.

De la tutelle des ascendans.

Article 402. — Lorsqu'il n'a pas été choisi au mineur un tuteur par le dernier mourant de ses père et mère, la tutelle appartient de droit à son aïeul paternel; à défaut de celui-ci, à son aïeul maternel, et ainsi en remontant, de manière que l'ascendant paternel soit toujours préféré à l'ascendant maternel du même degré.

Art. 403. — Si, à défaut de l'aïeul paternel et de l'aïeul maternel du mineur, la concurrence se trouvait établie entre deux ascendans du degré supérieur qui appartinssent tous deux à la ligne paternelle du mineur, la tutelle passera de droit à celui des deux qui se trouvera être l'aïeul paternel du père du mineur.

Art. 404. — Si la même concurrence a lieu entre deux bisaïeuls de la ligne maternelle, la nomination sera faite par le conseil de famille, qui ne pourra néanmoins que choisir l'un de ces deux ascendans.

SECTION IV.

De la tutelle déférée par le conseil de famille.

Article 405. — Lorsqu'un enfant mineur et non émancipé restera sans père ni mère, ni tuteur élu par ses père ou mère, ni ascendans mâles, comme aussi lorsque le tuteur de l'une des qualités ci-dessus exprimées se trouvera ou dans le cas des exclusions dont il sera parlé ci-après, ou valablement excusé, il sera pourvu, par un conseil de famille, à la nomination d'un tuteur.

Art. 406. — Ce conseil sera convoqué soit sur la réquisition et à la diligence des parens du mineur, de ses créanciers ou d'autres parties intéressées, soit même d'office, et à la poursuite du juge de paix du domicile du mineur. Toute personne pourra dénoncer à ce juge de paix le fait qui donnera lieu à la nomination d'un tuteur.

Art. 407. — Le conseil de famille sera composé, non compris le juge de paix, de six parens ou alliés, pris tant dans la commune où la tutelle sera ouverte que dans la distance de deux myriamètres, moitié du côté paternel, moitié du côté maternel, et en suivant l'ordre de proximité dans chaque ligne.

Le parent sera préféré à l'allié du même degré; et parmi les parens de même degré, le plus âgé à celui qui le sera le moins.

Art. 408. — Les frères germains du mineur et les maris des sœurs germaines sont seuls exceptés de la limitation de nombre posée en l'article précédent.

S'ils sont six, ou au-delà, ils seront tous membres du conseil de famille, qu'ils composeront seuls, avec les veuves d'ascendans et les ascendans valablement excusés, s'il y en a.

S'ils sont en nombre inférieur, les autres parens ne seront appelés que pour compléter le conseil.

Art. 409. — Lorsque les parens ou alliés de l'une ou de l'autre ligne se trouveront en nombre insuffisant sur les lieux, ou dans la distance désignée par l'article 407, le juge de paix appellera, soit des parens ou alliés domiciliés à de plus grandes distances, soit, dans la commune même, des citoyens connus pour avoir eu des relations habituelles d'amitié avec le père ou la mère du mineur.

Art. 410. — Le juge de paix pourra, lors même qu'il y aurait sur les lieux un nombre suffisant de parens ou alliés, permettre de citer, à quelque distance qu'ils soient domiciliés, des parens ou alliés plus proches en degrés ou de mêmes degrés que les parens ou alliés présens, de manière toutefois que cela s'opère en retranchant quelques-uns de ces derniers, et sans excéder le nombre réglé par les précédens articles.

Art. 411. — Le délai pour comparaître sera réglé par le juge de paix à jour fixe, mais de manière qu'il y ait toujours, entre la citation notifiée et le jour indiqué pour la réunion du conseil, un intervalle de trois jours au moins, quand toutes les parties citées résideront dans la commune, ou dans la distance de deux myriamètres.

Toutes les fois que, parmi les parties citées, il s'en trouvera de domiciliées au-delà de cette distance, le délai sera augmenté d'un jour par trois myriamètres.

Art. 412. — Les parens, alliés ou amis, ainsi convoqués, seront tenus de se rendre en personne, ou de se faire représenter par un mandataire spécial.

Le fondé de pouvoir ne peut représenter plus d'une personne.

Art. 413. — Tout parent, allié ou ami, convoqué,

et qui, sans excuse légitime, ne comparaîtra point, encourra une amende qui ne pourra excéder cinquante francs, et sera prononcée sans appel par le juge de paix.

Art. 414. — S'il y a excuse suffisante, et qu'il convienne, soit d'attendre le membre absent, soit de le remplacer, en ce cas, comme en tout autre où l'intérêt du mineur semblera l'exiger, le juge de paix pourra ajourner l'assemblée ou la proroger.

Art. 415. — Cette assemblée se tiendra de plein droit chez le juge de paix, à moins qu'il ne désigne lui-même un autre local. La présence des trois quarts au moins de ses membres convoqués, sera nécessaire pour qu'elle délibère.

Art. 416. — Le conseil de famille sera présidé par le juge de paix, qui y aura voix délibérative, et prépondérante en cas de partage.

Art. 417. — Quand le mineur, domicilié en France, possédera des biens dans les colonies, ou réciproquement, l'administration spéciale de ses biens sera donnée à un protuteur.

En ce cas, le tuteur et le protuteur seront indépendans, et non responsables l'un envers l'autre pour leur gestion respective.

Art. 418. — Le tuteur agira et administrera, en cette qualité, du jour de sa nomination, si elle a lieu en sa présence, sinon du jour qu'elle lui aura été notifiée.

Art. 419. — La tutelle est une charge personnelle qui ne passe point aux héritiers du tuteur. Ceux-ci seront seulement responsables de la gestion de leur auteur; et s'ils sont majeurs, ils seront tenus de la continuer jusqu'à la nomination d'un nouveau tuteur.

SECTION V.

Du subrogé Tuteur.

Article 420. — Dans toute tutelle il y aura un subrogé tuteur, nommé par le conseil de famille.

Ses fonctions consisteront à agir pour les intérêts du mineur, lorsqu'ils seront en opposition avec ceux du tuteur.

Art. 421. — Lorsque les fonctions du tuteur seront dévolues à une personne de l'une des qualités exprimées aux sections I, II et III du présent chapitre, ce tuteur devra, avant d'entrer en fonctions, faire convoquer, pour la nomination du subrogé tuteur, un conseil de famille composé comme il est dit en la section IV.

S'il s'est ingéré dans la gestion avant d'avoir rempli cette formalité, le conseil de famille, convoqué soit sur la réquisition des parens, créanciers ou autres parties intéressées, soit d'office par le juge de paix, pourra, s'il y a eu dol de la part du tuteur, lui retirer la tutelle, sans préjudice des indemnités dues aux mineurs.

Art. 422. — Dans les autres tutelles, la nomination du subrogé tuteur aura lieu immédiatement après celle du tuteur.

Art. 423. — En aucun cas le tuteur ne votera pour la nomination du subrogé tuteur, lequel sera pris, hors le cas de frères germains, dans celle des deux lignes à laquelle le tuteur n'appartiendra point.

Art. 424. — Le subrogé tuteur ne remplacera pas de plein droit le tuteur, lorsque la tutelle deviendra vacante, ou qu'elle sera abandonnée par absence ; mais il devra, en ce cas, sous peine des dommages-intérêts qui pourraient en résulter pour le mineur, provoquer la nomination d'un nouveau tuteur.

Art. 425. — Les fonctions du subrogé tuteur cesseront à la même époque que la tutelle.

Art. 426. — Les dispositions contenues dans les sections VI et VII du présent chapitre, s'appliqueront aux subrogés tuteurs.

Néanmoins le tuteur ne pourra provoquer la destitution du subrogé tuteur, ni voter dans les conseils de famille qui seront convoqués pour cet objet.

SECTION VI.

Des causes qui dispensent de la tutelle.

Article 427. — Sont dispensés de la tutelle,

Les membres des autorités établies par les titres II, III et IV de l'acte constitutionnel;

Les juges au tribunal de cassation, commissaire et substituts près le même tribunal;

Les commissaires de la comptabilité nationale;

Les préfets;

Tous citoyens exerçant une fonction publique dans un département autre que celui où la tutelle s'établit.

Art. 428. — Sont également dispensés de la tutelle,

Les militaires en activité de service, et tous autres citoyens qui remplissent, hors du territoire de la République, une mission du Gouvernement.

Art. 429. — Si la mission est non authentique, et contestée, la dispense ne sera prononcée qu'après que le Gouvernement se sera expliqué par la voie du Ministre dans le département duquel se placera la mission articulée comme excuse.

Art. 430. — Les citoyens de la qualité exprimée aux articles précédens, qui ont accepté la tutelle postérieurement aux fonctions, services ou missions qui en dispensent, ne seront plus admis à s'en faire décharger pour cette cause.

Art. 431. — Ceux, au contraire, à qui lesdites fonctions, services ou missions, auront été conférés postérieurement à l'acceptation et gestion d'une tutelle, pourront, s'ils ne veulent la conserver, faire convoquer, dans le mois, un conseil de famille, pour y être procédé à leur remplacement.

Si, à l'expiration de ces fonctions, services ou missions, le nouveau tuteur réclame sa décharge, ou que l'ancien redemande la tutelle, elle pourra lui être rendue par le conseil de famille.

Art. 432. — Tout citoyen non parent ni allié ne peut être forcé d'accepter la tutelle, que dans le cas où il n'existerait pas, dans la distance de quatre myriamètres, des parens ou alliés en état de gérer la tutelle.

Art. 433. — Tout individu âgé de soixante-cinq ans accomplis peut refuser d'être tuteur. Celui qui aura été nommé avant cet âge, pourra, à soixante-dix ans, se faire décharger de la tutelle.

Art. 434. — Tout individu atteint d'une infirmité grave et dûment justifiée, est dispensé de la tutelle.

Il pourra même s'en faire décharger, si cette infirmité est survenue depuis sa nomination.

Art. 435. — Deux tutelles sont, pour toutes personnes, une juste dispense d'en accepter une troisième.

Celui qui, époux ou père, sera déjà chargé d'une tutelle, ne pourra être tenu d'en accepter une seconde, excepté celle de ses enfans.

Art. 436. — Ceux qui ont cinq enfans légitimes, sont dispensés de toute tutelle autre que celle desdits enfans.

Les enfans morts en activité de service dans les armées de la République, seront toujours comptés pour opérer cette dispense.

Les autres enfans morts ne seront comptés qu'autant qu'ils auront eux-mêmes laissé des enfans actuellement existans.

Art. 437. — La survenance d'enfans pendant la tutelle ne pourra autoriser à l'abdiquer.

Art. 438. — Si le tuteur nommé est présent à la délibération qui lui défère la tutelle, il devra sur-le-champ, et sous peine d'être déclaré non-recevable dans toute réclamation ultérieure, proposer ses excuses, sur lesquelles le conseil de famille délibérera.

Art. 439. — Si le tuteur nommé n'a pas assisté à la délibération qui lui a déféré la tutelle, il pourra faire convoquer le conseil de famille pour délibérer sur ses excuses.

Ses diligences à ce sujet devront avoir lieu dans le délai de trois jours, à partir de la notification qui lui aura été faite de sa nomination; lequel délai sera augmenté d'un jour par trois myriamètres de distance du lieu de son domicile à celui de l'ouverture de la tutelle : passé ce délai, il sera non-recevable.

Art. 440. — Si ses excuses sont rejetées, il pourra se pourvoir devant les tribunaux pour les faire admettre; mais il sera, pendant le litige, tenu d'administrer provisoirement.

Art. 441. — S'il parvient à se faire exempter de la tutelle, ceux qui auront rejeté l'excuse, pourront être condamnés aux frais de l'instance.

S'il succombe, il y sera condamné lui-même.

SECTION

SECTION VII.

De l'incapacité, des exclusions et destitutions de la tutelle.

Article 442. — Ne peuvent être tuteurs, ni membres des conseils de famille,

1°. Les mineurs, excepté le père ou la mère;

2°. Les interdits;

3°. Les femmes, autres que la mère et les ascendantes;

4°. Tous ceux qui ont ou dont les père ou mère ont avec le mineur un procès dans lequel l'état de ce mineur, sa fortune, ou une partie notable de ses biens, sont compromis.

Art. 443. — La condamnation à une peine afflictive ou infamante emporte de plein droit l'exclusion de la tutelle. Elle emporte de même la destitution, dans le cas où il s'agirait d'une tutelle antérieurement déférée.

Art. 444. — Sont aussi exclus de la tutelle, et même destituables, s'ils sont en exercice,

1°. Les gens d'une inconduite notoire;

2°. Ceux dont la gestion attesterait l'incapacité ou l'infidélité.

Art. 445. — Tout individu qui aura été exclu ou destitué d'une tutelle, ne pourra être membre d'un conseil de famille.

Art. 446. — Toutes les fois qu'il y aura lieu à une destitution de tuteur, elle sera prononcée par le conseil de famille, convoqué à la diligence du subrogé tuteur, ou d'office par le juge de paix.

Celui-ci ne pourra se dispenser de faire cette convocation, quand elle sera formellement requise par un ou plusieurs parens ou alliés du mineur, au degré de cousin germain ou à des degrés plus proches.

Art. 447. — Toute délibération du conseil de famille qui prononcera l'exclusion ou la destitution du tuteur, sera motivée, et ne pourra être prise qu'après avoir entendu ou appelé le tuteur.

Art. 448. — Si le tuteur adhère à la délibération, il en sera fait mention, et le nouveau tuteur entrera aussitôt en fonctions.

S'il y a réclamation, le subrogé tuteur poursuivra l'homologation de la délibération devant le tribunal de première instance, qui prononcera sauf l'appel.

Le tuteur exclu ou destitué peut lui-même, en ce cas, assigner le subrogé tuteur pour se faire déclarer maintenu en la tutelle.

Art. 449. — Les parens ou alliés qui auront requis la convocation, pourront intervenir dans la cause, qui sera instruite et jugée comme affaire urgente.

SECTION VIII.

De l'administration du tuteur.

Article 450. — Le tuteur prendra soin de la personne du mineur, et le représentera dans tous les actes civils.

Il administrera ses biens en bon père de famille, et répondra des dommages-intérêts qui pourraient résulter d'une mauvaise gestion.

Il ne peut ni acheter les biens du mineur, ni les prendre à ferme, à moins que le conseil de famille n'ait autorisé le subrogé tuteur à lui en passer bail, ni accepter la cession d'aucun droit ou créance contre son pupille.

Art. 451. — Dans les dix jours qui suivront celui de sa

nomination, dûment connue de lui, le tuteur requerra la levée des scellés, s'ils ont été apposés, et fera procéder immédiatement à l'inventaire des biens du mineur, en présence du subrogé tuteur.

S'il lui est dû quelque chose par le mineur, il devra le déclarer dans l'inventaire, à peine de déchéance, et ce sur la réquisition que l'officier public sera tenu de lui en faire, et dont mention sera faite au procès-verbal.

Art. 452. — Dans le mois qui suivra la clôture de l'inventaire, le tuteur fera vendre, en présence du subrogé tuteur, aux enchères reçues par un officier public, et après des affiches ou publications dont le procès-verbal de vente fera mention, tous les meubles autres que ceux que le conseil de famille l'aurait autorisé à conserver en nature.

Art. 453. — Les père et mère, tant qu'ils ont la jouissance propre et légale des biens du mineur, sont dispensés de vendre les meubles, s'ils préfèrent de les garder pour les remettre en nature.

Dans ce cas, ils en feront faire, à leurs frais, une estimation à juste valeur, par un expert qui sera nommé par le subrogé tuteur et prêtera serment devant le juge de paix. Ils rendront la valeur estimative de ceux des meubles qu'ils ne pourraient représenter en nature.

Art. 454. Lors de l'entrée en exercice de toute tutelle, autre que celle des père et mère, le conseil de famille réglera par apperçu, et selon l'importance des biens régis, la somme à laquelle pourra s'élever la dépense annuelle du mineur, ainsi que celle de l'administration de ses biens.

Le même acte spécifiera si le tuteur est autorisé à s'aider, dans sa gestion, d'un ou plusieurs administrateurs particuliers, salariés, et gérant sous sa responsabilité.

Art. 455. — Ce conseil déterminera positivement la somme à laquelle commencera pour le tuteur, l'obligation d'employer l'excédant des revenus sur la dépense : cet emploi devra être fait dans le délai de six mois, passé lequel le tuteur devra les intérêts à défaut d'emploi.

Art. 456. — Si le tuteur n'a pas fait déterminer par le conseil de famille la somme à laquelle doit commencer l'emploi, il devra, après le délai exprimé dans l'article précédent, les intérêts de toute somme non employée, quelque modique qu'elle soit.

Art. 457. — Le tuteur, même le père ou la mère, ne peut emprunter pour le mineur, ni aliéner ou hypothéquer ses biens immeubles, sans y être autorisé par un conseil de famille.

Cette autorisation ne devra être accordée que pour cause d'une nécessité absolue, ou d'un avantage évident.

Dans le premier cas, le conseil de famille n'accordera son autorisation qu'après qu'il aura été constaté, par un compte sommaire présenté par le tuteur, que les deniers, effets mobiliers et revenus du mineur sont insuffisans.

Le conseil de famille indiquera, dans tous les cas, les immeubles qui devront être vendus de préférence, et toutes les conditions qu'il jugera utiles.

Art. 458. — Les délibérations du conseil de famille relatives à cet objet, ne seront exécutées qu'après que le tuteur en aura demandé et obtenu l'homologation devant le tribunal civil de première instance, qui y statuera en la chambre du conseil, et après avoir entendu le commissaire du Gouvernement.

Art. 459. — La vente se fera publiquement, en présence du subrogé tuteur, aux enchères qui seront reçues par un membre du tribunal civil, ou par un notaire à ce commis, et à la suite de trois affiches apposées, par trois dimanches consécutifs, aux lieux accoutumés dans le canton.

Chacune de ces affiches sera visée et certifiée par le maire des communes où elles auront été apposées.

Art. 460. — Les formalités exigées par les articles 457 et 458 pour l'aliénation des biens du mineur, ne s'appliquent point au cas où un jugement aurait ordonné la licitation sur la provocation d'un copropriétaire par indivis.

Seulement, et en ce cas, la licitation ne pourra se faire que dans la forme prescrite par l'article précédent : les étrangers y seront nécessairement admis.

Art. 461. — Le tuteur ne pourra accepter ni répudier une succession échue au mineur, sans une autorisation préalable du conseil de famille ; l'acceptation n'aura lieu que sous bénéfice d'inventaire.

Art. 462. — Dans le cas où la succession répudiée au nom du mineur, n'aurait pas été acceptée par un autre, elle pourra être reprise, soit par le tuteur, autorisé à cet effet par une nouvelle délibération du conseil de famille, soit par le mineur devenu majeur, mais dans l'état où elle se trouvera lors de la reprise, et sans pouvoir attaquer les ventes et autres actes qui auraient été légalement faits durant la vacance.

Art. 463. — La donation faite au mineur ne pourra être acceptée par le tuteur qu'avec l'autorisation du conseil de famille.

Elle aura, à l'égard du mineur, le même effet qu'à l'égard du majeur.

Art. 464. — Aucun tuteur ne pourra introduire en justice une action relative aux droits immobiliers du mineur, ni acquiescer à une demande relative aux mêmes droits, sans l'autorisation du conseil de famille.

Art. 465. — La même autorisation sera nécessaire au tuteur pour provoquer un partage ; mais il pourra, sans cette autorisation, répondre à une demande en partage dirigée contre le mineur.

Art. 466. — Pour obtenir à l'égard du mineur tout l'effet qu'il aurait entre majeurs, le partage devra être fait en justice, et précédé d'une estimation faite par experts nommés par le tribunal civil du lieu de l'ouverture de la succession.

Les experts, après avoir prêté, devant le président du même tribunal ou autre juge par lui délégué, le serment de bien et fidèlement remplir leur mission, procéderont à la division des héritages et à la formation des lots, qui seront tirés au sort, et en présence soit d'un membre du tribunal, soit d'un notaire par lui commis, lequel fera la délivrance des lots.

Tout autre partage ne sera considéré que comme provisionnel.

Art. 467. — Le tuteur ne pourra transiger au nom du mineur, qu'après y avoir été autorisé par le conseil de famille, et de l'avis de trois jurisconsultes désignés par le commissaire du Gouvernement près le tribunal civil.

La transaction ne sera valable qu'autant qu'elle aura été homologuée par le tribunal civil, après avoir entendu le commissaire du Gouvernement.

Art. 468. — Le tuteur qui aura des sujets de mécontentement graves sur la conduite du mineur, pourra porter ses plaintes à un conseil de famille, et, s'il y est autorisé par ce conseil, provoquer la réclusion du mineur, conformément à ce qui est statué à ce sujet au titre *de la puissance paternelle.*

SECTION IX.

Des comptes de la tutelle.

Article 469. — Tout tuteur est comptable de sa gestion lorsqu'elle finit.

Art. 470. — Tout tuteur, autre que le père et la mère, peut être tenu, même durant la tutelle, de remettre au subrogé tuteur des états de situation de sa gestion, aux époques que le conseil de famille aurait jugé à propos de fixer, sans néanmoins que le tuteur puisse être astreint à en fournir plus d'un chaque année.

Ces états de situation seront rédigés et remis, sans frais, sur papier non timbré, et sans aucune formalité de justice.

Art. 471. — Le compte définitif de tutelle sera rendu aux dépens du mineur, lorsqu'il aura atteint sa majorité ou obtenu son émancipation. Le tuteur en avancera les frais.

On y allouera au tuteur toutes dépenses suffisamment justifiées, et dont l'objet sera utile.

Art. 472. — Tout traité qui pourra intervenir entre le tuteur et le mineur devenu majeur, sera nul, s'il n'a été précédé de la reddition d'un compte détaillé, et de la remise des pièces justificatives; le tout constaté par un récépissé de l'oyant-compte, dix jours au moins avant le traité.

Art. 473. — Si le compte donne lieu à des contestations, elles seront poursuivies et jugées comme les autres contestations en matière civile.

Art. 474. — La somme à laquelle s'élevera le reliquat dû par le tuteur, portera intérêt, sans demande, à compter de la clôture du compte.

Les intérêts de ce qui sera dû au tuteur par le mineur, ne courront que du jour de la sommation de payer qui aura suivi la clôture du compte.

Art. 475. — Toute action du mineur contre son tuteur, relativement aux frais de la tutelle, se prescrit par dix ans, à compter de la majorité.

CHAPITRE III.

De l'émancipation.

Article 476. — Le mineur est émancipé de plein droit par le mariage.

Art. 477. — Le mineur, même non marié, pourra être émancipé par son père, ou, à défaut de père, par sa mère, lorsqu'il aura atteint l'âge de quinze ans révolus.

Cette émancipation s'opérera par la seule déclaration du père ou de la mère, reçue par le juge de paix assisté de son greffier.

Art. 478. — Le mineur resté sans père ni mère pourra aussi, mais seulement à l'âge de dix-huit ans accomplis, être émancipé, si le conseil de famille l'en juge capable.

En ce cas, l'émancipation résultera de la délibération qui l'aura autorisée, et de la déclaration que le juge de paix, comme président du conseil de famille, aura faite dans le même acte, *que le mineur est émancipé.*

Art. 479. — Lorsque le tuteur n'aura fait aucune diligence pour l'émancipation du mineur dont il est parlé dans l'article précédent, et qu'un ou plusieurs parens ou alliés de ce mineur, au degré de cousin germain ou à des degrés plus proches, le jugeront capable d'être émancipé, ils pourront requérir le juge de paix de convoquer le conseil de famille pour délibérer à ce sujet.

Le juge de paix devra déférer à cette réquisition.

Art. 480. — Le compte de tutelle sera rendu au mineur émancipé, assisté d'un curateur qui lui sera nommé par le conseil de famille.

Art. 481. — Le mineur émancipé passera les baux dont la durée n'excédera point neuf ans; il recevra ses revenus, en donnera décharge, et fera tous les actes qui ne sont que de pure administration, sans être restituable contre ces actes dans tous les cas où le majeur ne le serait pas lui-même.

Art. 482. — Il ne pourra intenter une action immobilière, ni y défendre, même recevoir et donner décharge d'un capital mobilier, sans l'assistance de son curateur, qui, au dernier cas, surveillera l'emploi du capital reçu.

Art. 483. — Le mineur émancipé ne pourra faire d'emprunts, sous aucun prétexte, sans une délibération du conseil de famille, homologuée par le tribunal civil, après avoir entendu le commissaire du Gouvernement.

Art. 484. — Il ne pourra non plus vendre ni aliéner ses immeubles, ni faire aucun acte autre que ceux de pure administration, sans observer les formes prescrites au mineur non émancipé.

A l'égard des obligations qu'il aurait contractées par voie d'achats ou autrement, elles seront réductibles en cas d'excès : les tribunaux prendront, à ce sujet, en considération, la fortune du mineur, la bonne ou mauvaise foi des personnes qui auront contracté avec lui, l'utilité ou l'inutilité des dépenses.

Art. 485. — Tout mineur émancipé dont les engagemens auraient été réduits en vertu de l'article précédent, pourra être privé du bénéfice de l'émancipation, laquelle lui sera retirée en suivant les mêmes formes que celles qui auront eu lieu pour la lui conférer.

Art. 486. — Dès le jour où l'émancipation aura été révoquée, le mineur rentrera en tutelle, et y restera jusqu'à sa majorité accomplie.

Art. 487. — Le mineur émancipé qui fait un commerce, est réputé majeur pour les faits relatifs à ce commerce.

TITRE XI.

De la majorité, de l'interdiction et du conseil judiciaire.

LE PREMIER CONSUL a nommé, pour présenter la loi formant le Titre XI du CODE CIVIL, et pour en soutenir la discussion, les citoyens *Emmery*, *Treilhard* et *Gouvion-Saint-Cyr*, Conseillers d'État.

Introduits dans la salle du Corps Législatif, le 28 ventose an 11; l'un d'eux, portant la parole, a prononcé le discours suivant.

CITOYENS LÉGISLATEURS,

NOUS vous apportons le complément de la première partie du Code civil.

Tout ce qui concerne les personnes sera réglé, lorsqu'aux lois qui vous ont été présentées depuis le commencement de la session, on pourra joindre celle sur la majorité, sur l'interdiction et le conseil judiciaire.

Le titre de cette loi annonce sa division en trois chapitres.

Le premier, relatif à la majorité, ne comprend qu'un seul article, en vertu duquel la majorité resterait fixée à vingt-un ans accomplis.

Les progrès de la civilisation, en bien comme en mal, ont déterminé l'innovation faite, sur ce point, il y a douze ans; on n'a pas remarqué qu'il en fût résulté des inconvéniens capables de motiver un nouveau changement.

La constitution donne à vingt-un ans l'exercice des lois politiques ; la loi ne peut pas refuser, au même âge, l'exercice des droits civils.

Le majeur de vingt-un ans restera donc capable de tous les actes de la vie civile, à l'exception d'un seul, qui est aussi le plus important de tous : vous entendez, Législateurs, que je veux parler du mariage. Il serait superflu que je m'attachasse à reproduire les motifs de cette exception, bien sentis par tous les hommes sages, et déjà développés à cette tribune mieux que je ne pourrais le faire.

Le chapitre II traite de l'interdiction.

Et d'abord quelles personnes sont dans ce cas?

Les majeurs en état habituel d'imbécillité, de démence ou de fureur, lors même qu'il y a des intervalles lucides.

Ce n'est pas sur quelques actes isolés qu'on s'avisera jamais de décider qu'un homme a perdu le sens et la raison : telle est la triste condition de l'humanité, que le plus sage n'est pas exempt d'erreurs. Mais lorsque la raison n'est plus qu'un accident dans la vie de l'homme, lorsqu'elle ne s'y laisse appercevoir que de loin en loin, tandis que les paroles et les actions de tous les jours sont les paroles et les actions d'un insensé, on peut dire qu'il existe un état habituel de démence ; c'est alors le cas de l'interdiction.

Le mineur sorti de l'enfance n'est qu'un interdit frappé par une disposition générale de la loi, qui est uniquement fondée sur les défauts ordinaires de la jeunesse, sur son état habituel. Il est à présumer que ses défauts s'affaibliront de jour à autre ; car chez le mineur les progrès de la raison doivent naturellement suivre ceux de l'âge. Il est rare au contraire que le majeur qui a une fois éprouvé des pertes en ce genre, parvienne à les réparer complètement : sa condition est pire que celle du mineur ; la loi lui doit au moins la même protection et les mêmes secours.

Par qui l'interdiction peut-elle être provoquée ? Ici la loi distingue le cas de l'imbécillité ou de la démence, et celui de la fureur. On a pensé que la famille devait rester l'arbitre du sort de celui dont l'état n'intéressait, strictement parlant, que la famille.

Lorsque la sûreté publique n'est pas compromise, forcerez-vous le fils, le frère, l'épouse, à proclamer l'humiliation d'un père, d'un frère, d'un époux ? Si les intéressés à la conservation des biens ne se plaignent pas, personne n'a droit de se plaindre. L'interdiction pour cause d'imbécillité ou de démence ne pourra donc être provoquée que par un parent, ou par l'un des époux à l'égard de l'autre.

Il n'y a qu'un cas d'excepté; c'est celui d'une personne imbécille ou en démence, qui n'aurait ni époux, ni épouse, ni parent connu : alors, sans imposer à la partie publique l'obligation d'agir, on lui en donne le pouvoir ; elle en usera si l'intérêt du malade l'exige ; cependant elle ne sera pas forcée de faire, sans nécessité, un éclat fâcheux.

C'est autre chose, s'il s'agit d'un furieux dont les excès menacent le repos et la sûreté publique ; c'est alors pour le commissaire du Gouvernement un devoir rigoureux de provoquer l'interdiction de l'être dangereux et nuisible. L'intérêt de tous doit ici prévaloir sur les égards et les ménagemens particuliers.

Toute demande en interdiction sera portée devant le tribunal de première instance de l'arrondissement. Le conseil de famille sera consulté ; et pour que son avis soit plus impartial, on écarte du conseil les parens qui ont provoqué l'interdiction. Ils se sont rendus parties, ils ne doivent pas rester parmi les juges.

Cependant on a cru convenable que l'époux ou l'épouse, et enfans de la personne dont l'interdiction est demandée, pussent être admis au conseil de famille, sans y avoir voix délibérative ; parce qu'en général ils sont plus en état de donner sur les faits et sur les habitudes du malade les éclaircissemens nécessaires ; parce que, si l'interdiction était provoquée par d'autres parens plus éloignés, l'époux, l'épouse ou les enfans seraient intéressés personnellement à contredire une démarche qui réfléchirait désagréablement sur eux; parce que, lors même que l'époux, l'épouse ou les enfans cédant à la nécessité la plus impérieuse, auraient eux-mêmes formé la demande à fin d'interdiction, ils ne voudraient pas toujours associer le public aux révélations qu'ils seraient disposés à faire à la famille, dont l'avis donné, en pleine connaissance de cause, serait ensuite d'un plus grand poids.

Après que la famille a donné son avis, le défendeur est interrogé à la chambre du conseil, à moins qu'il ne puisse s'y présenter; auquel cas il est interrogé, dans sa demeure, par un des juges, assisté du greffier, et toujours en présence du commissaire du Gouvernement.

Lorsque cet interrogatoire ne peut pas avoir lieu en présence de tout le tribunal, ce n'est pas trop que deux magistrats y assistent, et puissent former leur opinion sur d'autres et moins fugitives impressions, que celles que laisse, après elle, la lecture d'un procès-verbal. Le maintien, l'air, le ton, le geste du répondant, déterminent autant et quelquefois plus que ses paroles, le véritable sens de sa réponse, qui sera mieux saisi, plus sainement interprété, par ceux qui l'auront vu et entendu faire.

Le tribunal d'appel sera toujours le maître d'interroger ou de faire interroger de nouveau la personne dont l'interdiction est demandée : on ne saurait prendre trop de précaution pour préparer un jugement en dernier ressort, sur une question d'état.

Il est possible qu'une personne dont l'interdiction aura été demandée pour cause d'imbécillité ou de démence, ne paraisse pas être en cet état, mais qu'il soit bien prouvé qu'à raison de la faiblesse de son esprit, ou de l'ascendant de quelque passion dominante, elle soit peu capable de la direction de ses affaires. Alors le juge serait embarrassé, si la loi ne lui permettait pas d'employer un autre remède que celui de l'interdiction.

Le juge, en semblables circonstances, pourra intimer la défense de plaider, transiger, emprunter, recevoir des remboursemens, aliéner ni hypothéquer, sans l'assistance d'un conseil qui sera nommé par le jugement.

Vous appercevez, citoyens Législateurs, la différence notable qui existe entre l'interdiction absolue, et le simple assujétissement à prendre, dans certains cas spécifiés, l'avis d'un conseil.

Ceux auxquels on donne un conseil ne sont pas incapables

des actes de la vie civile; ils ne peuvent s'obliger, en contractant dans les cas prévus, sans l'assistance de leur conseil; mais en général, ils sont habiles à contracter, ils peuvent se marier, ils peuvent faire un testament; ce que ne peuvent pas les interdits pour cause d'imbécillité, de démence ou de fureur.

Tout l'objet de la nomination d'un conseil, étant de prévenir le préjudice que pourraient éprouver ceux en faveur desquels elle est faite, ce serait aller directement contre le but qu'on se propose, si ceux-ci pouvaient être obligés à renoncer aux avantages certains qu'ils se seraient procurés sans l'intervention de leur conseil.

Le jugement portant interdiction ou nomination d'un conseil, doit être rendu à l'audience publique. On impose au demandeur l'obligation de le faire lever, signifier à partie, et inscrire, dans les dix jours, sur les tableaux qui doivent être affichés dans la salle de l'auditoire, et dans les études des notaires de l'arrondissement. Ces précautions sont prises dans l'intérêt des tiers: il faudra, pour en assurer l'observation, descendre dans quelques détails qui seraient au-dessous de la majesté de la loi. Il y sera pourvu par des réglemens d'administration publique, dès que le notariat sera tout-à-fait organisé.

Aussitôt après le premier interrogatoire, le tribunal saisi de la demande peut, s'il y a lieu, commettre un administrateur provisoire pour prendre soin de la personne et des biens du défendeur; mais après le jugement définitif, cette administration provisoire cesse, il faut un tuteur et un protuteur à la personne interdite.

Il peut arriver qu'elle soit en tutelle lors de son interdiction; alors la tutelle continue, sinon le tuteur et le protuteur sont établis protuteurs dans les formes accoutumées. Cependant le mari est de droit tuteur de sa femme interdite, et la femme peut être nommée tutrice à son mari.

On a compris que le tuteur d'un interdit, s'il était obligé à porter sa charge tant que durerait l'interdiction, serait de pire condition que le tuteur d'un mineur.

La minorité a son terme certain, marqué par la loi; l'interdiction n'en a d'autre que la vie dont la durée est incertaine et peut se prolonger dans une très-longue suite d'années.

On a dû poser en principe, qu'après dix ans de gestion, le tuteur de l'interdit serait remplacé, s'il demandait à l'être, à moins que la tutelle ne fût exercée par un mari, par une épouse, par un ascendant ou par un descendant de l'interdit; car la loi n'impose pas à ceux-ci un devoir nouveau : l'obligation de protéger, de défendre l'être infortuné qui les touche d'aussi près, vient de la nature; et ils ne voudront pas enfreindre ses sacrés préceptes, tant qu'ils auront la possibilité de les accomplir.

En général, l'interdit est assimilé au mineur, pour tout ce qui concerne sa personne et ses biens; ses revenus doivent être essentiellement employés à adoucir son sort, et accélérer sa guérison. Cette dernière disposition de la loi n'aurait peut-être pas le même degré d'utilité si en pareil cas le cri de l'humanité n'était pas trop souvent étouffé, et si l'intérêt ne parlait pas beaucoup plus haut qu'elle. Il est bon que les magistrats soient avertis que la loi condamne la sordide économie qu'on voudrait exercer sur l'infortune la plus touchante et la plus digne de pitié.

S'il est question de marier l'enfant d'un interdit, les conventions matrimoniales seront réglées par un conseil de famille, dont l'avis aura toujours besoin d'être homologué par le tribunal, sur les conclusions du commissaire du Gouvernement. Dans l'intention de la loi, cette homologation ne doit pas être une vaine formalité; le tribunal, le commissaire du Gouvernement, sont étroitement obligés, par les devoirs de leur place, de s'assurer que les intérêts de l'enfant et ceux de l'interdit ne sont pas sacrifiés à des intérêts opposés qui peuvent exister au sein même de leur famille.

L'interdiction et la nomination d'un conseil produisent leur effet, à l'égard des tiers, du jour du jugement. Tous actes postérieurs passés par l'interdit, sont nuls de droit; il en est de même de ceux qu'il est défendu de faire sans l'assistance d'un conseil, si la défense n'a pas été respectée.

Les actes antérieurs à la défense de contracter sans conseil sont inattaquables : quant à ceux antérieurs à l'interdiction, ils peuvent être annullés, si la cause de l'interdiction existait notoirement à l'époque où ils ont été faits. Celui qui contracte avec une personne notoirement imbécille, notoirement en démence, est lui-même notoirement de mauvaise foi : on suppose que la notoriété de la cause de l'interdiction existe par rapport à lui, et ne lui laisse aucun prétexte, pour affecter une ignorance tout-à-fait invraisemblable.

Après la mort d'une personne interdite, on ne peut plus attaquer, pour cause d'imbécillité ou de démence, les actes par elle faits de son vivant. Deux cas sont exceptés.

1°. Si l'interdiction avait été, sinon prononcée, du moins provoquée avant le décès de cette personne ;

2°. Si la preuve de la démence résultait de l'acte même qui serait attaqué.

Les motifs de l'exception, dans le dernier cas, sont d'une évidence frappante, et n'ont pas besoin de développement.

Il faut prendre garde que dans le premier cas, on ne prescrit pas aux juges l'obligation de rejetter ou d'admettre des actions qui peuvent être légitimes et fondées, et néanmoins paraître suspectes, par cela même qu'elles sont tardives ; on laisse aux tribunaux le pouvoir de peser les circonstances, qui se présentent sous tant de combinaisons différentes, qu'elles mettent en défaut la sagacité du plus habile législateur.

Enfin, l'interdiction cesse avec les causes qui l'ont déterminée ; mais par respect pour le jugement qui l'a prononcée, et plus encore pour la sûreté publique, il faut qu'il intervienne un jugement de main-levée, et que les mêmes formalités qui ont précédé et accompagné le premier, garantissent encore la sagesse du second ; alors seulement, l'interdit peut reprendre l'exercice de ses droits.

Le troisième et dernier chapitre est relatif aux prodigues. Vous avez pu remarquer, citoyens Législateurs, que jusqu'à présent il n'en avait pas été question. On a même douté long-temps s'il y avait des mesures à prendre contre la prodigalité.

Elle est, sans doute, l'abus de la propriété; mais la propriété elle-même ne se compose-t-elle pas du droit d'user et du droit d'abuser? Comment, dit-on, punir un homme parce qu'il a joui de son droit, parce qu'il a fait de sa chose, non pas le meilleur, non pas même un bon usage, mais enfin un usage qui n'était pas défendu, et qui lui convenait, à lui propriétaire, maître, à ce titre, de disposer de sa propriété selon son bon plaisir?

Cependant les Romains, par qui la propriété avait été définie *jus utendi*, *abutendi*, les Romains eux-mêmes admirent l'interdiction des prodigues; c'est que l'objet d'une sage législation doit être d'établir ce qui convient le mieux à la société, pour qui les lois sont faites, sans s'attacher, avec une minutieuse précision, à toutes les conséquences que le raisonnement peut faire sortir d'un principe abstrait.

L'Etat, intéressé à la conservation des familles, ne peut admettre que le droit de propriété soit, pour un citoyen, le droit de ruiner sa famille, en contentant de misérables fantaisies, ou même de honteux caprices.

Sans doute, le propriétaire peut impunément abuser de sa chose, et le *jus abutendi* est respecté, puisque l'acte fait, par le propriétaire libre, est toujours valable: la preuve de prodigalité ne résulte pas d'un seul abus, ni même de plusieurs, en choses de peu d'importance. Mais si l'abus tourne en habitude, il n'y a plus moyen de dissimuler que le dissipateur est une espèce de fou, qui manque de discernement pour se conduire, et auquel il serait dangereux de laisser l'entier et libre exercice d'un droit dont il n'use pas, dont il ne sait pas user, mais dont il abuse continuellement.

Ce n'était pas pour le punir d'avoir fait des actes, qu'il avait eu réellement le droit de faire, qu'on interdisait le prodigue, mais parce qu'on le voyait incapable d'exercer son droit de propriété avec sagesse, et en suivant les lumières de la droite raison.

La loi romaine disait expressément que le prodigue resterait en curatelle, *quamdiu sanos mores receperit*, tant que ses habitudes ne seraient pas rectifiées, et que ses mœurs ne seraient pas redevenues saines et pures; par où nous voyons que la loi romaine portait plus son attention et sa sévérité sur le principe des actions du prodigue, que sur ses actions même. En effet, la prodigalité est presque toujours la suite d'autres passions pernicieuses, d'autres penchans très-condamnables. Ce sont ces vices qu'on attaque, en ôtant au prodigue les moyens d'abuser da sa fortune.

On ne vous propose cependant pas, citoyens Législateurs, d'user, à l'égard du prodigue, du remède extrême de l'interdiction. Il a paru qu'il suffisait de lui donner un conseil, sans lequel il ne pourrait plaider, transiger, emprunter, recevoir un capital mobilier, en donner décharge, aliéner, ni grever ses biens d'hypothèques. Déjà je vous ai fait remarquer en quoi diffèrent essentiellement l'interdiction et la dation de conseil. Ce que j'ai dit à cet égard, me paraît propre à justifier la mesure proposée relativement aux prodigues.

Ceux qui ont droit de demander l'interdiction pour cause d'imbécillité et de démence, pourront provoquer contre les prodigues la défense de plaider, de contracter sans conseil: leur demande sera instruite et jugée suivant les règles prescrites pour l'interdiction; il en sera de même lorsqu'il sera question de lever cette défense.

Suit le texte de la loi.

TITRE XI.

De la Majorité, de l'Interdiction, et du Conseil judiciaire.

Décrété le 8 germinal an XI. Promulgué le 18 du même mois.

CHAPITRE PREMIER.

De la majorité.

Article 488. — La majorité est fixée à vingt-un ans accomplis ; à cet âge on est capable de tous les actes de la vie civile, sauf la restriction portée au titre *du Mariage*.

CHAPITRE II.

De l'interdiction.

Article 489. — Le majeur qui est dans un état habituel d'imbécillité, de démence ou de fureur, doit être interdit, même lorsque cet état présente des intervalles lucides.

Art. 490. — Tout parent est recevable à provoquer l'interdiction de son parent. Il en est de même de l'un des époux à l'égard de l'autre.

Art. 491. — Dans le cas de fureur, si l'interdiction n'est provoquée ni par l'époux ni par les parens, elle doit l'être par le commissaire du Gouvernement, qui, dans les cas d'imbécillité ou de démence, peut aussi la provoquer contre un individu qui n'a ni époux, ni épouse, ni parens connus.

Art. 492. — Toute demande en interdiction sera portée devant le tribunal de première instance.

Art. 493. — Les faits d'imbécillité, de démence, ou de fureur, seront articulés par écrit. Ceux qui poursuivront l'interdiction, présenteront les témoins et les pièces.

Art. 494. — Le tribunal ordonnera que le conseil de famille, formé selon le mode déterminé à la section IV du chapitre II du titre *de la minorité, de la tutelle et de l'émancipation*, donne son avis sur l'état de la personne dont l'interdiction est demandée.

Art. 495. — Ceux qui auront provoqué l'interdiction, ne pourront faire partie du conseil de famille : cependant l'époux, ou l'épouse, et les enfans de la personne dont l'interdiction sera provoquée, pourront y être admis sans y avoir voix délibérative.

Art. 496. — Après avoir reçu l'avis du conseil de famille, le tribunal interrogera le défendeur à la chambre du conseil : s'il ne peut s'y présenter, il sera interrogé dans sa demeure, par l'un des juges à ce commis, assisté du greffier. Dans tous les cas, le commissaire du Gouvernement sera présent à l'interrogatoire.

Art. 497. — Après le premier interrogatoire, le tribunal commettra, s'il y a lieu, un administrateur provisoire, pour prendre soin de la personne et des biens du défendeur.

Art. 498. — Le jugement sur une demande en interdiction, ne pourra être rendu qu'à l'audience publique, les parties entendues ou appelées.

Art. 499. — En rejetant la demande en interdiction, le tribunal pourra néanmoins, si les circonstances l'exigent, ordonner que le défendeur ne pourra désormais plaider, transiger, emprunter, recevoir un capital mobilier, ni en donner décharge, aliéner, ni grever ses biens d'hypothèques, sans l'assistance d'un conseil qui lui sera nommé par le même jugement.

Art. 500. — En cas d'appel du jugement rendu en première instance, le tribunal d'appel pourra, s'il le juge nécessaire, interroger de nouveau, ou faire interroger par un commissaire, la personne dont l'interdiction est demandée.

Art. 501. — Tout jugement portant interdiction, ou nomination d'un conseil, sera, à la diligence des demandeurs, levé, signifié à partie, et inscrit, dans les dix jours, sur les tableaux qui doivent être affichés dans la salle de l'auditoire et dans les études des notaires de l'arrondissement.

Art. 502. — L'interdiction ou la nomination d'un conseil aura son effet du jour du jugement. Tous actes passés postérieurement par l'interdit, ou sans l'assistance du conseil, seront nuls de droit.

Art. 503. — Les actes antérieurs à l'interdiction pourront être annullés, si la cause de l'interdiction existait notoirement à l'époque où ces actes ont été faits.

Art. 504. — Après la mort d'un individu, les actes par lui faits ne pourront être attaqués pour cause de démence, qu'autant que son interdiction aurait été prononcée ou provoquée avant son décès; à moins que la preuve de la démence ne résulte de l'acte même qui est attaqué.

Art. 505. — S'il n'y a pas d'appel du jugement d'interdiction rendu en première instance, ou s'il est confirmé sur l'appel, il sera pourvu à la nomination d'un tuteur et d'un subrogé tuteur à l'interdit, suivant les règles prescrites au titre *de la minorité, de la tutelle et de l'émancipation.* L'administrateur provisoire cessera ses fonctions, et rendra compte au tuteur, s'il ne l'est pas lui-même.

Art. 506. — Le mari est, de droit, le tuteur de sa femme interdite.

Art. 507. — La femme pourra être nommée tutrice de son mari. En ce cas, le conseil de famille réglera la forme et les conditions de l'administration; sauf le recours devant les tribunaux de la part de la femme qui se croirait lésée par l'arrêté de la famille.

Art. 508. — Nul, à l'exception des époux, des ascendans et descendans, ne sera tenu de conserver la tutelle d'un interdit au-delà de dix ans. A l'expiration de ce délai, le tuteur pourra demander et devra obtenir son remplacement.

Art. 509. — L'interdit est assimilé au mineur, pour sa personne et pour ses biens : les lois sur la tutelle des mineurs s'appliqueront à la tutelle des interdits.

Art. 510. — Les revenus d'un interdit doivent être essentiellement employés à adoucir son sort et à accélérer sa guérison. Selon les caractères de sa maladie et l'état de sa fortune, le conseil de famille pourra arrêter qu'il sera traité dans son domicile, ou qu'il sera placé dans une maison de santé, et même dans un hospice.

Art. 511. — Lorsqu'il sera question du mariage de l'enfant d'un interdit, la dot, ou l'avancement d'hoirie, et les autres conventions matrimoniales, seront réglés par un avis du conseil de famille, homologué par le tribunal, sur les conclusions du commissaire du Gouvernement.

Art. 512. — L'interdiction cesse avec les causes qui l'ont déterminée : néanmoins la main-levée ne sera prononcée qu'en observant les formalités prescrites pour parvenir à l'interdiction, et l'interdit ne pourra reprendre l'exercice de ses droits qu'après le jugement de main-levée.

CHAPITRE III.

Du conseil judiciaire.

Article 513. — Il peut être défendu aux prodigues de plaider, de transiger, d'emprunter, de recevoir un capital mobilier et d'en donner décharge, d'aliéner, ni de grever leurs biens d'hypothèques, sans l'assistance d'un conseil qui leur est nommé par le tribunal.

Art. 514. — La défense de procéder sans l'assistance d'un conseil, peut être provoquée par ceux qui ont droit de demander l'interdiction; leur demande doit être instruite et jugée de la même manière.

Cette défense ne peut être levée qu'en observant les mêmes formalités.

Art. 515. — Aucun jugement, en matière d'interdiction, ou de nomination de conseil, ne pourra être rendu, soit en première instance, soit en cause d'appel, que sur les conclusions du commissaire du Gouvernement.

FIN DU LIVRE PREMIER.

CODE CIVIL

DES

FRANÇAIS.

LIVRE II.

TABLE DES TITRES

ET CHAPITRES DES MATIÈRES

CONTENUES DANS LE LIVRE SECOND DU CODE CIVIL.

LIVRE II.

DES BIENS ET DES DIFFÉRENTES MODIFICATIONS DE LA PROPRIÉTÉ.

Discours des orateurs du gouvernement. . . . Pag. 5

TIT. I. *de la distinction des biens.* 15

Chap. I. Des immeubles. . . . . Ibid.

Chap. II. Des meubles. 17

Chap. III. Des biens dans leur rapport avec ceux qui les possèdent. 19

Discours des orateurs du gouvernement 21

TIT. II. *De la propriété.* 43

Chap. I. Du droit d'accession sur ce qui est produit par la chose. 44

Chap. II. Du droit d'accession sur ce qui s'unit et s'incorpore à la chose. . . . . Ibid.

Sect. I. Du droit d'accession relativement aux choses immobilières. 45

Sect. II. Du droit d'accession, relativement aux choses mobilières. 48

Discours des orateurs du gouvernement 51

TIT. III. *De l'usufruit, de l'usage et de l'habitation.* 58

Chap. I. De l'usufruit. . . . . Ibid.

Sect. I. Des droits de l'usufruitier. 59

Sect. II. Des obligations de l'usufruitier. . . . 62

Sect. III. Comment l'usufruit prend fin 65

Chap. II. De l'usage et de l'habitation. 67

Table des titres et chapitres.

DISCOURS DES ORATEURS DU GOUVERNEMENT 69
TIT IV. *Des servitudes ou services fonciers.* 80
CHAP. I. Des servitudes qui dérivent de la situation des lieux 81
CHAP. II. Des servitudes établies par la loi . . . 82
SECT. I. Du mur et du fossé mitoyens. . . . 83
SECT. II. De la distance et des ouvrages intermédiaires, requis pour certaines constructions... 87
SECT. III. Des vues sur la propriété de son voisin . Ibid.
SECT. IV. De l'égoût des toits. 88
SECT. V. Du droit de passage . . . . Ibid.
CHAP. III. Des servitudes établies par le fait de l'homme 89
SECT. I. Des diverses espèces de servitudes qui peuvent être établies sur les biens . Ibid.
SECT. II. Comment s'établissent les servitudes. . . 90
SECT. III. Des droits du propriétaire du fonds auquel la servitude est due 92
SECT. IV. Comment les servitudes s'éteignent. . . . 93

FIN DE LA TABLE DU LIVRE II.

CODE CIVIL.

LIVRE II.

Des biens et des différentes modifications de la propriété.

Le PREMIER CONSUL a nommé, pour présenter la loi formant le Titre Ier. du Livre II du Code Civil, et pour en soutenir la discussion, les Cit. *Treilhard, Galli* et *Defermont*, Conseillers d'État.

Introduits dans la salle du Corps Législatif, le 4 pluviose an 12, l'un d'eux, portant la parole, a prononcé le discours suivant.

CITOYENS LÉGISLATEURS,

Le moment est venu de reprendre l'édifice de notre législation, dont vous avez si heureusement posé les bases dans le cours de votre dernière session, et nous vous portons le premier titre du second livre du Code civil : *de la distinction des biens*.

Après avoir, par des lois sages, assuré l'état de tous les Français, il convient de s'occuper de leurs propriétés.

C'est pour acquérir avec sécurité, c'est pour jouir en paix, que l'homme sacrifie une portion de son indépendance, quand il se réunit en société.

Dans un état où tout serait commun à tous, personne ne seriat assuré de rien, et celui que la force mettrait aujourd'hui en possession, pourrait demain être dépossédé par la force.

Ce n'est donc pas assez d'avoir considéré l'homme sous tous ses rapports, d'avoir placé sous la sauve-garde des lois, son état, l'état de son épouse, celui de ses enfans; d'avoir garanti une protection spéciale aux mineurs, aux absens, à tous ceux enfin qui par la faiblesse de leur âge, ou de leur raison, ou pour toute autre cause, ne peuvent repousser les attaques qui leur sont livrées; il faut aussi assurer le libre exercice de nos facultés; il faut nous conserver le fruit de nos travaux et de notre industrie; il faut enfin garantir la propriété : la propriété ! base fondamentale et l'un des plus puissans mobiles de la société. Qui pourrait en effet aspirer à la qualité d'époux, désirer celle de père, si, en prolongeant notre existence au-delà du trépas, nous ne transmettions pas avec elle les douceurs qui l'ont embellie, ou du moins consolée?

Il est donc nécessaire, après s'être occupé des personnes, de s'occuper des biens : c'est l'objet du second et du troisième livre du Code.

Dans le second livre, on considère les biens sous leurs différentes modifications; dans le troisième, on les considère sous le rapport des différentes manières par lesquelles on peut les acquérir et les transmettre.

Déjà, dans le cours de la dernière session, vous avez sanctionné deux titres de ce dernier livre, celui *des successions* et celui *des donations* : leur importance a fait intervertir pour eux l'ordre du travail, et devancer l'instant où ils devaient vous être présentés; nous allons reprendre la première série des titres, et vous vous occuperez du second livre, c'est-à-dire des biens considérés sous leurs différentes modifications.

Ce livre renferme quatre titres; 1°. *de la distinction des biens*; 2°. *de la propriété*; 3°. *de l'usufruit et de l'habitation*; 4°. *des servitudes ou services fonciers.*

Voilà en effet les seules modifications dont les propriétés soient susceptibles dans notre organisation politique et sociale ; il ne peut exister sur les biens aucune autre espèce de droits : ou l'on a une propriété pleine et entière qui renferme également et le droit de jouir et le droit de disposer ; ou l'on n'a qu'un simple droit de jouissance, sans pouvoir disposer du fonds ; ou enfin on n'a que des services fonciers à prétendre sur la propriété d'un tiers : services qui ne peuvent être établis que pour l'usage et l'utilité d'un héritage ; services qui n'entraînent aucun assujettissement de la personne ; services enfin qui n'ont rien de commun avec les dépendances féodales brisées pour toujours.

Nous ne vous présenterons aujourd'hui que le premier titre, celui de la *distinction des biens* : il ne renferme que trois chapitres : *des immeubles*, *des meubles*, *des biens dans leurs rapports avec ceux qui les possèdent*.

Ces titres sont précédés d'un article unique qui distingue tous les biens en meubles ou immeubles : distinction sous laquelle se rangent évidemment toutes les espèces de biens ; il est impossible d'en concevoir qui ne doivent pas être compris dans l'une de ces deux classes.

Il fut un tems où les immeubles formaient la portion la plus précieuse du patrimoine des citoyens ; et ce tems peut-être n'est pas celui où les mœurs ont été le moins saines. Mais depuis que les communications, devenues plus faciles, plus actives, plus étendues, ont rapproché entre eux les hommes de toutes les nations ; depuis que le commerce, en rendant, pour ainsi dire, les productions de tous les pays communes à tous les peuples, a donné de si puissans ressorts à l'industrie, et a créé de nouvelles jouissances, c'est-à-dire de nouveaux besoins, et peut-être des vices nouveaux, la fortune mobilière des citoyens s'est considérablement accrue, et cette révolution n'a pu être étrangère, ni aux mœurs, ni à la législation.

On n'a pas dû attacher autant d'importance à une portion de terre, autrefois patrimoine unique des citoyens, et qui aujourd'hui ne forme peut-être pas la moitié de leur fortune. Ainsi ont disparu les affectations des biens aux familles, sous la désignation de *propres*, *propres anciens*, *retrait lignager*, et les transactions entre les citoyens, comme les lois sur les successions, se trouvent bien moins compliquées.

Il serait déplacé d'examiner ici ce que la société peut avoir perdu, ce qu'elle peut avoir gagné dans ces changemens. Le législateur adapte ses lois à l'état actuel des peuples pour qui elles sont faites : non que je prétende qu'il doive obéir aveuglément aux directions bonnes ou mauvaises de l'esprit et des mœurs publiques; mais il en prépare la réforme, quand elle est devenue nécessaire par des voies lentes et détournées, par des règlemens sages qui, agissant insensiblement, redressent sans briser, et corrigent sans révolter.

Je reviens au premier chapitre du titre de la *distinction des biens*, celui *des immeubles*.

Il est des objets immeubles par leur nature, comme les fonds de terre, les bâtimens : on ne peut pas se méprendre sur leur qualité, elle est sensible : on ne peut pas davantage méconnaître la qualité d'immeuble dans les usines qui font partie d'un bâtiment, dans les tuyaux qui y conduisent des eaux, et dans d'autres objets de la même espèce, qui s'identifient avec l'immeuble et ne font qu'un seul tout avec lui.

Il n'est pas moins évident que les récoltes, quand elles sont encore pendantes par les racines, les coupes de bois qui ne sont pas encore abattues, n'ayant pas cessé de faire partie du fonds, sont et restent immeubles jusqu'au moment où elles en seront séparées.

Mais il est quelques objets qui, au premier aperçu, peuvent laisser des doutes sur leur qualité.

Regardera-t-on en effet comme immeuble, un pressoir par exemple, dont toutes les pièces peuvent être séparées et enlevées, sans dégrader le fonds, mais qui a été placé comme nécessaire à l'exploitation?

Mettra-t-on aussi dans la classe des immeubles un droit de passage sur un héritage voisin, l'usufruit d'une terre, une action en revendication d'un immeuble?

Vous concevez que le législateur ne se propose pas de donner des décisions particulières sur chaque espèce douteuse qui peut se présenter; son devoir est de tracer des règles larges et générales, qui renferment des principes de solution pour toutes les questions : c'est ce que l'on a dû faire, et c'est aussi ce que l'on a fait.

Pour déterminer si un objet doit être ou non considéré comme immeuble, il faut rechercher sa destination, il faut examiner quelle est la chose sur laquelle il s'exerce; voilà deux principes féconds en conséquences, et qui doivent résoudre tous les doutes.

Ainsi, toute action, tendante à revendiquer un immeuble, sera considérée comme immeuble par l'objet auquel elle s'applique : pourrait-on refuser la qualité d'immeuble à une action qui représente l'immeuble et qui en tient la place ?

L'usufruit d'un immeuble, les services fonciers sur un immeuble, seront également immeubles par le même motif; car ils s'appliquent sur des immeubles.

La règle puisée dans la destination du père de famille, n'est pas moins juste, moins nécessaire ni moins facile à appliquer que la précédente.

Tout ce qu'un propriétaire place dans son domaine, pour son service et son exploitation, prend la qualité d'immeuble par destination; les choses ainsi placées, deviennent en effet une partie du fonds, puisqu'on ne pourrait les enlever sans le détériorer et le dégrader essentiellement, et sans rendre son exploitation impossible : la règle établie sur la destination du propriétaire est donc fondée, et sur la justice, et sur l'intérêt évident de la société.

Cette règle embrasse dans son esprit, tous les objets qu'un propriétaire attache au fonds à perpétuelle demeure, dans l'intention de l'améliorer ou de l'embellir.

Ce principe n'est pas nouveau; mais il s'élevait de nombreuses difficultés sur son application; les tribunaux retentissaient de démêlés sur les questions de savoir si des tableaux, des glaces, des statues avaient été placés ou non à perpétuelle demeure, parce que les lois n'établissaient pas de règle précise pour juger cette question de fait. Nous proposons de prévenir, à cet égard, toute difficulté dans la suite, en fixant les signes caractéristiques d'une intention de placer des meubles à perpétuelle demeure : ainsi se trouvera tarie une source abondante de procès entre les citoyens, et c'est un grand bien pour la société.

Le chapitre *second* du projet de loi, traite des *meubles*.

Une chose est meuble par sa nature, quand elle est transportable d'un lieu à un autre, soit qu'elle se meuve par elle-même, comme les animaux, soit qu'elle ne puisse changer de place que par l'effet d'une force étrangère, comme les choses inanimées.

Cette définition s'entend assez d'elle-même, et n'a pas besoin d'être expliquée.

Il serait sans doute inutile d'observer ici que les choses mobilières, qui n'ont acquis la qualité d'immeubles que par leur destination, reprennent leur qualité de meubles, lorsque cette destination est changée : ainsi, une glace, ou un tableau, enlevés de leur parquet par le père de famille, avec l'intention de ne pas les y replacer, redeviennent meubles; ils n'étaient immeubles que par destination, ils cessent d'être immeubles par une destination contraire.

Mais s'il est difficile qu'il s'élève des difficultés sérieuses sur la question de savoir si une chose est meuble par sa nature, il est permis et même prudent d'en prévoir sur certains objets dont la qualité n'est pas aussi sensible; comme, par exemple, les obligations, les actions ou intérêts dans les compagnies de finance, de commerce ou d'industrie, et enfin des rentes.

Quant aux obligations, vous prévoyez bien qu'on a placé celles qui ont pour objet des sommes exigibles, ou des effets mobiliers, dans la classe des meubles, par ce même motif qui fait réputer immeubles les actions tendant à revendiquer un immeuble.

Les actions ou intérêts dans les compagnies de finance, de commerce ou d'industrie, sont aussi rangés dans la même classe, parce que les bénéfices qu'elles procurent, sont mobiliers. Et la règle est juste, même lorsque les compagnies de commerce, de finance ou d'industrie ont dû acquérir quelques immeubles pour l'exploitation de l'entreprise : cette entreprise est toujours le principal objet de l'association dont l'immeuble n'est que l'accessoire, et la qualité d'une chose ne peut être déterminée que par la considération de son objet principal.

Observons cependant que les actions ou intérêts dans les compagnies de commerce, d'industrie ou de finance, ne sont réputés meubles qu'à l'égard de chaque associé seulement, et tant que dure la société; car les meubles appartenant à l'entreprise sont toujours immeubles, sans contredit, à l'égard des créanciers de ces compagnies, et ils sont encore immeubles à l'égard des associés, lorsque la société étant rompue, il s'agit d'en régler et d'en partager les bénéfices ou les pertes.

Nous avons aussi placé les rentes dans la classe des meubles.

C'était autrefois une question très-controversée, de savoir si les rentes constituées étaient meubles ou immeubles: la coutume de Paris les réputait immeubles; d'autres coutumes les réputaient meubles; dans cette diversité d'usages, la nature de la rente était réglée par le domicile du créancier à qui elle était due: la rente étant un droit personnel, ne pouvait en effet être régie que par la loi qui régissait la personne; il résultait de-là que, dans un tems où les héritiers des meubles n'étaient pas toujours héritiers des immeubles, un homme qui ne possédait que des rentes, pouvait, sans dénaturer sa fortune, déranger à son gré l'ordre des successions, en rendant sa propriété mobilière ou immobilière, suivant qu'il lui convenait de fixer son domicile sous l'empire de telle ou telle coutume.

Cette bizarrerie a dû disparaître; et au moment où nous créons une législation fondée sur la nature même des choses, nous n'avons pas dû ranger dans la classe des immeubles, des objets purement personnels, qui n'ont en eux-mêmes rien d'immobilier, et qui peuvent exister, sans même leur supposer une hypothèque sur des immeubles.

Que les rentes constituées aient été considérées comme immeubles lorsqu'il était défendu de stipuler l'intérêt de l'argent, lorsqu'on ne pouvait constituer une rente sans feindre 1°. que celui qui en fournissait le capital l'aliénait à perpétuité; 2°. que celui qui constituait la rente se dessaisissait d'un héritage et en investissait son créancier, qui, en percevant ensuite les arrérages de cette rente, n'était censé recevoir que les fruits de l'immeuble dont son débiteur s'était fictivement dessaisi, cela peut se concevoir; mais tant de subtilité n'est plus de notre siècle; il faut partir aujourd'hui de vérités généralement reconnues; l'argent peut produire des intérêts très-légitimes, sans qu'il soit besoin de recourir à une aliénation fictive du capital, et une rente ne présentant dans son caractère rien d'immobilier, ne peut être déclarée que meuble dans nos lois.

Il s'élevait aussi de grandes contestations sur l'acception des mots *meubles*, *meubles meublans*, *biens meubles*, *mobilier*, *effets mobiliers*, quand ils étaient employés dans les actes; nous avons cru ne devoir pas laisser subsister une incertitude qui fut quelquefois très-embarrassante pour les juges, et toujours ruineuse pour les plaideurs. Nous avons en conséquence fixé le sens précis de toutes ces expressions.

Nous avons aussi fait disparaître les doutes sur quelques autres points, qui nous étaient signalés par les nombreux procès dont ils furent l'objet. Il serait superflu de vous en entretenir dans ce moment et d'entrer dans les détails; la lecture de la loi vous les fera suffisamment connaître, ainsi que la sagesse des motifs qui l'ont provoquée.

Je passe au troisième et dernier chapitre, celui *des biens dans leurs rapports avec ceux qui les possèdent.*

Les lois romaines distinguaient, dans les biens, ceux qui sont communs à tous les hommes, comme l'air, comme la mer, dont un peuple ne peut envahir la domination, sans se déclarer le plus odieux et le plus insensé des tyrans; les choses publiques, comme les chemins, les ports, les rivages de la mer et autres objets de cette nature; les choses qui n'appartenaient à personne, *res nullius*, telles étaient celles consacrées au service divin; des choses qui appartenaient aux communautés d'habitans, comme les théâtres et autres établissemens de cette espèce; et enfin les choses dites *res singulorum*, c'est-à-dire, celles qui se trouvaient dans le commerce, parce qu'elles étaient susceptibles de propriété privée.

Les biens compris dans cette dernière classe, sont les seuls dont le Code civil doive s'occuper; les autres sont du ressort, ou d'un code de droit public, ou de lois administratives, et l'on n'a dû en faire mention que pour annoncer qu'ils étaient soumis à des lois particulières.

Les biens susceptibles de propriété privée, peuvent être dans la possession de la nation ou des communes.

Déjà vous avez érigé en loi, dans le cours de votre dernière session, la maxime, que les biens qui n'ont pas de maître appartiennent à la nation; conséquence nécessaire de l'abolition du droit du prémier occupant, droit inadmissible dans une société organisée.

En vous proposant aujourd'hui de déclarer que les biens vacans et sans maître, et les biens des personnes qui ne laissent pas d'héritiers, appartiennent aussi à la nation, nous ne vous présentons pas une disposition nouvelle; c'est une suite naturelle de ce que vous avez déjà sanctionné.

Ces biens, quoique susceptibles de propriété privée, sont administrés et aliénés par des règles et dans des formes qui leur sont propres, pendant qu'ils se trouvent hors de la propriété des particuliers.

Ce qu'il importait surtout d'établir solennellement dans le Code, c'est que les particuliers ont la libre disposition des biens qui leur appartiennent : voilà la principale disposition du chapitre III; voilà la sauve-garde et la garantie de la propriété.

Cependant, cette maxime elle-même pourrait devenir funeste,

si l'usage que chacun peut faire de sa propriété n'était pas surveillé par la loi.

Si un particulier s'obstinait à ne pas réparer sa maison, et à mettre en danger, par cette manière d'user de la chose, la vie de ceux qui traverseraient la rue, point de doute qu'il devrait être forcé par la puissance publique à démolir, ou à réparer. Il serait facile de citer d'autres abus de propriété qui compromettraient et la sûreté des citoyens, et quelquefois même la tranquillité de la société entière.

Il a donc fallu, en même tems qu'on assurait aux particuliers la libre disposition de leurs biens, ajouter à cette maxime inviolable, le principe non moins sacré, que cette disposition était néanmoins soumise aux modifications établies par les lois, et c'est par cette précaution sage et prudente, que la sûreté et la propriété de tous se trouvent efficacement garanties : ce n'est pas par des mouvemens capricieux et arbitraires que la faculté de disposer de sa chose pourra être modifiée ; c'est par la loi seule, c'est-à-dire, par la volonté nationale, dont vous êtes les organes, et votre sagesse est un garant que cette volonté n'admet de modification que pour des motifs d'une haute considération.

Enfin, le dernier article de la loi nous ramène à ce que nous vous annoncions en commençant : on ne peut avoir sur les biens que trois sortes de droits, ou un droit de propriété, ou une simple jouissance, ou seulement des services fonciers : ainsi notre Code abolit jusqu'au moindre vestige de ce domaine de supériorité, jadis connu sous les noms de *seigneurie féodale et censuelle*.

Les titres *de la propriété*, *de l'usufruit*, *des servitudes*, vous seront bientôt présentés ; notre mission se borne au titre de la *distinction des biens*, dont je vais donner lecture.

Suit le texte de la loi.

LIVRE II.

DES BIENS ET DES DIFFÉRENTES MODIFICATIONS DE LA PROPRIÉTÉ.

TITRE PREMIER.

De la distinction des biens.

Décrété le 4 pluviose, an XII. Promulgué le 14 du même mois.

Article 516. — Tous les biens sont meubles ou immeubles.

CHAPITRE PREMIER.

Des immeubles.

Article 517. — Les biens sont immeubles, ou par leur nature, ou par leur destination, ou par l'objet auquel ils s'appliquent.

Art. 518. — Les fonds de terre et les bâtimens sont immeubles par leur nature.

Art. 519. — Les moulins à vent ou à eau, fixes sur piliers et faisant partie du bâtiment, sont aussi immeubles par leur nature.

Art. 520. — Les récoltes pendantes par les racines, et les fruits des arbres non encore recueillis, sont pareillement immeubles.

Dès que les grains sont coupés et les fruits détachés, uoique non-enlevés, ils sont meubles.

Si une partie seulement de la récolte est coupée, cette partie seule est meuble.

Art. 521. — Les coupes ordinaires des bois taillis ou de futaies mises en coupes réglées, ne deviennent meubles qu'au fur et à mesure que les arbres sont abattus.

Art. 522. — Les animaux que le propriétaire du fonds livre au fermier ou au métayer pour la culture, estimés ou non, sont censés immeubles tant qu'ils demeurent attachés au fonds par l'effet de la convention.

Ceux qu'il donne à cheptel à d'autres qu'au fermier ou métayer, sont meubles.

Art. 523. — Les tuyaux servant à la conduite des eaux dans une maison ou autre héritage, sont immeubles et font partie du fonds auquel ils sont attachés.

Art. 524. — Les objets que le propriétaire d'un fonds y a placés pour le service et l'exploitation de ce fonds, sont immeubles par destination.

Ainsi, sont immeubles par destination, quand ils ont été placés par le propriétaire pour le service et l'exploitation du fonds,

Les animaux attachés à la culture ;

Les ustensiles aratoires ;

Les semences données aux fermiers ou colons partiaires ;

Les pigeons des colombiers ;

Les lapins des garennes ;

Les ruches à miel.

Les poissons des étangs ;

Les pressoirs, chaudières, alambics, cuves et tonnes ;

Les ustensiles nécessaires à l'exploitation des forges, papeterieset autres usines ;

Les pailles et engrais.

Sont aussi immeubles par destination, tous effets mobiliers

biliers que le propriétaire a attachés au fonds à perpétuelle demeure.

Art. 525. — Le propriétaire est censé avoir attaché à son fonds des effets mobiliers à perpétuelle demeure, quand ils y sont scellés en plâtre ou à chaux ou à ciment, ou lorsqu'ils ne peuvent être détachés sans être fracturés et détériorés, ou sans briser ou détériorer la partie du fonds à laquelle ils sont attachés.

Les glaces d'un appartement sont censées mises à perpétuelle demeure, lorsque le parquet sur lequel elles sont attachées fait corps avec la boiserie.

Il en est de même des tableaux et autres ornemens.

Quant aux statues, elles sont immeubles lorsqu'elles sont placées dans une niche pratiquée exprès pour les recevoir, encore qu'elles puissent être enlevées sans fracture ou détérioration.

Art. 526. — Sont immeubles, par l'objet auquel ils s'appliquent,

L'usufruit des choses immobilières;

Les servitudes ou services fonciers;

Les actions qui tendent à revendiquer un immeuble.

CHAPITRE II.

Des meubles.

Article 527. — Les biens sont meubles par leur nature, ou par la détermination de la loi.

Art. 528. — Sont meubles par leur nature, les corps qui peuvent se transporter d'un lieu à un autre, soit qu'ils se meuvent par eux-mêmes, comme les animaux, soit qu'ils ne puissent changer de place que par l'effet d'une force étrangère, comme les choses inanimées.

Art. 529. — Sont meubles par la détermination de la loi, les obligations et actions qui ont pour objet des sommes exigibles ou des effets mobiliers, les actions ou intérêts dans les compagnies de finance, de commerce ou d'industrie, encore que des immeubles dépendans de ces entreprises appartiennent aux compagnies. Ces actions ou intérêts sont réputés meubles à l'égard de chaque associé seulement, tant que dure la société.

Sont aussi meubles par la détermination de la loi, les rentes perpétuelles ou viagères, soit sur la République, soit sur des particuliers.

Art. 530. — Toute rente établie à perpétuité pour le prix de la vente d'un immeuble, ou comme condition de la cession à titre onéreux ou gratuit d'un fonds immobilier, est essentiellement rachetable.

Il est néanmoins permis au créancier de régler les clauses et conditions du rachat.

Il lui est aussi permis de stipuler que la rente ne pourra lui être remboursée qu'après un certain terme, lequel ne peut jamais excéder trente ans : toute stipulation contraire est nulle. *

Art. 531. — Les bateaux, bacs, navires, moulins et bains sur bateaux, et généralement toutes usines non fixées par des piliers, et ne faisant point partie de la maison, sont meubles : la saisie de quelques-uns de ces objets peut cependant, à cause de leur importance, être soumise à des formes particulières, ainsi qu'il sera expliqué dans le code de la procédure civile.

Art. 532. — Les matériaux provenant de la démolition d'un édifice, ceux assemblés pour en construire un nouveau, sont meubles jusqu'à ce qu'ils soient employés par l'ouvrier dans une construction.

* Cet article 530 a été décrété le 30 ventose an XII. Promulgué le 10 germinal suivant.

Art. 533. — Le mot *meuble*, employé seul dans les dispositions de la loi ou de l'homme, sans autre addition ni désignation, ne comprend pas l'argent comptant, les pierreries, les dettes actives, les livres, les médailles, les instrumens des sciences, des arts et métiers, le linge de corps, les chevaux, équipages, armes, grains, vins, foins et autres denrées; il ne comprend pas aussi ce qui fait l'objet d'un commerce.

Art. 534. — Les mots *meubles meublans* ne comprennent que les meubles destinés à l'usage et à l'ornement des appartemens, comme tapisseries, lits, siéges, glaces, pendules, tables, porcelaines et autres objets de cette nature.

Les tableaux et les statues qui font partie du meuble d'un appartement y sont aussi compris, mais non les collections de tableaux qui peuvent être dans les galeries ou pièces particulières.

Il en est de même des porcelaines; celles seulement qui font partie de la décoration d'un appartement, sont comprises sous la dénomination de *meubles meublans*.

Art. 535. — L'expression *biens meubles*, celle de *mobilier* ou d'*effets mobiliers*, comprennent généralement tout ce qui est censé meuble d'après les règles ci-dessus établies.

La vente ou le don d'une maison meublée ne comprend que les meubles meublans.

Art. 536. — La vente ou le don d'une maison, avec tout ce qui s'y trouve, ne comprend pas l'argent comptant, ni les dettes actives et autres droits dont les titres peuvent être déposés dans la maison; tous les autres effets mobiliers y sont compris.

CHAPITRE III.

Des biens dans leur rapport avec ceux qui les possèdent.

Article 537. — Les particuliers ont la libre disposition des biens qui leur appartiennent, sous les modifications établies par les lois.

Les biens qui n'appartiennent pas à des particuliers, sont administrés et ne peuvent être aliénés que dans les formes et suivant les règles qui leur sont particulières.

Art. 538. — Les chemins, routes et rues à la charge de la nation, les fleuves et rivières navigables ou flottables, les rivages, lais et relais de la mer, les ports, les havres, les rades, et généralement toutes les portions du territoire national, qui ne sont pas susceptibles d'une propriété privée, sont considérés comme des dépendances du domaine public.

Art. 539. — Tous les biens vacans et sans maître, et ceux des personnes qui décèdent sans héritiers, ou dont les successions sont abandonnées, appartiennent à la nation.

Art. 540. — Les portes, murs, fossés, remparts des places de guerre et des forteresses, font aussi partie du domaine public.

Art. 541. — Il en est de même des terrains, des fortifications et remparts des places qui ne sont plus places de guerre : ils appartiennent à la nation, s'ils n'ont été valablement aliénés, ou si la propriété n'en a pas été prescrite contre elle.

Art. 542. — Les biens communaux sont ceux à la propriété ou au produit desquels les habitans d'une ou plusieurs communes ont un droit acquis.

Art. 543. — On peut avoir sur les biens, ou un droit de propriété, ou un simple droit de jouissance, ou seulement des services fonciers à prétendre.

LIVRE II.

TITRE SECOND.

Des biens et des différentes modifications de la propriété.

LE PREMIER CONSUL a nommé, pour présenter la loi formant le Titre Second du Livre II du CODE CIVIL, et pour en soutenir la discussion, les Cit. *Portalis*, *Berlier* et *Pelet*, Conseillers d'État.

Introduits dans la salle du Corps Législatif, le 6 ventose an 12, l'un d'eux portant la parole, a prononcé le discours suivant :

CITOYENS LÉGISLATEURS,

LE projet de loi qui vous est soumis définit la propriété et en fixe les caractères essentiels ; il détermine le pouvoir de l'Etat ou de la cité sur les propriétés des citoyens ; il règle l'étendue et les limites du droit de propriété, considéré en lui-même et dans ses rapports avec les diverses espèces de biens.

Dans cette matière, plus que dans aucune autre, il importe d'écarter les hypothèses, les fausses doctrines, et de ne raisonner que d'après des faits simples, dont la vérité se trouve consacrée par l'expérience de tous les âges.

L'homme, en naissant, n'apporte que des besoins ; il est chargé du soin de sa conservation ; il ne saurait exister ni vivre sans consommer : il a donc un droit naturel aux choses nécessaires à sa subsistance et à son entretien.

Il exerce ce droit par l'occupation, par le travail, par l'application raisonnable et juste de ses facultés et de ses forces.

Ainsi le besoin et l'industrie sont les deux principes créateurs de la propriété.

Quelques écrivains supposent que les biens de la terre ont été originairement communs. Cette communauté, dans le sens rigoureux qu'on y attache, n'a jamais existé ni pu exister. Sans doute, la Providence offre ses dons à l'universalité, mais pour l'utilité et les besoins des individus ; car il n'y a que des individus dans la nature. La terre est commune, disaient les philosophes et les jurisconsultes de l'antiquité, comme l'est un théâtre public qui attend que chacun vienne y prendre sa place particulière. Les biens, réputés communs avant l'occupation, ne sont, à parler avec exactitude, que des biens vacans. Après l'occupation, ils deviennent propres à celui ou à ceux qui les occupent. La nécessité constitue un véritable droit : or, c'est la nécessité même, c'est-à-dire, la plus impérieuse de toutes les lois, qui nous commande l'usage des choses sans lesquelles il nous serait impossible de subsister. Mais le droit d'acquérir ces choses et d'en user, ne serait-il pas entièrement nul sans l'*appropriation*, qui seule peut le rendre utile, en le liant à la certitude de conserver ce que l'on acquiert ?

Méfions-nous des systèmes dans lesquels on ne semble faire de la terre la propriété commune de tous, que pour se ménager le prétexte de ne respecter les droits de personne.

Si nous découvrons le berceau des nations, nous demeurons convaincus qu'il y a des propriétaires depuis qu'il y a des hommes. Le sauvage n'est-il pas maître des fruits qu'il a cueillis pour sa nourriture, de la fourrure ou du feuillage dont il se couvre pour se prémunir contre les injures de l'air, de l'arme qu'il porte pour sa défense, et de l'espace dans lequel il construit sa modeste chaumière ? On trouve, dans tous les tems et par-tout, des traces du droit individuel de propriété. L'exercice de ce droit, comme celui de tous nos autres droits naturels, s'est étendu et s'est perfectionné par la raison, par l'expérience et par nos découvertes en tout genre. Mais le principe du droit est en nous; il n'est point le résultat d'une convention humaine ou d'une loi positive; il est dans la constitution même de notre être, et dans nos différentes relations avec les objets qui nous environnent.

Nous apprenons par l'histoire que d'abord le droit de propriété n'est appliqué qu'à des choses mobilières. A mesure que la population augmente, on sent la nécessité d'augmenter les moyens de subsistance. Alors, avec l'agriculture et les différens arts, on voit naître la propriété foncière, et successivement toutes les espèces de propriétés et de richesses qui marchent à sa suite.

Quelques philosophes paroissent étonnés que l'homme puisse devenir propriétaire d'une portion de sol qui n'est pas son ouvrage, qui doit durer plus que lui, et qui n'est soumise qu'à des lois que l'homme n'a point faites. Mais cet étonnement ne cesse-t-il pas si l'on considère tous les prodiges de la main-d'œuvre, c'est-à-dire, tout ce que l'industrie de l'homme peut ajouter à l'ouvrage de la nature?

Les productions spontanées de notre sol n'eussent pu suffire qu'à des hordes errantes de sauvages, uniquement occupées à tout détruire pour fournir à leur consommation, et réduites à se dévorer entre elles après avoir tout détruit. Des peuples simplement chasseurs ou pasteurs n'eussent jamais pu former de grands peuples. La multiplication du genre humain a suivi par-tout les progrès de l'agriculture et des arts; et cette multiplication, de laquelle sont sorties tant de nations qui ont brillé et qui brillent encore sur le globe, était entrée dans les vastes desseins de la Providence sur les enfans des hommes.

Oui, citoyens Législateurs, c'est par notre industrie que nous avons conquis le sol sur lequel nous existons; c'est par elle que nous avons rendu la terre plus habitable, plus propre à devenir notre demeure. La tâche de l'homme était, pour ainsi dire, d'achever le grand ouvrage de la création.

Or, que deviendraient l'agriculture et les arts sans la propriété foncière, qui n'est que le droit de posséder avec continuité la portion de terrain à laquelle nous avons appliqué nos pénibles travaux et nos justes espérances?

Quand on jette les yeux sur ce qui se passe dans le monde, on est frappé de voir que les divers peuples connus prospèrent bien moins en raison de la fertilité naturelle du sol qui les nourrit, qu'en raison de la sagesse des maximes qui les gouvernent. D'immenses contrées dans lesquelles la nature semble, d'une main libérale, répandre tous ses bienfaits, sont condamnées à la stérilité et portent l'empreinte de la dévastation, parce que les propriétés n'y sont point assurées. Ailleurs, l'industrie, encouragée par la certitude de jouir de ses propres conquêtes, transforme des déserts en campagnes riantes, creuse des canaux, dessèche des marais, et couvre d'abondantes moissons des plaines qui ne produisaient jusques-là que la contagion et la mort. A côté de nous, un peuple industrieux, aujourd'hui notre allié, a fait sortir du sein des eaux la terre sur laquelle il s'est établi, et qui est entièrement l'ouvrage des hommes.

En un mot, c'est la propriété qui a fondé les sociétés humaines; c'est elle qui a vivifié, étendu, agrandi notre propre existence; c'est par elle que l'industrie de l'homme, cet esprit de mouvement et de vie qui anime tout, a été porté sur les eaux, et a fait éclore sous les divers climats tous les germes de richesse et de puissance.

Ceux-là connaissent bien mal le cœur humain, qui regardent la division des patrimoines comme la source des querelles, des inégalités et des injustices qui ont affligé l'humanité. On fait honneur à l'homme qui erre dans les bois et sans propriété, de vivre dégagé de toutes les ambitions qui tourmentent nos petites ames. N'imaginons pas pour cela qu'il soit sage et modéré : il n'est qu'indolent. Il a peu de désirs, parce qu'il a peu de connaissances. Il ne prévoit rien, et c'est son insensibilité même sur l'avenir qui le rend plus terrible, quand il est vivement secoué par l'impulsion et la présence du besoin. Il veut alors obtenir par la force ce qu'il a dédaigné de se procurer par le travail : il devient injuste et cruel.

D'ailleurs, c'est une erreur de penser que des peuples chez qui les propriétés ne seraient point divisées, n'auraient aucune occasion de querelle. Ces peuples ne se disputeraient-ils pas la terre vague et inculte, comme parmi nous les citoyens plaident pour les héritages ? Ne trouveraient-ils pas de fréquentes occasions de guerre pour leurs chasses, pour leurs pêches, pour la nourriture de leurs bestiaux ?

L'état sauvage est l'enfance d'une nation, et l'on sait que l'enfance d'une nation n'est pas son âge d'innocence.

Loin que la division des patrimoines ait pu détruire la justice et la morale, c'est au contraire la propriété, reconnue et constatée par cette division, qui a développé et affermi les premières règles de la morale et de la justice. Car, pour rendre à chacun le sien, il faut que chacun puisse avoir quelque chose. J'ajoute, que les hommes, portant leurs regards dans l'avenir et sachant qu'ils ont quelques biens à perdre, il n'y en a aucun qui n'ait à craindre pour soi la représaille des torts qu'il pourrait faire à autrui.

Ce n'est pas non plus au droit de propriété qu'il faut attribuer l'origine de l'inégalité parmi les hommes.

Les hommes ne naissent égaux ni en taille, ni en force, ni en industrie, ni en talens. Les hasards et les évènemens mettent encore entre eux des différences. Ces inégalités premières, qui sont l'ouvrage même de la nature, entraînent nécessairement celles que l'on rencontre dans la société.

On aurait tort de craindre les abus de la richesse et des différences sociales qui peuvent exister entre les hommes. L'humanité, la bienfaisance, la pitié, toutes les vertus dont la semence a été jetée dans le cœur humain, supposent ces différences, et ont pour objet d'adoucir et de compenser les inégalités qui en naissent et qui forment le tableau de la vie.

De plus, les besoins réciproques et la force des choses établissent entre celui qui a peu et celui qui a beaucoup, entre l'homme industrieux et celui qui l'est moins, entre le magistrat et le simple particulier, plus de liens que tous les faux systêmes ne pourraient en rompre.

N'aspirons donc pas à être plus humains que la nature, ni plus sages que la nécessité.

Aussi vous vous empresserez, citoyens Législateurs, de consacrer par vos suffrages le grand principe de la propriété, présenté, dans le projet de loi, *comme le droit de jouir et de disposer des choses de la manière la plus absolue.* Mais comme les hommes vivent en société et sous des lois, ils ne sauraient avoir le droit de contrevenir aux lois qui régissent la société.

Il est d'une législation bien ordonnée de régler l'exercice du droit de propriété, comme on règle l'exercice de tous les autres droits. Autre chose est l'indépendance, autre chose est la liberté. La véritable liberté ne s'acquiert que par le sacrifice de l'indépendance.

Les peuples qui vivent entre eux dans l'état de nature, sont indépendans sans être libres. Ils sont toujours forçans ou forcés. Les citoyens sont libres sans être indépendans, parce qu'ils sont soumis à des lois qui les protègent contre les autres et contre eux-mêmes.

La vraie liberté consiste dans une sage composition des droits et des pouvoirs individuels avec le bien commun. Quand chacun peut faire ce qui lui plaît, il peut faire ce qui nuit à autrui; il peut faire ce qui nuit au plus grand nombre. La licence de chaque particulier opérerait infailliblement le malheur de tous.

Il faut donc des lois pour diriger les actions relatives à l'usage des biens, comme il en est pour diriger celles qui sont relatives à l'usage des facultés personnelles.

On doit être libre avec les lois, et jamais contre elles. De-là, en reconnaissant dans le propriétaire le droit de jouir et de disposer de sa propriété de la manière la plus absolue, nous avons ajouté : *pourvu qu'il n'en fassse pas un usage prohibé par les lois ou par les règlemens.*

C'est ici le moment de traiter une grande question : Quel est le pouvoir de l'Etat sur les biens des particuliers ?

Au citoyen appartient la propriété et au souverain de l'Empire (1). Telle est la maxime de tous les pays et de tous les tems. C'est ce qui a fait dire aux publicistes « que la libre et » tranquille jouissance des biens que l'on possède, est le droit es» sentiel de tout peuple qui n'est point esclave ; que chaque » citoyen doit garder sa propriété sans trouble ; que cette pro» priété ne doit jamais recevoir d'atteinte, et qu'elle doit être » assurée comme la constitution même de l'Etat (2). »

L'Empire, qui est le partage du souverain, ne renferme aucune idée de domaine proprement dit (3). Il consiste uniquement dans la puissance de gouverner. Il n'est que le droit de prescrire et d'ordonner ce qu'il faut pour le bien général, et de diriger en conséquence les choses et les personnes. Il n'atteint les actions libres des citoyens, qu'autant qu'elles doivent être tournées vers l'ordre public. Il ne donne à l'Etat sur les biens des citoyens que le droit de régler l'usage de ces biens par des lois civiles, le pouvoir de disposer de ces biens pour des objets d'utilité publique, la faculté de lever des impôts sur ces mêmes biens. Ces différens droits réunis forment ce que *Grotius* (4), *Puffendorf* (5), et autres, appellent le *Domaine éminent du souverain* : mots dont le vrai sens, développé par ces auteurs,

(1) *Omnia rex imperio possidet, singuli dominio.* Sénèque, lib. 7, c. 4 et 5 *de Beneficiis.*

(2) Bohemer, *Introductio in jure publico*, p. 250.

Le Bret; *De la souveraineté*, liv. IV, Chap. X. — *Esprit des lois*, liv. VIII, chap. II.

(3) *Imperium non includit dominium feudorum vel rerum quarumque civium.* Wolf, *Jus naturæ*, part. I, § CIII.

(4) *De la paix et de la guerre*, liv. I, chap. I, § VI ; chap. II, § VI ; liv. II, chap. XIV, § VII ; liv. III, chap. XX.

(5) *Du droit de la nature et des gens*, liv. VIII, chap. V.

ne suppose aucun droit de propriété, et n'est relatif qu'à des prérogatives inséparables de la puissance publique.

Cependant des jurisconsultes célèbres craignant que, dans une matière aussi délicate, on ne pût trop aisément abuser des expressions les plus innocentes, se sont élevés avec force contre les mots *Domaine éminent*, qu'ils ont regardés comme pleins d'incorrection et d'inexactitude. Les discussions les plus solennelles sur ce point, ont long-tems fixé l'attention de toutes les universités de l'Europe (1). Mais il faut convenir que cette dispute se réduisait à une pure question de mots, puisqu'en lisant les ouvrages qui ont été respectivement publiés, on s'apperçoit que tous nos controversistes s'accordaient sur le fond même des choses, et que ceux d'entre eux qui parlaient des prérogatives du *domaine éminent*, les limitaient aux droits que les autres faisaient dériver de l'*empire* ou de la *souveraineté*.

En France, et vers le milieu du dernier siècle, nous avons vu paraître des écrivains dont les opinions systématiques étaient vraiment capables de compromettre les antiques maximes de l'ordre naturel et social. Ces écrivains substituaient au droit incontestable qu'a l'Etat ou le souverain de lever des subsides, un prétendu droit de *copropriété sur le tiers du produit net des biens des citoyens*.

Les hommes qui prêchaient cette doctrine, se proposaient de remplacer toutes les lois fondamentales des nations, par la prétendue force de l'*évidence morale*, presque toujours obscurcie par les intérêts et les passions, et toutes les formes connues de gouvernement par un *despotisme légal* (2), qui impliquerait contradiction jusques dans les termes; car le mot *despotisme*, qui annonce le fléau de l'humanité, devait-il jamais être placé

---

(1) Fleicher, *Institutiones juris naturæ et gentium*, liv. III, chap. II, § II.

Leyser, dans sa dissertation *Pro imperio contra dominium eminens*, imprimée à Wirtemberg en 1673.

(2) Voyez un ouvrage intitulé: *De l'ordre essentiel des sociétés politiques*.

à côté du mot *légal*, qui caractérise le règne bienfaisant des lois?

Heureusement toutes ces erreurs viennent échouer contre les principes consacrés par le droit naturel et public des nations. Il est reconnu par-tout que les raisons qui motivent pour les particuliers la nécessité du droit de propriété, sont étrangères à l'état ou au souverain, dont la vie politique n'est pas sujette aux mêmes besoins que la vie naturelle des individus.

Nous convenons que l'Etat ne pourrait subsister s'il n'avait les moyens de pourvoir aux frais de son Gouvernement; mais, en se procurant ces moyens par la levée des subsides, le souverain n'exerce point un droit de propriété, il n'exerce qu'un simple pouvoir d'administration.

C'est encore, non comme propriétaire supérieur et universel du territoire, mais comme administrateur suprême de l'intérêt public, que le souverain fait des lois civiles pour régler l'usage des propriétés privées. Ces propriétés ne sont la matière des lois, que comme objet de protection et de garantie, et non comme objet de disposition arbitraire. Les lois ne sont pas de purs actes de puissance : ce sont des actes de justice et de raison. Quand le législateur publie des réglemens sur les propriétés particulières, il n'intervient pas comme maître, mais uniquement comme arbitre, comme régulateur, pour le maintien du bon ordre et de la paix.

Lors de l'étrange révolution qui fut opérée par l'établissement du régime féodal, toutes les idées sur le droit de propriété furent dénaturées, et toutes les véritables maximes furent obscurcies; chaque prince, dans ses états, voulut s'arroger des droits utiles sur les terres des particuliers, et s'attribuer le domaine absolu de toutes les choses publiques. C'est dans ce tems que l'on vit naître cette foule de règles extraordinaires qui régissent encore la plus grande partie de l'Europe, et que nous avons heureusement proscrites. Cependant, à travers toutes ces règles, quelques étincelles de raison qui s'échappaient, laissaient toujours entrevoir les vérités sacrées qui doivent régir l'ordre social.

Dans les contrées où les lois féodales dominent le plus, on a constamment reconnu des biens libres et *allodiaux*; ce qui prouve que l'on n'a jamais regardé la seigneurie féodale comme une suite nécessaire de la souveraineté. Dans ces coutrées, on distingue dans le prince deux qualités, celle de supérieur dans l'ordre des fiefs, et celle de magistrat politique dans l'ordre commun. On reconnaît que la seigneurie féodale ou la puissance des fiefs, n'est qu'une chose accidentelle qui ne saurait appartenir à un souverain, comme tel. On ne range dans la classe des prérogatives de la puissance souveraine que celles qui appartiennent essentiellement à tout souverain, et sans lesquelles il serait impossible de gouverner une société politique.

On a toujours tenu pour maxime que les domaines des particuliers sont des propriétés sacrées qui doivent être respectées par le souverain lui-même.

D'après cette maxime, nous avons établi dans le projet de loi que *nul ne peut être contraint de céder sa propriété, si ce n'est pour cause d'utilité publique, et moyennant une juste et préalable indemnité.*

L'État est, dans ces occasions, comme un particulier qui traite avec un autre particulier. C'est bien assez qu'il puisse contraindre un citoyen à lui vendre son héritage, et qu'il lui ôte le grand privilége qu'il tient de la loi naturelle et civile de ne pouvoir être forcé d'aliéner son bien.

Pour que l'Etat soit autorisé à disposer des domaines des particuliers, on ne requiert pas cette nécessité rigoureuse et absolue qui donne aux particuliers mêmes quelque droit sur le bien d'autrui (1). Des motifs graves d'utilité publique suffisent, parce que, dans *l'intention raisonnablement présumée de ceux qui vivent dans une société civile*, il est certain que chacun s'est engagé à rendre possible, par quelque sacrifice personnel, ce qui est utile à tous; mais le principe de l'indemnité due au citoyen

(1) On sait le droit qu'a tout propriétaire qui n'a point d'issue pour arriver à son domaine, d'obliger les propriétaires à lui donner, en payant, passage sur leurs propres terres.

dont on prend la propriété, est vrai, dans tous les cas, sans exception. Les charges de l'Etat doivent être supportées avec égalité, et dans une juste proportion. Or toute égalité, toute proportion serait détruite, si un seul ou quelques-uns pouvaient jamais être soumis à faire des sacrifices auxquels les autres citoyens ne contribueraient pas.

Après avoir déterminé le pouvoir de l'Etat sur les propriétés particulières, on a cherché à régler l'étendue et les limites du droit de propriété, considéré en lui-même et dans ses rapports avec les diverses espèces de biens.

Il résulte de tout ce qui a été dit, que le droit de propriété s'applique tant aux meubles qu'aux immeubles.

C'est un principe constant chez toutes les nations policées, que la propriété d'une chose, soit mobilière ou immobilière, s'étend *sur tout ce que cette chose produit.*

En conséquence, *les fruits naturels ou industriels de la terre*,

Les fruits civils,

Le croît des animaux, appartiennent au propriétaire.

On appelle *fruits naturels de la terre* ceux qu'elle produit sans le secours de l'art. On appelle *fruits industriels* ceux que la terre ne produirait pas sans le travail de l'homme. On ne croit pas avoir besoin de motiver la disposition qui rend propriétaire de ces fruits celui qui est déjà propriétaire de la terre même; car, dans l'ordre et la marche des idées, c'est la nécessité de reconnaître le droit du cultivateur sur les fruits provenus de son travail et de sa culture, qui, au moins jusqu'à la récolte, a fait supposer et reconnaître son droit sur le fonds même auquel il a appliqué ses labours. C'est ainsi que d'année en année le cultivateur s'assurant les mêmes droits par les mêmes travaux, la jouissance s'est changée pour lui en possession continue, et la possession continue en propriété. Il faut donc bien avouer que le propriétaire du fonds est nécessairement propriétaire des fruits, puisque c'est le droit originaire du cultivateur sur les fruits, qui a fondé la propriété même du sol.

De plus, la propriété du sol serait absolument vaine, si on la séparait des émolumens naturels ou industriels que ce sol produit. L'usufruit peut être séparé à temps de la propriété, par convention ou par quelque titre particulier : mais la propriété et l'usufruit vont nécessairement ensemble, si l'on ne consulte que l'ordre commun et général.

La règle que nous avons établie pour les fruits naturels et industriels de la terre, s'applique au croît des animaux qui sont élevés et nourris sur la terre par nos soins, et aux fruits civils qui sont le résultat d'une obligation légale ou volontaire.

Comme on ne peut recueillir sans avoir semé, les fruits n'appartiennent au propriétaire du sol qu'à *la charge de rembourser les frais des labours, travaux et semences, faits par des tiers.*

Il serait trop injuste de percevoir l'émolument sans supporter la dépense, ou sans payer les travaux qui le produisent.

On a toujours distingué le simple possesseur d'avec le véritable propriétaire : la propriété est un droit, la simple possession n'est qu'un fait. Un homme peut être en possession d'une chose ou d'un fonds qui ne lui appartient pas : dès-lors peut-il s'approprier le produit de cette chose ou de ce fonds? On décide, dans le projet de loi, que *le simple possesseur ne fait les fruits siens que dans le cas où il possède de bonne foi.*

La bonne foi est constatée, *quand le possesseur jouit de la chose comme propriétaire et en vertu d'un titre translatif de propriété dont il ignore les vices.*

Il est censé ignorer les vices de son titre, tant qu'on ne constate pas qu'il les connaissait.

La loi civile ne scrute pas les consciences. Les pensées ne sont pas de son ressort : à ses yeux, le bien est toujours prouvé quand le mal ne l'est pas.

Non-seulement le droit de propriété s'étend sur tout ce qui est produit par la chose dont on est propriétaire; mais il *s'étend encore sur tout ce qui s'y unit et s'y incorpore, soit naturellement, soit artificiellement.* C'est ce qu'on appelle *droit d'accession.*

Pour bien apprécier le droit d'*accession*, il est nécessaire de parler

parler séparément des choses mobilières et des choses immobilières.

Nous avons posé le principe que *la propriété du sol emporte la propriété du dessus et du dessous.*

Nous en avons conclu que le propriétaire peut faire *au-dessus toutes les plantations et constructions, et au-dessous toutes les constructions et fouilles qu'il juge convenables.*

On comprend que la propriété serait imparfaite, si le propriétaire n'était libre de mettre à profit, pour son usage, toutes les parties extérieures et intérieures du sol ou du fonds qui lui appartient, et s'il n'était le maître de tout l'espace que son domaine renferme.

Nous n'avons pourtant pas dissimulé que le droit du propriétaire, quelqu'étendu qu'il soit, comporte quelques limites que l'état de société rend indispensables.

Vivant avec nos semblables, nous devons respecter leurs droits, comme ils doivent respecter les nôtres. Nous ne devons donc pas nous permettre, même sur notre fonds, des procédés qui pourraient blesser le droit acquis d'un voisin ou de tout autre. La nécessité et la multiplicité de nos communications sociales ont amené, sous le nom de *servitudes* et sous d'autres, des devoirs, des obligations, des services, qu'un propriétaire ne pourrait méconnaître sans injustice et sans rompre les liens de l'association commune.

En général, les hommes sont assez clairvoyans sur ce qui les touche. On peut se reposer sur l'énergie de l'intérêt personnel, du soin de veiller sur la bonne culture. La liberté laissée au cultivateur et au propriétaire, fait de grands biens et de petits maux. L'intérêt public est en sûreté quand, au lieu d'avoir un ennemi, il n'a qu'un garant dans l'intérêt privé.

Cependant, comme il est des propriétés d'une telle nature que l'intérêt particulier peut se trouver facilement et fréquemment en opposition avec l'intérêt général dans la manière d'user de ces propriétés, on a fait des lois et des réglemens pour en diriger l'usage. Tels sont les domaines qui consistent en mines, en forêts, et en d'autres objets pareils, et qui ont, dans tous les temps, fixé l'attention du législateur.

Dans nos grandes cités, il importe de veiller sur la régularité et même sur la beauté des édifices qui les décorent. Un propriétaire ne saurait avoir la liberté de contrarier, par ses constructions particulières, les plans généraux de l'administration publique.

Un propriétaire, soit dans les villes, soit dans les champs, doit encore se résigner à subir les gênes que la police lui impose pour le maintien de la sûreté commune.

Dans toutes ces occurrences, il faut soumettre toutes les affections privées, toutes les volontés particulières, à la grande pensée du bien public.

Après avoir averti les propriétaires de l'étendue et des limites naturelles de leurs droits, on s'est occupé des hypothèses dans lesquelles la propriété foncière ou immobilière peut accidentellement s'accroître.

Il peut arriver, par exemple, qu'un tiers vienne faire des plantations dans le fonds d'autrui, ou y construire un édifice. A qui appartient cet édifice ou cette plantation? Nous supposons le tiers de bonne foi; car, s'il ne l'était pas, s'il n'avait fait qu'un acte d'émulation et de jalousie, son procédé ne serait qu'une entreprise, un attentat. Il ne s'agirait point de peser un droit, mais de réprimer un délit.

Les divers Jurisconsultes ne se sont point accordés sur la question de savoir si la plantation faite dans le fonds d'autrui appartient à celui qui a planté, ou au propriétaire du fonds sur lequel la plantation a été faite. Les uns ont opiné pour le propriétaire du fonds, et les autres pour l'auteur de la plantation.

Il en est qui ont voulu établir une sorte de société entre le planteur et le propriétaire foncier, attendu que d'une part les plantes seront alimentées par le fonds, et que d'autre part, elles ont par elles-mêmes un prix, une valeur qui ont été fournis par tout autre que celui à qui le fonds appartenait. Il faut, a-t-on dit, faire un partage raisonnable entre les parties intéressées.

Cette opinion est celle de *Grotius* et de quelques autres publicistes. *Grotius* a été réfuté par *Puffendorf*. Ce dernier a fait sentir, avec raison, tous les inconvéniens qu'il y aurait à établir une société forcée entre des hommes qui n'ont pas voulu être associés. Il a prouvé qu'il serait impossible de conserver l'égalité entre les parties intéressées, dans le partage des produits d'une telle société. Il a observé qu'il serait dangereux d'asservir ainsi une propriété foncière à l'insu et contre le gré du propriétaire, et que d'ailleurs chacun étant maître, par le droit, de faire cesser toute possession indivise et de séparer ses intérêts de ceux d'autrui, il n'y avait aucun motif raisonnable d'imposer au propriétaire d'un fonds une servitude insolite et aussi contraire au droit naturel qu'au droit civil.

A travers les différens systèmes des auteurs, nous sommes remontés au droit romain, qui décide qu'en général tout doit céder au sol qui est immobile; et qu'en conséquence, dans la nécessité de prononcer entre le propriétaire du sol et l'auteur de la plantation, qui ne peuvent demeurer en communion, malgré eux, pour le même objet, le propriétaire du sol doit avoir la préférence, et obtenir la propriété des choses qui ont été accidentellement réunies à son fonds. La loi romaine ne balance pas entre le propriétaire foncier et le tiers imprudent qui s'est permis, avec plus ou moins de bonne foi, une sorte d'incursion dans la propriété d'autrui.

Dans le projet de loi, nous sommes partis du principe que toutes les plantations faites dans un fonds sont censées faites par le propriétaire de ce fonds et à ses frais, si le contraire n'est prouvé.

Nous donnons au propriétaire du sol sur lequel un tiers a fait des plantations, la faculté de les conserver, ou d'obliger ce tiers à rétablir les lieux dans leur premier état.

Dans le premier cas, nous soumettons le propriétaire à payer la valeur des plantations qu'il conserve et le salaire de la main-d'œuvre, sans égard à ce que le fonds même peut avoir gagné par la plantation nouvelle.

Dans le second cas, le tiers planteur est obligé de rétablir les lieux à ses propres frais et dépens; il peut même être exposé à des dommages et intérêts; il supporte la peine de sa légèreté et de son entreprise.

Nous avons suivi l'esprit des lois romaines.

Nous décidons par les mêmes principes les questions relatives aux constructions des bâtimens et autres ouvrages faits par un tiers sur le sol d'autrui; nous donnons au propriétaire la même alternative. Nous avons pensé qu'on ne saurait trop avertir les citoyens des risques qu'ils courent quand ils se permettent des entreprises contraires au droit de propriété.

Nous avons excepté de la règle générale le cas où celui qui aurait planté ou construit dans le fonds d'autrui, serait un possesseur de bonne foi qui aurait été évincé sans être condamné à la restitution des fruits, et qui aurait planté ou construit pendant sa possession. Dans ce cas, le propriétaire est tenu, ou de payer la valeur des constructions ou plantations, ou de payer une somme égale à l'augmentation de valeur que ces plantations et constructions peuvent avoir apportée au sol.

Nous nous sommes occupés de l'hypothèse où le propriétaire d'un fonds fait des plantations et constructions avec des matériaux qui appartiennent à un tiers.

Nous avons pensé, dans une telle hypothèse, que ce tiers n'a pas le droit d'enlever ses matériaux, mais que le propriétaire du fonds doit en payer la valeur, et qu'il peut même, selon les circonstances, être condamné à des dommages et intérêts. Cela est fondé sur le principe, que personne ne peut s'enrichir aux dépens d'autrui.

Le projet de loi termine la grande question des *alluvions*. Il décide, conformément au droit romain, que l'*alluvion profite au propriétaire riverain, soit qu'il s'agisse d'un fleuve ou d'une rivière navigable, flottable ou non, à la charge, dans le premier cas, de laisser le marchepied, ou chemin de halage, conformément aux réglemens.*

L'alluvion est un atterrissement ou accroissement qui se forme insensiblement aux fonds riverains d'un fleuve ou d'une rivière.

Les principes de la féodalité avaient obscurci cette matière : on avait été jusqu'à prétendre que les alluvions formées par les fleuves et rivières appartenaient au prince lorsqu'il s'agissait d'une rivière ou d'un fleuve navigable, ou au seigneur haut-justicier lorsqu'il s'agissait d'une rivière ou d'un fleuve non navigable. Les propriétaires riverains étaient entièrement écartés par la plupart des coutumes.

Dans les pays de droit écrit, ces propriétaires s'étaient pourtant maintenus dans leurs droits : mais on voulut les en dépouiller peu d'années avant la révolution, et l'on connaît à cet égard les réclamations solennelles de l'ancien parlement de Bordeaux, qui repoussa avec autant de lumières que de courage les entreprises du fisc, et les intrigues ambitieuses de quelques courtisans dont le fisc n'était que le prête-nom.

Il fut établi à cette époque que les alluvions doivent appartenir au propriétaire riverain, par cette maxime naturelle que le profit appartient à celui qui est exposé à souffrir le dommage dont les propriétés riveraines sont menacées plus qu'aucune autre. Il existe, pour ainsi dire, une sorte de contrat aléatoire entre le propriétaire du fonds riverain et la nature, dont la marche peut à chaque instant ravager ou accroître ce fonds.

Le système féodal a disparu ; il ne peut plus faire obstacle au droit des riverains.

Mais dira-t-on que les fleuves et les rivières navigables sont des objets qui appartiennent au droit public et des gens, et qu'ainsi les alluvions produites par ces fleuves et par ces rivières ne peuvent devenir la matière d'une propriété privée ?

Nous répondrons avec *Dumoulin*, que les propriétés privées ne peuvent certainement s'accroître des choses dont l'usage doit demeurer essentiellement public ; mais que toutes celles qui sont susceptibles de possession et de domaine, quoiqu'elles soient produites par d'autres qui sont régies par le droit public, peuvent devenir des propriétés privées, et le deviennent en effet comme les *alluvions* qui sont produites par les fleuves et les rivières navigables, et qui sont susceptibles par eux-mêmes d'être possédés par des particuliers, à l'instar de tous les autres héritages.

Nous avons cru devoir rétablir les propriétaires riverains dans l'exercice de leurs droits naturels. Nous les avons seulement soumis, relativement aux fleuves et rivières navigables, à laisser libre l'espace de terrain suffisant pour ne pas nuire aux usages publics.

Ce que nous avons dit des *alluvions* s'applique *aux relais que forme l'eau courante qui se retire insensiblement de l'une de ses rives en se portant vers l'autre. Le propriétaire de la rive découverte profite de ces relais, sans que le riverain du côté opposé puisse venir réclamer le terrain qu'il a perdu.* Entre riverains, l'incertitude des accidens forme la balance des pertes et des gains, et maintient entre eux un équilibre raisonnable.

Les délaissemens formés par la mer sont régis par d'autres principes, parce qu'ils tiennent à un autre ordre de choses : ils sont exceptés des maximes que nous avons établies.

Si un fleuve ou une rivière opèrent une révolution subite dans la propriété d'un riverain, et emportent une partie considérable de cette propriété pour la joindre à un autre, le propriétaire évincé par le fleuve ou par la rivière, peut réclamer pendant un an la portion de terrain dont il a été si brusquement dépouillé; mais après ce temps, il ne peut plus réclamer.

L'alluvion n'a pas lieu à l'égard des lacs et étangs, dont le propriétaire conserve toujours le terrain que l'eau couvre quand elle est à la hauteur de la décharge de l'étang, encore que le volume de l'eau vienne à diminuer.

Réciproquement le propriétaire de l'étang n'acquiert aucun droit sur les terres riveraines, que son eau vient à couvrir dans les crues extraordinaires.

La justice de cette disposition est évidente par elle-même.

Quant aux îles, on distingue si elles se sont formées dans une rivière navigable ou flottable, ou dans une rivière qui n'a aucun de ces deux caractères. Dans le premier cas, elles appartiennent à la nation; dans le second, elles se partagent entre les riverains des deux côtés, si elles sont sur le milieu de la rivière; ou elles appartiennent au propriétaire riverain du côté où elles se sont formées.

Si une rivière ou un fleuve, en se formant un bras nouveau, coupe et embrasse le champ d'un propriétaire riverain, et en fait une île, ce propriétaire conserve la propriété de son champ, encore que l'île se soit formée dans une rivière ou dans un fleuve navigable ou flottable.

C'est la justice même qui commande cette exception. La cité dédaignerait un moyen d'acquérir qui aurait sa source dans la ruine et le malheur du citoyen.

Un fleuve ou une rivière abandonne-t-elle son ancien lit pour se former un nouveau cours, les propriétaires des fonds nouvellement occupés prennent à titre d'indemnité l'ancien lit abandonné, chacun dans la proportion du terrain qui lui a été enlevé.

Les animaux peuvent sans doute devenir un objet de propriété. On distingue leurs différentes espèces.

La première est celle des animaux sauvages; la seconde, celle des animaux domestiques; et la troisième, celle des animaux qui ne sont ni entièrement domestiques, ni entièrement sauvages. Les animaux de la première espèce sont ceux qui ne s'habituent jamais au joug ni à la société de l'homme : le droit de propriété sur ces animaux ne s'acquiert que par l'occupation, et il finit avec l'occupation même.

Les animaux domestiques ne sortent pas de la propriété du maître par la fuite : celui-ci peut toujours les réclamer.

Les animaux de la troisième espèce, qui ne sont ni entièrement domestiques, ni entièrement sauvages, appartiennent, par droit d'accession, au propriétaire du fonds dans lequel ils ont été réfugiés, à moins qu'ils n'y aient été attirés par artifice.

Les animaux de cette troisième espèce sont l'objet d'une disposition particulière du projet de loi.

Nous allons examiner actuellement le *droit d'accession* par rapport aux choses mobilières.

Ici la matière est peu susceptible de principes absolus. L'équité seule peut nous diriger.

La règle générale est que l'accessoire doit suivre le principal, à la charge par le propriétaire de la chose principale de payer la valeur de la chose accessoire.

Mais, dans les choses mobilières, la difficulté est de discerner la chose qui doit être réputée principale d'avec celle qui ne doit être réputée qu'accessoire.

On répute chose accessoire celle qui n'a été unie que pour l'usage et l'ornement d'un autre.

Néanmoins, quand la chose unie est beaucoup plus précieuse que la chose principale, et quand elle a été employée à l'insu du propriétaire, celui-ci peut demander que la chose unie soit séparée pour lui être rendue, même quand il pourrait en résulter quelques dégradations de la chose à laquelle elle a été jointe.

Dans le doute, on peut regarder comme l'objet principal celui qui est le plus précieux, et regarder comme simplement accessoire celui qui est de moindre prix. Dans les choses d'égale valeur, c'est le volume qui détermine.

Si un artiste a donné une nouvelle forme à une matière qui ne lui appartenait pas, le propriétaire de la matière doit obtenir la préférence en payant la main-d'œuvre.

S'il s'agit pourtant d'une vile toile animée par le pinceau d'un habile peintre, ou d'un bloc de marbre auquel le ciseau d'un sculpteur aura donné la respiration, le mouvement et la vie, dans ce cas et autres semblables, l'industrie l'emporte sur le droit du propriétaire de la matière première.

Une personne a-t-elle employé à un ouvrage quelconque une portion de matière qui lui appartenait et une autre portion qui ne lui appartenait pas, la chose devient commune aux deux propriétaires dans la proportion de leur intérêt respectif.

Si une chose a été formée par un mélange de plusieurs matières appartenant à divers propriétaires, le propriétaire de la matière la plus considérable et la plus précieuse peut demander à garder le tout, en remboursant le prix des matières qui ne lui appartenaient pas.

Si on ne peut distinguer quelle est la plus précieuse des matières mélangées, la chose provenue du mélange demeurera commune à tous les divers propriétaires.

La communauté donne ouverture à la licitation.

Dans tous les cas où le propriétaire de la matière employée à un ouvrage sans son aveu, peut réclamer l'entière propriété du tout, il lui est libre de demander le remplacement de sa matière en même nature, quantité, poids, mesure et bonté, ou d'exiger qu'on lui en paye la valeur.

Au reste, suivant les circonstances, le propriétaire a l'action en dommages et intérêts, et même l'action criminelle, contre celui qui a employé, à son insu, une matière qui ne lui appartenait pas.

Les règles qui viennent d'être tracées ne sauraient convenir à toutes les hypothèses. Tout ce que peut le législateur en pareille occurrence, c'est de diriger le juge. C'est à la sagesse du juge, dans une matière aussi arbitraire, à résoudre les différens cas qui peuvent se présenter, et qui n'ont pu être l'objet d'une prévoyance particulière.

Tel est, citoyens Législateurs, dans son ensemble et dans ses détails, le projet de loi *sur la propriété*.

Vous ne serez point surpris que ce projet se réduise à quelques définitions, à quelques règles générales : car le corps entier du Code civil est consacré à définir tout ce qui peut tenir à l'exercice du droit de propriété, droit fondamental, sur lequel toutes les institutions sociales reposent ; et qui, pour chaque individu, est aussi précieux que la vie même, puisqu'il lui assure les moyens de la conserver.

La cité n'existe, disait l'Orateur romain, que pour que chacun conserve ce qui lui appartient. Avec le secours de cette grande vérité, cet orateur philosophe arrêtait dans son temps, tous les mouvemens des factions occupées à désorganiser l'Empire.

C'est à leur respect pour la propriété que les nations modernes sont redevables de cet esprit de justice et de liberté qui, dans les temps même de barbarie, sut les défendre contre les violences et les entreprises du plus fort. C'est la propriété qui posa, dans les forêts de la Germanie, les premières bases du gouvernement représentatif. C'est elle qui a donné naissance à la constitution politique de nos anciens pays d'états, et qui dans ces derniers temps, nous a inspiré le courage de secouer le joug et de nous délivrer de toutes les entraves de la féodalité.

Citoyens Législateurs, la loi reconnaît que la propriété est le droit de jouir et de disposer de son bien de la manière la plus absolue, et que ce droit est sacré dans la personne du moindre particulier. Quel principe plus fécond en conséquences utiles !

Ce principe est comme l'ame universelle de toute la législation; il rappelle aux citoyens ce qu'ils se doivent entre eux, et à l'Etat ce qu'il doit aux citoyens; il modère les impôts; il fixe le règne heureux de la justice; il arrête, dans les actes de la puissance publique, les graces qui seraient préjudiciables aux tiers; il éclaire la vertu et la bienfaisance même; il devient la règle et la mesure de la sage composition de tous les intérêts particuliers avec l'intérêt commun; il communique ainsi un caractère de grandeur et de majesté aux plus petits détails de l'administration publique.

Aussi vous avez vu le génie qui gouverne la France, établir sur la propriété les fondemens inébranlables de la République.

Les hommes dont les possessions garantissent la fidélité, sont appelés désormais à choisir ceux dont les lumières, la sagesse et le zèle doivent garantir les délibérations.

En sanctionnant le nouveau Code civil, vous aurez affermi, citoyens Législateurs, toutes nos institutions nationales.

Déjà vous avez pourvu à tout ce qui concerne l'état des personnes : aujourd'hui vous commencez à régler ce qui regarde les biens. Il s'agit, pour ainsi dire, de lier la stabilité de la patrie à la stabilité même du territoire. On ne peut aimer sa propriété sans aimer les lois qui la protègent. En consacrant des maximes favorables à la propriété, vous aurez inspiré l'amour des lois; vous n'aurez pas travaillé seulement au bonheur des individus, à celui des familles particulières, vous aurez créé un esprit public, vous aurez ouvert les véritables sources de la prospérité générale, vous aurez préparé le bonheur de tous.

Suit le texte de la loi.

TITRE II.

De la Propriété.

Décrété le 6 pluviose an XII. Promulgué le 16 du même mois.

Article 544. — La propriété est le droit de jouir et disposer des choses de la manière la plus absolue, pourvu qu'on n'en fasse pas un usage prohibé par les lois ou par les réglemens.

Art. 545. — Nul ne peut être contraint de céder sa propriété, si ce n'est pour cause d'utilité publique, et moyennant une juste et préalable indemnité.

Art. 546. — La propriété d'une chose, soit mobilière, soit immobilière, donne droit sur tout ce qu'elle produit, et sur ce qui s'y unit accessoirement, soit naturellement, soit artificiellement.

Ce droit s'appelle *droit d'accession.*

CHAPITRE PREMIER.

Du droit d'accession sur ce qui est produit par la chose.

Article 547. — Les fruits naturels ou industriels de la terre,

Les fruits civils,

Le croît des animaux, appartiennent au propriétaire par droit d'accession.

Art. 548. — Les fruits produits par la chose n'appartiennent au propriétaire qu'à la charge de rembourser les frais des labours, travaux et semences faits par des tiers.

Art. 549. — Le simple possesseur ne fait les fruits siens que dans le cas où il possède de bonne foi : dans le cas contraire, il est tenu de rendre les produits avec la chose, au propriétaire qui la revendique.

Art. 550. — Le possesseur est de bonne foi quand il possède comme propriétaire, en vertu d'un titre translatif de propriété dont il ignore les vices.

Il cesse d'être de bonne foi du moment où ces vices lui sont connus.

CHAPITRE II.

Du droit d'accession sur ce qui s'unit et s'incorpore à la chose.

Article 551. — Tout ce qui s'unit et s'incorpore à la chose appartient au propriétaire, suivant les règles qui seront ci-après établies.

SECTION PREMIÈRE.

Du droit d'accession relativement aux choses immobilières.

Article 552. — La propriété du sol emporte la propriété du dessus et du dessous.

Le propriétaire peut faire au-dessus toutes les plantations et constructions qu'il juge à propos, sauf les exceptions établies au titre *des Servitudes ou Services fonciers.*

Il peut faire au-dessous toutes les constructions et fouilles qu'il jugera à propos, et tirer de ces fouilles tous les produits qu'elles peuvent fournir, sauf les modifications résultant des lois et réglemens relatifs aux mines, et des lois et réglemens de police.

Art. 553. — Toutes constructions, plantations et ouvrages sur un terrain ou dans l'intérieur, sont présumés faits par le propriétaire à ses frais et lui appartenir, si le contraire n'est prouvé; sans préjudice de la propriété qu'un tiers pourrait avoir acquise ou pourrait acquérir par prescription, soit d'un souterrain sous le bâtiment d'autrui, soit de toute autre partie du bâtiment.

Art. 554. — Le propriétaire du sol qui a fait des constructions, plantations et ouvrages avec des matériaux qui ne lui appartenaient pas, doit en payer la valeur; il peut aussi être condamné à des dommages et intérêts, s'il y a lieu : mais le propriétaire des matériaux n'a pas le droit de les enlever.

Art. 555. — Lorsque les plantations, constructions et ouvrages ont été faits par un tiers et avec ses matériaux, le propriétaire du fonds a droit ou de les retenir, ou d'obliger ce tiers à les enlever.

Si le propriétaire du fonds demande la suppression des plantations et constructions, elle est aux frais de celui qui les a faites, sans aucune indemnité pour lui ; il peut même être condamné à des dommages et intérêts, s'il y a lieu, pour le préjudice que peut avoir éprouvé le propriétaire du fonds.

Si le propriétaire préfère conserver ces plantations et constructions, il doit le remboursement de la valeur des matériaux et du prix de la main-d'œuvre, sans égard à la plus ou moins grande augmentation de valeur que le fonds a pu recevoir. Néanmoins, si les plantations, constructions et ouvrages ont été faits par un tiers évincé, qui n'aurait pas été condamné à la restitution des fruits, attendu sa bonne foi, le propriétaire ne pourra demander la suppression desdits ouvrages, plantations et constructions ; mais il aura le choix, ou de rembourser la valeur des matériaux et du prix de la main-d'œuvre, ou de rembourser une somme égale à celle dont le fonds a augmenté de valeur.

Art. 556. — Les atterrissemens et accroissemens qui se forment successivement et imperceptiblement aux fonds riverains d'un fleuve ou d'une rivière, s'appellent *alluvion*.

L'alluvion profite au propriétaire riverain, soit qu'il s'agisse d'un fleuve ou d'une rivière navigable, flottable ou non ; à la charge, dans le premier cas, de laisser le marchepied ou chemin de halage, conformément aux réglemens.

Art. 557. — Il en est de même des relais que forme l'eau courante qui se retire insensiblement de l'une de ses rives en se portant sur l'autre : le propriétaire de la rive découverte profite de l'alluvion, sans que le riverain du côté opposé y puisse venir réclamer le terrain qu'il a perdu.

Ce droit n'a pas lieu à l'égard des relais de la mer.

Art. 558. — L'alluvion n'a pas lieu à l'égard des lacs

et étangs, dont le propriétaire conserve toujours le terrain que l'eau couvre quand elle est à la hauteur de la décharge de l'étang, encore que le volume de l'eau vienne à diminuer.

Réciproquement le propriétaire de l'étang n'acquiert aucun droit sur les terres riveraines que son eau vient à couvrir dans des crues extraordinaires.

Art. 559. — Si un fleuve ou une rivière, navigable ou non, enlève par une force subite une partie considérable et reconnaissable d'un champ riverain, et la porte vers un champ inférieur ou sur la rive opposée, le propriétaire de la partie enlevée peut réclamer sa propriété; mais il est tenu de former sa demande dans l'année : après ce délai, il n'y sera plus recevable, à moins que le propriétaire du champ auquel la partie enlevée a été unie, n'eût pas encore pris possession de celle-ci.

Art. 560. — Les îles, îlots, attérissemens, qui se forment dans le lit des fleuves ou des rivières navigables ou flottables, appartiennent à la nation, s'il n'y a titre ou prescription contraire.

Art. 561. — Les îles et attérissemens qui se forment dans les rivières non navigables et non flottables, appartiennent aux propriétaires riverains du côté où l'île s'est formée : si l'île n'est pas formée d'un seul côté, elle appartient aux propriétaires riverains des deux côtés, à partir de la ligne qu'on suppose tracée au milieu de la rivière.

Art. 562. — Si une rivière ou un fleuve, en se formant un bras nouveau, coupe et embrasse le champ d'un propriétaire riverain, et en fait une île, ce propriétaire conserve la propriété de son champ, encore que l'île se soit formée dans un fleuve ou dans une rivière navigable ou flottable.

Art. 563. — Si un fleuve ou une rivière navigable, flottable ou non, se forme un nouveau cours en abandonnant son ancien lit, les propriétaires des fonds nouvellement occupés prennent, à titre d'indemnité, l'ancien lit abandonné, chacun dans la proportion du terrain qui lui a été enlevé.

Art. 564. — Les pigeons, lapins, poissons, qui passent dans un autre colombier, garenne ou étang, appartiennent au propriétaire de ces objets, pourvu qu'ils n'y aient point été attirés par fraude et artifice.

SECTION II.

Du droit d'accession relativement aux choses mobilières.

Article 565. — Le droit d'accession, quand il a pour objet deux choses mobilières appartenant à deux maîtres différens, est entièrement subordonné aux principes de l'équité naturelle.

Les règles suivantes serviront d'exemple au juge pour se déterminer, dans les cas non prévus, suivant les circonstances particulières.

Art. 566. — Lorsque deux choses appartenant à différens maîtres, qui ont été unies de manière à former un tout, sont néanmoins séparables, en sorte que l'une puisse subsister sans l'autre, le tout appartient au maître de la chose qui forme la partie principale, à la charge de payer à l'autre la valeur de la chose qui a été unie.

Art. 567. — Est réputée partie principale celle à laquelle l'autre n'a été unie que pour l'usage, l'ornement ou le complément de la première.

Art. 568. — Néanmoins, quand la chose unie est beaucoup plus précieuse que la chose principale, et quand elle a été employée à l'insu du propriétaire, celui-ci peut demander

demander que la chose unie soit séparée pour lui être rendue, même quand il pourrait en résulter quelque dégradation de la chose à laquelle elle a été jointe.

Art. 569. — Si de deux choses unies pour former un seul tout, l'une ne peut point être regardée comme l'accessoire de l'autre, celle-là est réputée principale qui est la plus considérable en valeur, ou en volume si les valeurs sont à-peu-près égales.

Art. 570. — Si un artisan ou une personne quelconque a employé une matière qui ne lui appartenait pas, à former une chose d'une nouvelle espèce, soit que la matière puisse ou non reprendre sa première forme, celui qui en était le propriétaire a le droit de réclamer la chose qui en a été formée, en remboursant le prix de la main-d'œuvre.

Art. 571. — Si cependant la main-d'œuvre était tellement importante, qu'elle surpassât de beaucoup la valeur de la matière employée, l'industrie serait alors réputée la partie principale, et l'ouvrier aurait le droit de retenir la chose travaillée, en remboursant le prix de la matière au propriétaire.

Art. 572. — Lorsqu'une personne a employé en partie la matière qui lui appartenait, et en partie celle qui ne lui appartenait pas, à former une chose d'une espèce nouvelle, sans que ni l'une ni l'autre des deux matières soit entièrement détruite, mais de manière qu'elles ne puissent pas se séparer sans inconvénient, la chose est commune aux deux propriétaires, en raison, quant à l'un, de la matière qui lui appartenait; quant à l'autre, en raison à-la-fois et de la matière qui lui appartenait, et du prix de sa main-d'œuvre.

Art. 573. — Lorsqu'une chose a été formée par le mélange de plusieurs matières appartenant à différens propriétaires, mais dont aucune ne peut être regardée comme la matière principale; si les matières peuvent être séparées, celui à l'insu duquel les matières ont été mélangées, peut en demander la division.

Si les matières ne peuvent plus être séparées sans inconvénient, ils en acquièrent en commun la propriété dans la proportion de la quantité, de la qualité et de la valeur des matières appartenant à chacun d'eux.

Art. 574. — Si la matière appartenant à l'un des propriétaires était de beaucoup supérieure à l'autre par la quantité et le prix, en ce cas le propriétaire de la matière supérieure en valeur pourrait réclamer la chose provenue du mélange, en remboursant à l'autre la valeur de sa matière.

Art. 575. — Lorsque la chose reste en commun entre les propriétaires des matières dont elle a été formée, elle doit être licitée au profit commun.

Art. 576. — Dans tous les cas où le propriétaire dont la matière a été employée, à son insu, à former une chose d'une autre espèce, peut réclamer la propriété de cette chose, il a le choix de demander la restitution de sa matière en même nature, quantité, poids, mesure et bonté, ou sa valeur.

Art. 577. — Ceux qui auront employé des matières appartenant à d'autres, et à leur insu, pouront aussi être condamnés à des dommages et intérêts, s'il y a lieu, sans préjudice des poursuites par voie extraordinaire, si le cas y échet.

TITRE III.

De l'Usufruit, de l'Usage et de l'Habitation.

Le PREMIER CONSUL a nommé, pour présenter la loi formant le Titre III du Livre II du Code civil, et pour en soutenir la discussion, les citoyens *Galli*, *Treilhard* et *Bérenger*, Conseillers d'État.

Introduits dans la salle du Corps Législatif, le 28 nivose an 12; l'un d'eux, portant la parole, a prononcé le discours suivant.

CITOYENS LÉGISLATEURS,

C'est donc aujourd'hui que nous venons vous présenter, au nom du Gouvernement, le Titre de l'*Usufruit*, de l'*Usage* et de l'*Habitation*, qui est le IIIe du Livre II du projet du Code civil.

Ce titre est divisé en deux chapitres :

Le premier concerne *l'usufruit*;

Le second, *l'usage et l'habitation*.

On débute, dans le premier, par définir ce que c'est que l'usufruit. C'est, dit-on, le droit de jouir des choses dont un autre a la propriété, avec le même avantage que le propriétaire lui-même, mais à la charge d'en conserver la substance.

A la vérité, quelque difficile que puisse être toute définition (1), et malgré qu'il soit très-dangereux d'en insérer dans

(1) L. 202, ff *de Regulis juris.*

un corps de lois; cependant, comme celui dont il s'agit n'est pas seulement une nouvelle règle pour les juges, mais bien aussi une instruction pour chaque citoyen, il est bon d'y en trouver quelques-unes brièves et précises, qui, éclairant les juges et les parties en même-tems, ôtent, s'il se peut, toute incertitude, et toutes ces difficultés que de justes doutes et des chicanes pourraient élever.

Aussi remarquez bien qu'on ne dit pas ce que d'autres ont dit (1), que l'usufruit est le droit de jouir d'une chose dont on est le propriétaire, *la conservant entière, sans la détériorer ni la diminuer.* Ces dernières paroles porteraient l'exclusion des choses qui se consument par l'usage ou qui se diminuent, desquelles cependant on peut avoir l'usufruit, sous le nom, comme s'expriment les praticiens, *d'usufruit impropre*, soit *quasi usufructûs*, comme le dit formellement le texte dans les *Institutes* (2), et ce par suite de la règle générale, que l'usufruit peut s'établir sur toutes les choses qui sont en notre patrimoine (3); soit qu'elles se conservent, soit qu'elles se diminuent, soit qu'elles se consument.

Voici pourquoi dans ce Code on a préféré l'expression de la loi romaine (4) *salva rerum substantia.*

Et voici pourquoi il est déclaré à l'article 574, que *l'usufruit peut être établi sur toute espèce de biens meubles ou immeubles.* Oui, sur toute espèce, et par conséquent sur ces choses aussi qui se consument par l'usage, ou qui se diminuent.

A l'article 572, il est dit : *L'usufruit est établi par la loi, ou par la volonté de l'homme.* Certes, par l'un et par l'autre.

Par la loi, tel que l'usufruit légal, appartenant aux père et mère, sur le bien de leurs enfans, dont est parlé à l'art. 594.

Par la volonté de l'homme, tel que celui qui est porté par un testament, par un contrat. C'est ici, citoyens Législateurs, cet

---

(1) *Domat*, liv. I, tit. II, *de l'usufruit*, § Ier.
(2) § 2. *De usufr.*
(3) L. I. *De usufr. juncto*, § 2, instit. *de usufr.*
(4) *In lege primâ*, *ff de usufr.*

usufruit qui nous amène, qui nous procure, qui nous facilite des libéralités, des actes de bienfaisance et de gratitude. C'est par le moyen de cet usufruit que les transactions les plus épineuses quelquefois se combinent, que les acquisitions les plus importantes et les plus difficiles se font; c'est par lui que les époux se rendent mutuellement les derniers témoignages de leur amour et de leur tendresse.

Les fruits civils sont réputés, comme il est dit dans l'art. 579, s'acquérir jour par jour, et appartiennent à l'usufruitier, à proportion de la durée de son usufruit.

Or, on a très-bien fait d'appliquer cette règle aux prix des baux à ferme, comme aux loyers des maisons et aux autres fruits civils, dans la classe desquels, à l'article 577, on avait déjà rangé le prix des baux à ferme.

Cette application, dis-je, a été très-bonne, puisqu'à son appui viennent à cesser toutes les questions qui s'agitaient autrefois entre le propriétaire et l'héritier de l'usufruitier, sur le mode de répartir un prix qui, représentant des fruits naturels, paraissait devoir suivre la nature de ceux-ci, et non celle des autres.

A l'égard des arbres qu'on peut tirer d'une pépinière, il est dit, dans l'article 583, de se conformer aux usages des lieux pour leur remplacement.

Quant aux échalas pour les vignes qu'on peut prendre dans les bois, et quant aux produits annuels ou périodiques qu'on peut prendre sur les arbres, il est statué, à l'article 586, que l'on doit suivre l'usage du pays ou la coutume du propriétaire.

Vous voyez par-là, citoyens Législateurs, respectées et maintenues par-tout où il le faut, les habitudes, les coutumes des peuples.

Cette excellente partie de législation ne serait-elle pas également due aux sages réflexions des rédacteurs du projet, puisqu'ils ont, dans leur discours préliminaire, très-ouvertement manifesté l'empressement qu'ils avaient qu'il y eût une tradition suivie d'usages, de maximes, de règles, pour que l'on puisse, en certain cas, juger aujourd'hui comme on a déjà jugé hier (1)?

---

(1) Projet du Code, discours préliminaire.

A l'article 595, il est dit que, *si l'usufruitier ne trouve pas de caution, les immeubles sont donnés à ferme ou mis en séquestre;*

Les sommes comprises dans l'usufruit sont placées;

Les denrées sont vendues, et le prix en provenant est pareillement placé;

Les intérêts de ces sommes et les prix des fermes, appartiennent, dans ce cas, à l'usufruitier.

Cette jurisprudence est bien plus judicieuse, bien plus mûrie que celle de ces pays où il est dit que, si l'usufruitier, par sa pauvreté, par son impuissance, ou parce qu'il est étranger, ne trouve point de caution, l'on doit alors s'en tenir à la caution juratoire. Mais cette caution juratoire serait-elle aussi satisfaisante pour le propriétaire? Cette caution, qui n'est que de paroles, pourrait-elle valoir au propriétaire autant que lui valent les moyens ci-dessus prescrits?

Néanmoins s'il est, d'après la justice, de ne pas admettre aucune caution juratoire dans le cas sus-énoncé, il est également, d'après l'équité, d'après les principes d'une juste considération, de l'avoir adoptée dans le cas de l'article 596, où il est précisément dit que *l'usufruitier peut demander et les juges peuvent accorder, suivant les circonstances, qu'une partie des meubles nécessaire pour son usage, lui soit délaissée sous sa simple caution juratoire.*

L'article 612 dispose que *l'usufruit qui n'est pas accordé à des particuliers, ne dure que trente ans.*

On n'a pas partagé ici l'opinion du texte romain (1) : *Placuit centum annis tuendos esse municipes.*

A la vérité, on ne pourrait trouver bien solide la raison qui y est alléguée, *quia is finis vitæ longævi hominis est.*

Comment! parce qu'un homme peut vivre cent ans, il faudra décerner l'usufruit aussi pour cent ans, à une ville ou autre communauté! je n'en comprends pas la conséquence : mais je com-

(1) L. 8, ff *de usu et usuf. legato. I. An ususfructus* 56, ff *de usuf.*

prends bien la droiture de votre immortel *Domat*, qui lui-même devança l'opinion de notre Code, et n'eut pas de peine à dire qu'il y aurait eu bien plus de raison de fixer cet usufruit de trente années seulement (1).

Vous verrez, citoyens Législateurs, qu'après avoir donné avec beaucoup de précision la définition de l'usufruit, après en avoir expliqué la nature, après avoir dit comment et sur quelle chose il peut s'établir, on est passé de suite, article 575 et suivans, aux droits de l'usufruitier, sans s'occuper des autres distinctions que des interprêtes des siècles passés avaient inventées par des noms étrangers au texte et vraiment barbares; telle que serait celle *inter usumfructum causalem et usumfructum formalem*, sous le prétexte qu'elles étaient plus propres à l'intelligence des anciens jurisconsultes, lorsqu'au contraire il n'en est résulté que de grandes disputes aux écoles, et mille procès à la postérité.

Je finis, citoyens Législateurs, par vous prier de quelque indulgence pour moi, si je vous ai entretenu plus qu'il ne fallait du droit romain. Je suis né en Italie, d'où il tire son origine, où les *pandectes* ont été retrouvées, où ses maximes triomphent, et où il faisait notre droit commun.

Il n'est donc pas surprenant que j'y sois attaché : mais ce qui m'excuse davantage, et même ce qui me justifie pardevant vous, c'est un Français, c'est votre *Dumoulin*, dans sa préface à la Coutume de Paris, n°. 110. *E jure scripto mutuamur quod æquitati consonum invenitur, non quod fuerimus subditi Justiniano aut successoribus ejus, sed qui a jus illo autore à sapientissimis viris ordinatum, tam est æquum, rationabile, et undequaquè absolutum, ut omnium ferè christianarum gentium usu et approbatione commune sit effectum.*

Je ne m'arrête pas à vous faire une plus ample analye des autres dispositions de cet article premier, ni de celles de l'article second qui concerne l'usage et l'habitation; elles ne souffrent pas la moindre objection, et n'ont par conséquent pas

(2) *Titre XI de l'usufruit*, in fine.

besoin d'être développées : il suffira donc de vous en faire lecture pour que leur justice et leur utilité vous soient connues à l'instant.

Sans doute, citoyens Législateurs, c'est un honneur bien grand que celui de pouvoir monter à cette auguste tribune, et il est encore plus grand pour moi, qui seul n'aurais jamais pu y aspirer.

Oui, citoyens Législateurs, ce n'est que le bénéfice de la réunion accordée au peuple Piémontais, qui a rejailli sur moi, par un effet du hasard, plus que par celui d'autres circonstances qui dussent me protéger.

C'est dans cette journée, citoyens Législateurs, que je dois vous parler pour la première fois; c'est aujourd'hui que je dois remplir ma tâche envers vous.

Instruit depuis quelque temps par les lumières de mes illustres collègues, j'ai quelquefois espéré de pouvoir y satisfaire; mais, d'autre part, ébloui chaque jour par leur éloquence, frappé de l'énergie de leurs sentimens, pénétré de la justesse de leurs maximes, je n'ai pas le courage d'élever ma voix impuissante et timide après tant de *Demosthènes*, de *Cicérons*, d'*Eschines*.

Je ferai donc beaucoup mieux, en resserrant mon discours, de le soustraire à une plus ample et toujours juste censure.

Devenu citoyen français, seulement depuis une très-courte époque, il n'est pas surprenant que, par rapport à la France, je n'aie pas suivi le conseil d'un de vos plus célèbres magistrats, d'*Aguesseau*, lorsqu'il dit qu'une de nos premières études doit être celle de notre patrie, de son histoire, de sa législation, de ses mœurs.

Par conséquent, je ne suis pas à même, autant qu'un Français, de discerner toutes les beautés de votre Code, celles, dis-je, qui résultent de son parallèle avec les abus et les vices du précédent.

Je connais quelques-uns de ses inconvéniens, tels que cette masse immense, cette informe chaos de tant de coutumes; mais, je le répète, je ne suis pas à même de calculer exactement, et par une juste comparaison, tout le bien de l'un et tout le mal de l'autre.

En vérité, citoyens Législateurs, je crains fort que, par suite de ce nouveau Code, ne soient presque ensevelis dans un éternel oubli ces grands jurisconsultes de la France, *Duharen*, *Talon*, *Térasson*, d'*Aguesseau*, *Domat*, *Pothier*; et il me fâcherait plus encore d'y voir ensevelis un *Cujas*, un *Favre*.

Voulez-vous savoir le motif de ma juste prédilection ? je vous le dirai.

Cujas, natif de Toulouse, fut appellé en piémont par *Emmanuel Philibert*. C'est dans ses écrits que les Piémontais apprirent les vrais élémens de la jurisprudence. Oui, l'université de Turin s'honore toujours de son nom. Les Piémontais furent ses disciples; les Piémontais lui sont reconnaissans et le seront à jamais.

Et quant à *Favre*, jadis premier président à Chambéry, ignorez-vous qu'il naquit à Bourg en 1557 ? ignorez-vous que la Bresse était alors sous la domination de la Savoie ?

D'autre part, il est consolant pour moi de penser qu'autant ce nouveau Code est le fruit de profondes méditations, autant il fut puisé dans les sources des lois romaines.

Et c'est d'après une source si pure et si sacrée, c'est d'après l'appui de tant d'hommes savans dont la France abonde, que son restaurateur, le Génie du monde, s'est intimément persuadé de ce que disait *Euripide : Nihil est in civitate præstantiùs quàm leges benè positæ*.

Pardon, citoyens Législateurs, si mon amour pour le Piémont m'a détourné quelque peu de l'objet de notre mission.

Suit le texte de la loi.

TITRE III.

De l'Usufruit, de l'Usage et de l'Habitation.

Décrété le 9 pluviose an XII. Promulgué le 19 du même mois.

CHAPITRE PREMIER.

De l'usufruit.

Article 578. — L'usufruit est le droit de jouir des choses dont un autre a la propriété, comme le propriétaire lui-même, mais à la charge d'en conserver la substance.

Art. 579. — L'usufruit est établi par la loi, ou par la volonté de l'homme.

Art. 580. — L'usufruit peut être établi, ou purement, ou à certain jour, ou à condition.

Art. 581. — Il peut être établi sur toute espèce de biens meubles ou immeubles.

SECTION PREMIÈRE.

Des droits de l'usufruitier.

Article 582. — L'usufruitier a le droit de jouir de toute espèce de fruits, soit naturels, soit industriels, soit civils, que peut produire l'objet dont il a l'usufruit.

Art. 583. — Les fruits naturels sont ceux qui sont le produit spontané de la terre. Le produit et le croît des animaux sont aussi des fruits naturels.

Les fruits industriels d'un fonds sont ceux qu'on obtient par la culture.

Art. 584. — Les fruits civils sont les loyers des maisons, les intérêts des sommes exigibles, les arrérages des rentes.

Les prix des baux à ferme sont aussi rangés dans la classe des fruits civils.

Art. 585. — Les fruits naturels et industriels, pendans par branches ou par racines au moment où l'usufruit est ouvert, appartiennent à l'usufruitier.

Ceux qui sont dans le même état au moment où finit l'usufruit, appartiennent au propriétaire, sans récompense de part ni d'autre des labours et des semences, mais aussi sans préjudice de la portion des fruits qui pourrait être acquise au colon partiaire, s'il en existait un au commencement ou à la cessation de l'usufruit.

Art. 586. — Les fruits civils sont réputés s'acquérir jour par jour, et appartiennent à l'usufruitier, à proportion de la durée de son usufruit. Cette règle s'applique aux prix des baux à ferme, comme aux loyers des maisons et aux autres fruits civils.

Art. 587. — Si l'usufruit comprend des choses dont on ne peut faire usage sans les consommer, comme l'argent, les grains, les liqueurs, l'usufruitier a le droit de s'en servir, mais à la charge d'en rendre de pareille quantité, qualité et valeur, ou leur estimation, à la fin de l'usufruit.

Art. 588. — L'usufruit d'une rente viagère donne aussi à l'usufruitier, pendant la durée de son usufruit, le droit d'en percevoir les arrérages, sans être tenu à aucune restitution.

Art. 589. — Si l'usufruit comprend des choses qui,

sans se consommer de suite, se détériorent peu à peu par l'usage, comme du linge, des meubles meublans, l'usufruitier a le droit de s'en servir pour l'usage auquel elles sont destinées, et n'est obligé de les rendre, à la fin de l'usufruit, que dans l'état où elles se trouvent, non détériorées par son dol ou par sa faute.

Art. 590. — Si l'usufruit comprend des bois taillis, l'usufruitier est tenu d'observer l'ordre et la quotité des coupes, conformément à l'aménagement ou à l'usage constant des propriétaires; sans indemnité toutefois en faveur de l'usufruitier ou de ses héritiers, pour les coupes ordinaires, soit de taillis, soit de baliveaux, soit de futaie, qu'il n'aurait pas faites pendant sa jouissance.

Les arbres qu'on peut tirer d'une pépinière sans la dégrader, ne font aussi partie de l'usufruit qu'à la charge par l'usufruitier de se conformer aux usages des lieux pour le remplacement.

Art. 591. — L'usufruitier profite encore, toujours en se conformant aux époques et à l'usage des anciens propriétaires, des parties de bois de haute futaie qui ont été mises en coupes réglées, soit que ces coupes se fassent périodiquement sur une certaine étendue de terrain, soit qu'elles se fassent d'une certaine quantité d'arbres pris indistinctement sur toute la surface du domaine.

Art. 592. — Dans tous les autres cas, l'usufruitier ne peut toucher aux arbres de haute futaie: il peut seulement employer, pour faire les réparations dont il est tenu, les arbres arrachés ou brisés par accident; il peut même, pour cet objet, en faire abattre s'il est nécessaire, mais à la charge d'en faire constater la nécessité avec le propriétaire.

Art. 593. — Il peut prendre, dans les bois, des échalas pour les vignes; il peut aussi prendre, sur les arbres, des produits annuels ou périodiques ; le tout suivant l'usage du pays ou la coutume des propriétaires.

Art. 594. — Les arbres fruitiers qui meurent, ceux même qui sont arrachés ou brisés par accident, appartiennent à l'usufruitier, à la charge de les remplacer par d'autres.

Art. 595. — L'usufruitier peut jouir par lui-même, donner à ferme à un autre, ou même vendre ou céder son droit à titre gratuit. S'il donne à ferme, il doit se conformer, pour les époques où les baux doivent être renouvelés, et pour leur durée, aux règles établies pour le mari à l'égard des biens de la femme, au titre *du Contrat de mariage et des Droits respectifs des époux.*

Art. 596. — L'usufruitier jouit de l'augmentation survenue par alluvion à l'objet dont il a l'usufruit.

Art. 597. — Il jouit des droits de servitude, de passage, et généralement de tous les droits dont le propriétaire peut jouir, et il en jouit comme le propriétaire lui-même.

Art. 598. — Il jouit aussi, de la même manière que le propriétaire, des mines et carrières qui sont en exploitation à l'ouverture de l'usufruit ; et néanmoins, s'il s'agit d'une exploitation qui ne puisse être faite sans une concession, l'usufruitier ne pourra en jouir qu'après en avoir obtenu la permission du Gouvernement.

Il n'a aucun droit aux mines et carrières non encore ouvertes, ni aux tourbières dont l'exploitation n'est point encore commencée, ni au trésor qui pourrait être découvert pendant la durée de l'usufruit.

Art. 599. — Le propriétaire ne peut, par son fait, ni de quelque manière que ce soit, nuire aux droits de l'usufruitier.

De son côté, l'usufruitier ne peut, à la cessation de

l'usufruit, réclamer aucune indemnité pour les améliorations qu'il prétendrait avoir faites, encore que la valeur de la chose en fût augmentée.

Il peut cependant, ou ses héritiers, enlever les glaces, tableaux et autres ornemens qu'il aurait fait placer, mais à la charge de rétablir les lieux dans leur premier état.

SECTION II.

Des obligations de l'usufruitier.

Article 600. — L'usufruitier prend les choses dans l'état où elles sont; mais il ne peut entrer en jouissance qu'après avoir fait dresser, en présence du propriétaire, ou lui dûment appelé, un inventaire des meubles et un état des immeubles sujets à l'usufruit.

Art. 601. — Il donne caution de jouir en bon père de famille, s'il n'en est dispensé par l'acte constitutif de l'usufruit : cependant, les père et mère ayant l'usufruit légal du bien de leurs enfans, le vendeur ou le donateur sous réserve d'usufruit, ne sont pas tenus de donner caution.

Art. 602. — Si l'usufruitier ne trouve pas de caution, les immeubles sont donnés à ferme ou mis en séquestre;

Les sommes comprises dans l'usufruit sont placées;

Les denrées sont vendues, et le prix en provenant est pareillement placé;

Les intérêts de ces sommes et les prix des fermes appartiennent, dans ce cas, à l'usufruitier.

Art. 603. — A défaut d'une caution de la part de l'usufruitier, le propriétaire peut exiger que les meubles qui dépérissent par l'usage soient vendus, pour le prix en être placé comme celui des denrées; et alors l'usufruitier jouit de l'intérêt pendant son usufruit : cependant l'usufruitier pourra demander et les juges pourront ordonner, suivant les circonstances, qu'une partie des meubles nécessaires pour son usage lui soit délaissée, sous sa simple caution juratoire, et à la charge de les représenter à l'extinction de l'usufruit.

Art. 604. — Le retard de donner caution ne prive pas l'usufruitier des fruits auxquels il peut avoir droit; ils lui sont dus du moment où l'usufruit a été ouvert.

Art. 605. — L'usufruitier n'est tenu qu'aux réparations d'entretien.

Les grosses réparations demeurent à la charge du propriétaire, à moins qu'elles n'aient été occasionnées par le défaut de réparations d'entretien, depuis l'ouverture de l'usufruit; auquel cas l'usufruitier en est aussi tenu.

Art. 606. — Les grosses réparations sont celles des gros murs et des voûtes, le rétablissement des poutres et des couvertures entières;

Celui des digues et des murs de soutenement et de clôture aussi en entier.

Toutes les autres réparations sont d'entretien.

Art. 607. — Ni le propriétaire, ni l'usufruitier, ne sont tenus de rebâtir ce qui est tombé de vétusté, ou ce qui a été détruit par cas fortuit.

Art. 608. — L'usufruitier est tenu, pendant sa jouissance, de toutes les charges annuelles de l'héritage, telles que les contributions et autres qui dans l'usage sont censées charges des fruits.

Art. 609. — A l'égard des charges qui peuvent être imposées sur la propriété pendant la durée de l'usufruit, l'usufruitier et le propriétaire y contribuent ainsi qu'il suit:

Le propriétaire est obligé de les payer, et l'usufruitier doit lui tenir compte des intérêts.

Si elles sont avancées par l'usufruitier, il a la répétition du capital à la fin de l'usufruit.

Art. 610. — Le legs fait par un testateur, d'une rente viagère ou pension alimentaire, doit être acquitté par le légataire universel de l'usufruit dans son intégrité, et par le légataire à titre universel de l'usufruit dans la proportion de sa jouissance, sans aucune répétition de leur part.

Art. 611. — L'usufruitier à titre particulier n'est pas tenu des dettes auxquelles le fonds est hypothéqué : s'il est forcé de les payer, il a son recours contre le propriétaire, sauf ce qui est dit à l'article 1020, au titre *des Donations entre-vifs et des Testamens.*

Art. 612. — L'usufruitier, ou universel, ou à titre universel, doit contribuer avec le propriétaire au paiement des dettes, ainsi qu'il suit :

On estime la valeur du fonds sujet à usufruit ; on fixe ensuite la contribution aux dettes à raison de cette valeur.

Si l'usufruitier veut avancer la somme pour laquelle le fonds doit contribuer, le capital lui en est restitué à la fin de l'usufruit, sans aucun intérêt.

Si l'usufruitier ne veut pas faire cette avance, le propriétaire a le choix, ou de payer cette somme, et dans ce cas l'usufruitier lui tient compte des intérêts pendant la durée de l'usufruit, ou de faire vendre jusqu'à due concurrence une portion des biens soumis à l'usufruit.

Art. 613. — L'usufruitier n'est tenu que des frais des procès qui concernent la jouissance, et des autres condamnations auxquelles ces procès pourraient donner lieu.

Art. 614. — Si, pendant la durée de l'usufruit, un tiers commet quelque usurpation sur le fonds, ou attente

autrement

autrement aux droits du propriétaire, l'usufruitier est tenu de le dénoncer à celui-ci : faute de ce, il est responsable de tout le dommage qui peut en résulter pour le propriétaire, comme il le serait de dégradations commises par lui-même.

Art. 615. — Si l'usufruit n'est établi que sur un animal qui vient à périr sans la faute de l'usufruitier, celui-ci n'est pas tenu d'en rendre un autre, ni d'en payer l'estimation.

Art. 616. — Si le troupeau sur lequel un usufruit a été établi, périt entièrement par accident ou par maladie, et sans la faute de l'usufruitier, celui-ci n'est tenu envers le propriétaire que de lui rendre compte des cuirs ou de leur valeur.

Si le troupeau ne périt pas entièrement, l'usufruitier est tenu de remplacer, jusqu'à concurrence du croît, les têtes des animaux qui ont péri.

SECTION III.

Comment l'usufruit prend fin.

Article 617. — L'usufruit s'éteint,

Par la mort naturelle et par la mort civile de l'usufruitier ;

Par l'expiration du temps pour lequel il a été accordé ;

Par la consolidation ou la réunion sur la même tête, des deux qualités d'usufruitier et de propriétaire ;

Par le non-usage du droit pendant trente ans ;

Par la perte totale de la chose sur laquelle l'usufruit est établi.

Art. 618. — L'usufruit peut aussi cesser par l'abus que l'usufruitier fait de sa jouissance, soit en commettant des dégradations sur le fonds, soit en le laissant dépérir faute d'entretien.

Les créanciers de l'usufruitier peuvent intervenir dans les contestations, pour la conservation de leurs droits; ils peuvent offrir la réparation des dégradations commises, et des garanties pour l'avenir.

Les juges peuvent, suivant la gravité des circonstances, ou prononcer l'extinction absolue de l'usufruit, ou n'ordonner la rentrée du propriétaire dans la jouissance de l'objet qui en est grevé, que sous la charge de payer annuellement à l'usufruitier, ou à ses ayant-cause, une somme déterminée, jusqu'à l'instant où l'usufruit aurait dû cesser.

Art. 619. — L'usufruit qui n'est pas accordé à des particuliers, ne dure que trente ans.

Art. 620. — L'usufruit accordé jusqu'à ce qu'un tiers ait atteint un âge fixe, dure jusqu'à cette époque, encore que le tiers soit mort avant l'âge fixé.

Art. 621. — La vente de la chose sujette à usufruit ne fait aucun changement dans le droit de l'usufruitier; il continue de jouir de son usufruit s'il n'y a pas formellement renoncé.

Art. 622. — Les créanciers de l'usufruitier peuvent faire annuller la renonciation qu'il aurait faite à leur préjudice.

Art. 623. — Si une partie seulement de la chose soumise à l'usufruit est détruite, l'usufruit se conserve sur ce qui reste.

Art. 624. — Si l'usufruit n'est établi que sur un bâtiment, et que ce bâtiment soit détruit par un incendie ou autre accident, ou qu'il s'écroule de vétusté, l'usufruitier n'aura le droit de jouir ni du sol ni des matériaux.

Si l'usufruit était établi sur un domaine dont le bâtiment faisait partie, l'usufruitier jouirait du sol et des matériaux.

CHAPITRE II.

De l'usage et de l'habitation.

Article 625. — Les droits d'usage et d'habitation s'établissent et se perdent de la même manière que l'usufruit.

Art. 626. — On ne peut en jouir, comme dans le cas de l'usufruit, sans donner préalablement caution, et sans faire des états et inventaires.

Art. 627. — L'usager, et celui qui a un droit d'habitation, doivent jouir en bons pères de famille.

Art. 628. — Les droits d'usage et d'habitation se règlent par le titre qui les a établis, et reçoivent, d'après ses dispositions, plus ou moins d'étendue.

Art. 629. — Si le titre ne s'explique pas sur l'étendue de ces droits, ils sont réglés ainsi qu'il suit.

Art. 630. — Celui qui a l'usage des fruits d'un fonds, ne peut en exiger qu'autant qu'il lui en faut pour ses besoins et ceux de sa famille.

Il peut en exiger pour les besoins même des enfans qui lui sont survenus depuis la concession de l'usage.

Art. 631. — L'usager ne peut céder ni louer son droit à un autre.

Art. 632. — Celui qui a un droit d'habitation dans une maison, peut y demeurer avec sa famille, quand même il n'aurait pas été marié à l'époque où ce droit lui a été donné.

Art. 633. — Le droit d'habitation se restreint à ce qui

est nécessaire pour l'habitation de celui à qui ce droit est concédé, et de sa famille.

Art. 634. — Le droit d'habitation ne peut être ni cédé ni loué.

Art. 635. — Si l'usager absorbe tous les fruits du fonds, ou s'il occupe la totalité de la maison, il est assujetti aux frais de culture, aux réparations d'entretien, et au paiement des contributions, comme l'usufruitier.

S'il ne prend qu'une partie des fruits, ou s'il n'occupe qu'une partie de la maison, il contribue au prorata de ce dont il jouit.

Art. 636. — L'usage des bois et forêts est réglé par des lois particulières.

LIVRE II.

Des biens et des différentes modifications de la propriété.

TITRE IV.

Des servitudes ou services fonciers.

Le PREMIER CONSUL a nommé, pour présenter la loi formant le Titre IV du Livre II du CODE CIVIL, et pour en soutenir la discussion, les Cit. *Berlier*, *Regnaud* et *Jollivet*, Conseillers d'État.

Introduits dans la salle du Corps Législatif, le 29 nivose an 12, l'un d'eux, portant la parole, a prononcé le discours suivant.

CITOYENS LÉGISLATEURS,

Un projet de loi sur la propriété vous a été soumis il y a peu de jours ; ses droits vous ont été développés avec beaucoup d'étendue : mais la propriété est susceptible de modifications, comme toutes les institutions de l'ordre social.

Ainsi, diverses causes peuvent concourir à l'assujettissement d'un fonds originairement franc ; ainsi à côté de la liberté des héritages se placent les *servtiudes* ou *services fonciers* dont nous venons vous entretenir aujourd'hui.

Il ne s'agit point ici de ces prééminences d'un fonds sur

l'autre, qui prirent naissance dans le régime à jamais aboli des fiefs.

Il ne s'agit pas non plus de services imposés à la personne et en faveur d'une personne, mais seulement à un fonds et pour un fonds.

Dans ce travail, le Gouvernement n'a point aspiré à la création d'un système nouveau : en respectant les usages autant qu'il était possible, il a rapproché et concilié les règles de la matière; et malgré son extrême désir d'établir l'*uniformité* dans cette partie de la législation, comme dans les autres, il y a quelquefois renoncé, quand des différences locales la repoussaient invinciblement.

Pour vous mettre, citoyens Législateurs, à même d'apprécier ce travail, je ne m'astreindrai point à justifier en détail chacun de ses nombreux articles.

Tout ce qu'un usage constant et conforme aux règles de la justice a consacré depuis des siècles, n'a pas besoin d'être motivé, et notre projet compte bien peu de dispositions qui ne soient dans ce cas.

Je me bornerai donc à vous offrir quelques notions générales de l'ordre qui a été suivi dans la *rédaction de ce projet et des vues qui y ont présidé.*

Les servitudes se divisent en trois classes : les unes dérivent de la situation des lieux; les autres sont établies par la loi; la troisième espèce s'établit par le fait de l'homme.

Les deux premières classes ont quelque affinité entre elles; la troisième en est essentiellement distincte : mais comme elles ont chacune un caractère et des effets qui leur sont propres, je vais les examiner séparément et dans l'ordre qui leur est assigné par le projet de loi.

Des servitudes qui dérivent de la situation des lieux.

Les *eaux* se placent au premier rang des servitudes de cette espèce. C'est par la nature des choses que les fonds inférieurs sont assujettis à recevoir les eaux qui découlent des héritages supérieurs; ainsi le propriétaire d'un héritage inférieur ne peut se soustraire à cette servitude, qui est une charge tracée par la nature elle-même.

De son côté, le propriétaire de l'héritage supérieur ne peut aggraver la servitude, ni changer le cours des eaux d'une manière qui porte dommage à l'héritage inférieur.

Ces règles sont fondées, d'une part, sur la nécessité; et de l'autre, sur l'équité. Mais la question des eaux se présente aussi sous un autre rapport.

En effet, de même que les eaux peuvent être pour l'héritage inférieur une chose incommode, onéreuse, en un mot une vraie servitude, de même, et en plusieurs circonstances, elles peuvent lui offrir de grands avantages.

Cette situation particulière, considérée dès son origine, ne confère aucun droit de plus à l'héritage inférieur envers l'héritage supérieur dans lequel il y a une source.

Cette source faisant partie de la propriété comme le terrein même, le propriétaire du terrein où est la source, peut en disposer à sa volonté.

Mais si pendant plus de trente ans, ce propriétaire a laissé aux eaux de sa source un cours à l'occasion duquel le propriétaire de l'héritage inférieur ait fait des travaux *apparens* dans la vue d'user de ces eaux, et qu'en cet état celui-ci en ait acquis la possession trentenaire, cette possession ainsi caractérisée, a semblé suffisante pour établir les droits de l'héritage inférieur.

Dans cette espèce, les rôles changent; et c'est l'héritage supérieur qui est assujetti envers l'héritage inférieur, à respecter une possession qui, accompagnée d'actes *patens et spéciaux*, peut être considérée comme la suite d'arrangemens passés entre les deux propriétaires ou leurs auteurs.

Hors ce cas et celui où l'utilité publique ou communale réclame l'usage d'une source, le propriétaire en a l'absolue disposition, de manière toutefois qu'il n'aggrave point la condition de ses voisins.

Tels sont les principes que notre projet pose sur la matière des eaux, en y ajoutant quelques règles sur l'usage que peuvent tirer *des eaux courantes* les propriétés qui les bordent.

Toutes ces décisions sont conformes à la raison et à la justice.

Mais si les eaux et leur cours tiennent le premier rang parmi les servitudes *naturelles*, il en est d'autres que la situation des lieux entraîne aussi évidemment.

Tels sont, en certain cas, les clôtures et le bornage.

A la vérité, quelques auteurs, en ne considérant comme *servitude* que les devoirs susceptibles d'un exercice journalier, ou du moins périodique, ont pensé que ce qui avait trait aux actions que nous examinons, et notamment *au bornage*, n'était que la matière d'un règlement entre voisins.

Mais en mettant à l'écart toute dispute de mots, si le bornage est un devoir réciproque de tout propriétaire rural envers son voisin qui le réclame, cette règle se place naturellement ici.

J'ai parlé des servitudes qui dérivent de la situation des lieux; je passe à celles qui sont établies par la loi.

Des servitudes établies par la loi.

Je dirai peu de choses des servitudes qui sont, en certain cas, établies pour l'utilité publique ou communale.

Un chemin est-il à faire, un édifice public est-il à construire: la propiété particulière cède, moyennant indemnité, au besoin général.

Ce principe, exprimé déjà au *titre de la propriété*, n'est rappelé ici que pour le complément du tableau.

Mais cette espèce de servitude, qui, planant sur tous les fonds, en atteint par intervalles quelques-uns, et en absorbe plusieurs, peut n'être considérée que comme *accidentelle*, et, malgré son importance, ne tenir ici qu'une place secondaire.

C'est sous ce point de vue que notre projet la considère; il n'en parle que transitoirement, et s'occupe spécialement des servitudes qui de leur nature se rattachant à l'état *habituel* des propriétés particulières entre elles, ont leurs effets réglés par la loi indépendamment de la volonté particulière, et nonobstant toute opposition dont l'un voudrait user envers l'autre.

Cette classe de servitudes se subdivise elle-même en un fort grand nombre d'espèces : *la mitoyenneté des murs*; *la distance requise pour certaines constructions, ou le contre-mur*; *les vues sur la propriété du voisin*; *l'égout des toits et le droit de passage.*

Peu de mots sur chacune de ces servitudes suffiront pour faire connaître l'organisation qui leur est propre.

L'une des plus importantes, sans doute, est la *mitoyenneté des murs*, dont nos principales coutumes se sont occupées avec beaucoup d'étendue.

Le droit romain a bien aussi quelques textes relatifs *au mur commun*; mais cette source n'était en cette occasion, ni la plus féconde, ni la meilleure; car les maisons de Rome, bâties sans contiguité entre elles (ainsi que nous l'apprennent les lois mêmes de ce peuple, où elles sont ordinairement désignées sous le nom d'*isles* (*insulæ*), ne pouvaient donner lieu entre voisins aux mêmes difficultés que chez nous, où du moins ces difficultés devaient y être bien rares.

Les nombreuses dispositions de nos coutumes sur le *mur mitoyen*, nées de nos besoins, et de la forme même de nos habitations, nous offraient un guide plus sûr et plus adapté à notre situation.

Le projet les a donc suivies, et les a puisées sur-tout dans la coutume de Paris avec laquelle la plupart des autres s'accordent, et qui même est devenue en plusieurs points la base de la jurisprudence des pays de droit écrit.

Une assez grave divergence pourtant existait entre quelques parties du territoire français, et notamment entre les pays coutumiers et ceux de droit écrit, non sur les effets de la mitoyenneté une fois acquise, mais sur le mode même de l'acquérir.

Dans une partie de la République, la *mitoyenneté* ne s'acquérait et ne s'acquiert encore aujourd'hui que par le concours de deux volontés : il ne suffit pas que l'une des parties veuille l'acquérir, il faut que l'autre y consente : c'est un contrat ordinaire ; et si le voisin refuse, à quelque prix que ce soit, de donner part à son mur, celui qui désire la mitoyenneté est tenu d'y renoncer, et de bâtir sur son fonds un mur, qui lui reste en totalité.

Dans beaucoup d'autres contrées, et notamment dans le vaste ressort de la coutume de Paris, suivie sur ce point par un grand nombre d'autres, l'acquisition de la mitoyenneté s'opère par la disposition de la loi, et sous la seule obligation de rembourser la moitié de la valeur du mur et du sol.

Cette règle est celle que nous avons suivie, comme la seule propre à prévenir des refus dictés par l'humeur ou le caprice, souvent contre l'intérêt même de celui à qui la mitoyenneté est demandée, et toujours contre les devoirs du bon voisinage.

Ainsi, la mitoyenneté des murs est justement classée parmi les servitudes *légales* ; autrement elle eût appartenu aux servitudes *conventionnelles*.

Je ne parlerai point de la manière dont le projet règle les effets et les droits de la mitoyenneté *des murs*, ainsi que les caractères auxquels devra se reconnaître la mitoyenneté *des fossés et des haies*.

En établissant à ce sujet un droit commun, on l'a fondé sur nos habitudes et sur les usages reçus le plus universellement.

Mais la conciliation des usages a été jugée impossible, lorsqu'il a été question *des plantations limitrophes*, ou du moins il n'a pas été permis de les assujettir à une mesure commune et uniforme.

Les principes généraux, déduits de la seule équité, indiquent suffisamment sans doute, que le droit de tout propriétaire cesse là où commencerait un préjudice pour son voisin ; mais cette primitive donnée, commune à toutes les parties du territoire, n'écarte point la difficulté que nous venons d'indiquer. En effet, à quelle distance de l'héritage voisin sera-t-il permis de planter des arbres de haute tige, ou autres? Sera-ce à un ou deux mètres pour les premiers, à un demi-mètre pour les seconds? et la fixation précise d'une distance quelconque, est-elle compatible avec la variété des cultures et du sol sur un territoire aussi étendu que celui de la République?

Pour ne rien retrancher du légitime exercice de la propriété, mais pour ne pas blesser non plus les droits du voisinage, il a donc fallu se borner à n'indiquer sur ce point, et par voie de disposition générale, une distance commune, qu'en l'absence de règlemens et usages locaux.

Il n'a pas été moins nécessaire de renvoyer à ces règlemens et usages, tout ce qui se rapporte aux *contre-murs*, ou, à défaut de contre-murs, aux distances prescrites pour certaines constructions que l'on voudrait faire près d'un mur voisin, mitoyen ou non.

En effet, la loi ne saurait prescrire l'emploi de tels ou tels matériaux qui n'existent pas également par-tout: ici se trouve la pierre de taille, là il n'y a que de la brique, et pourtant ces élémens sont la vraie, l'unique mesure des obligations ultérieures; car mon voisin, s'il veut construire une cheminée, une forge ou un fourneau, ne peut néanmoins mettre ma propriété en danger, et elle y sera, selon qu'il emploiera tels matériaux au lieu de tels autres, ou que, selon la nature de mes constructions, il en rapprochera plus ou moins les siennes.

Il a donc fallu encore s'en rapporter sur ce point aux règlemens et usages locaux, et renoncer par nécessité au bénéfice de l'uniformité dans une matière qui ne la comportait pas.

Au surplus, cet obstacle n'existe pas pour les autres servitudes légales que nous avons encore à examiner; savoir, *les vues, l'égout, et le droit de passage.*

Les servitudes de *vues* ou *jours* tiennent un rang assez important dans cette matière.

On ne peut, en mur mitoyen, prendre des *vues* ou *jours* sur son voisin, autrement que par convention expresse: c'est une règle qui n'a jamais été contestée. Mais il s'agit plus spécialement ici de déterminer jusqu'à quel point l'exercice de la propriété peut être gêné, même *en mur propre*; et c'est sous ce rapport que l'incapacité d'ouvrir des *vues* ou des *jours* sur son voisin, peut et doit être considérée comme une sevitude établie par la loi.

Ainsi l'on ne peut, même dans son propre mur, s'il est immédiatement contigu à l'héritage d'autrui, pratiquer des ouvertures ou prendre des jours sur le propriétaire voisin, que sous les conditions que la loi impose.

Cette modification du droit de propriété n'a pas besoin d'être justifiée; l'ordre public ne permet pas, qu'en usant de sa propriété, on puisse alarmer les autres sur la leur.

C'est dans ces vues que le projet indique les hauteurs auxquelles les fenêtres doivent être posées au-dessus du sol ou du plancher, avec les distinctions propres au rez-de-chaussée et aux étages supérieurs.

Quelques voix avaient, sur ce point, réclamé des modifications pour les habitations champêtres; mais une mesure commune et modérément établie, a semblé devoir régir indistinctement les habitations des campagnes, comme celles des villes, parce que l'ordre public veille également pour les unes et pour les autres.

Un article du projet traite de l'*égoût des toits*, et dispose que tout propriétaire doit établir ses toits, de manière que les eaux pluviales s'écoulent sur son terrein ou sur la voie publique, sans qu'il puisse les faire verser sur le fonds de son voisin.

Dira-t-on que cette disposition établit plus exactement un devoir qu'une servitude, parce qu'on n'exerce pas de servitude sus son propre fonds? mais l'usage de sa propre chose, limité dans l'intérêt de celle d'autrui, est aussi une servitude légale; et d'ailleurs la cohérence de cette disposition avec les précédentes, ne permettait pas de la placer ailleurs.

Enfin le projet traite du *droit de passage*, dû au propriétaire d'un fonds enclavé et sans issue.

Cette servitude dérive tout-à-la-fois, et de la nécessité, et de la loi ; car l'intérêt général ne permet pas qu'il y ait des fonds mis hors du domaine des hommes, et frappés d'inertie, ou condamnés à l'inculture, parce qu'il faudra, pour y arriver, traverser l'héritage d'autrui.

Seulement, en ce cas, le propriétaire qui fournit le passage, doit être indemnisé, et celui qui le prend doit en user de la manière qui portera le moins de dommage à l'autre.

Citoyens Législateurs, je viens d'indiquer rapidement les diverses espèces de *servitudes légales* comprises au chapitre II du projet de loi.

De cette dénomination *servitudes légales* ou *établies par la loi*, il ne faut pas au surplus conclure qu'il ne puisse y être apporté des dérogations ou modifications par la volonté de l'homme, mais seulement qu'elles agissent, en l'absence de toute convention, par la nature des choses et l'autorité de la loi.

Je passe à la troisième classe des *servitudes*, dont traite le projet de loi.

Des servitudes établies par le fait de l'homme.

On appelle ainsi toutes servitudes qui dérivent, ou d'une *convention* formelle, ou d'une *possession* suffisante pour faire présumer un accord, ou de la *destination du père de famille.*

La destination du père de famille équivaut à titre, quand il est prouvé que deux fonds actuellement divisés, ont appartenu à la même personne, et que c'est par elle que les choses ont été mises en l'état d'où résulte la servitude.

Les servitudes conventionnelles imposées sur la propriété, n'ont pour limites nécessaires, que le point où elles deviendraient contraires à l'ordre public.

Quelle qu'en soit la cause, elles sont, par l'objet auquel elles s'attachent, *urbaines* ou *rurales*, *continues* ou *discontinues*, *apparentes* ou *non apparentes*.

Notre projet explique cette triple distinction ; mais je porterai spécialement votre attention sur les deux dernières, et sur la différence qui, existant entre les servitudes *continues* et *apparentes*, et les servitudes *discontinues* et non *apparentes*, exige qu'à défaut de titres, les unes soient mieux traitées que les autres.

Ainsi, les servitudes continues et apparentes, pourront s'acquérir par une possession trentenaire; car des actes journaliers et patens, exercés pendant si long-temps sans aucune réclamation, ont un caractère propre à faire présumer le consentement du propriétaire voisin : le titre même a pu se perdre, mais la possession reste, et ses effets ne sauraient être écartés sans injustice.

Il n'en est pas de même à l'égard des servitudes continues, non apparentes, et des servitudes discontinues, apparentes ou non.

Dans ce dernier cas, rien n'assure, rien ne peut même faire légalement présumer que le propriétaire voisin ait eu une suffisante connaissance d'actes souvent fort équivoques, et dont la preuve est dès-lors inadmissible.

La preuve de la possession trentenaire sera donc recevable dans la première espèce; mais nulle preuve de possession, *même immémoriale*, ne sera admise dans la seconde.

Cette décision, conforme à la justice et favorable à la propriété, est l'une des plus importantes du projet, et mérite d'autant plus d'attention, qu'elle n'était pas universellement admise dans le dernier état de la jurisprudence.

Nulle part on n'avait pu méconnaître la différence essentielle qui existe entre ces diverses espèces de servitudes; mais tout ce qui en était résulté dans quelques ressorts, c'est qu'au lieu de la possession trentenaire, on exigeait, à défaut de titres, la possession *immémoriale* pour l'acquisition des servitudes discontinues.

De graves auteurs, et notamment *Dumoulin*, avaient adopté cette opinion : mais qu'est-ce qu'une possession *immémoriale* pouvait ajouter ici, et quelle confiance pouvait mériter, au-delà de trente ans, les mêmes faits, les mêmes actes que l'on avouait être équivoques, et non concluans pendant cette première et longue série d'années?.....

En rejettant cette possession immémoriale, notre projet a donc fait une chose, qui, bonne en soi, s'accordera aussi avec les vues générales de notre nouvelle législation en matière de prescription; la plus longue doit être limitée à trente ans, et les actes qui ne prescrivent point par ce laps de temps, peuvent bien être considérés comme de nature à ne prescrire jamais.

Il me reste peu de choses à dire sur le surplus du projet. Il traite des droits et devoirs respectifs des propriétaires d'héritages, dont l'un doit une servitude à l'autre; et les règles, prises à ce sujet dans l'équité et l'usage, ne pouvaient présenter ni embarras ni incertitude.

Rien d'ardu ni de grave, ne s'offrait d'ailleurs dans la partie du travail qui exprime comment s'éteignent les servitudes établies par le fait de l'homme.

Le non-usage pendant trente ans, qui en fait présumer l'abandon ou la remise, et la réunion dans les mains mêmes du fonds qui doit la servitude, et de celui à qui elle est due : telles sont les causes d'extinction, auxquelles il peut s'en joindre accidentellement une troisième, lorsque le fonds qui doit la servitude n'est plus en état de la fournir.

Au surplus, le but essentiel de toute la partie du projet relative aux servitudes qui s'établissent par le fait de l'homme, a été de les protéger, mais de les circonscrire dans les limites précises de leur établissement : ainsi le voulait la faveur due à la liberté des héritages, et à la franchise des propriétés.

Citoyens Législateurs, j'ai parcouru, et plutôt indiqué que discuté, tous les points du projet de loi relatif aux servitudes ou services fonciers.

Sa sagesse n'échappera point à vos lumières.

Vous n'y trouverez que peu de dispositions nouvelles, et vous remarquerez dans toutes ses parties, la circonspection avec laquelle, en faisant disparaître quelques nuances entre divers usages, on a néanmoins respecté les habitudes générales, et même quelquefois les habitudes locales, quand des motifs supérieurs en ont imposé le devoir.

Sous tous les rapports qui viennent d'être examinés, le Gouvernement a pensé que ce projet de loi obtiendrait de vous la sanction qui lui est nécessaire, pour occuper dans le Code civil la place qui l'y attend.

Suit le texte de la loi.

TITRE IV.

Des Servitudes ou Services fonciers.

Décrété le 10 Pluviose an XII. Promulgué le 20 du même mois.

Article 637. — Une servitude est une charge imposée sur un héritage pour l'usage et l'utilité d'un héritage appartenant à un autre propriétaire.

Art. 638. — La servitude n'établit aucune prééminence d'un héritage sur l'autre.

Art. 639. — Elle dérive ou de la situation naturelle des lieux, ou des obligations imposées par la loi, ou des conventions entre les propriétaires.

CHAPITRE

CHAPITRE PREMIER.

Des servitudes qui dérivent de la situation des lieux.

Article 640. — Les fonds inférieurs sont assujettis envers ceux qui sont plus élevés, à recevoir les eaux qui en découlent naturellement sans que la main de l'homme y ait contribué.

Le propriétaire inférieur ne peut point élever de digue qui empêche cet écoulement.

Le propriétaire supérieur ne peut rien faire qui aggrave la servitude du fonds inférieur.

Art. 641. — Celui qui a une source dans son fonds, peut en user à sa volonté, sauf le droit que le propriétaire du fonds inférieur pourrait avoir acquis par titre ou par prescription.

Art. 642. — La prescription, dans ce cas, ne peut s'acquérir que par une jouissance non interrompue pendant l'espace de trente années, à compter du moment où le propriétaire du fonds inférieur a fait et terminé des ouvrages apparens destinés à faciliter la chute et le cours de l'eau dans sa propriété.

Art. 643. — Le propriétaire de la source ne peut en changer le cours lorsqu'il fournit aux habitans d'une commune, village ou hameau, l'eau qui leur est nécessaire: mais si les habitans n'en ont pas acquis ou prescrit l'usage, le propriétaire peut réclamer une indemnité, laquelle est réglée par experts.

Art. 644. — Celui dont la propriété borde une eau courante, autre que celle qui est déclarée dépendance du domaine public par l'art. 538, au titre *de la Distinction des biens*, peut s'en servir à son passage pour l'irrigation de ses propriétés.

Celui dont cette eau traverse l'héritage, peut même en user dans l'intervalle qu'elle y parcourt, mais à la charge de la rendre, à la sortie de ses fonds, à son cours ordinaire.

Art. 645. — S'il s'élève une contestation entre les propriétaires auxquels ces eaux peuvent être utiles, les tribunaux, en prononçant, doivent concilier l'intérêt de l'agriculture avec le respect dû à la propriété ; et dans tous les cas, les réglemens particuliers et locaux sur le cours et l'usage des eaux doivent être observés.

Art. 646. — Tout propriétaire peut obliger son voisin au bornage de leurs propriétés contiguës. Le bornage se fait à frais communs.

Art. 647. — Tout propriétaire peut clorre son héritage, sauf l'exception portée en l'article 682.

Art. 648. — Le propriétaire qui veut se clorre, perd son droit au parcours et vaine pâture, en proportion du terrain qu'il y soustrait.

CHAPITRE II.

Des servitudes établies par la loi.

Article 649. — Les servitudes établies par la loi ont pour objet l'utilité publique ou communale, ou l'utilité des particuliers.

Art. 650. — Celles établies pour l'utilité publique ou communale ont pour objet le marchepied le long des rivières navigables ou flottables, la construction ou réparation des chemins et autres ouvrages publics ou communaux.

Tout ce qui concerne cette espèce de servitude, est déterminé par des lois ou des réglemens particuliers.

Art. 651. — La loi assujettit les propriétaires à différentes obligations l'un à l'égard de l'autre, indépendamment de toute convention.

Art. 652. — Partie de ces obligations est réglée par les lois sur la police rurale;

Les autres sont relatives au mur et au fossé mitoyens, au cas où il y a lieu à contre-mur, aux vues sur la propriété du voisin, à l'égout des toits, au droit de passage.

SECTION PREMIÈRE.

Du mur et du fossé mitoyens.

Article 653. — Dans les villes et les campagnes, tout mur servant de séparation entre bâtimens jusqu'à l'héberge, ou entre cours et jardins, et même entre enclos dans les champs, est présumé mitoyen, s'il n'y a titre ou marque du contraire.

Art. 654. — Il y a marque de non-mitoyenneté lorsque la sommité du mur est droite et à plomb de son parement, d'un côté, et présente de l'autre un plan incliné;

Lors encore qu'il n'y a que d'un côté ou un chaperon ou des filets et corbeaux de pierre qui y auraient été mis en bâtissant le mur.

Dans ces cas, le mur est censé appartenir exclusivement au propriétaire du côté duquel sont l'égout ou les corbeaux et filets de pierre.

Art. 655. — La réparation et la reconstruction du mur mitoyen sont à la charge de tous ceux qui y ont droit, et proportionnellement au droit de chacun.

Art. 656. — Cependant tout copropriétaire d'un mur mitoyen peut se dispenser de contribuer aux réparations et reconstructions en abandonnant le droit de mitoyenneté, pourvu que le mur mitoyen ne soutienne pas un bâtiment qui lui appartienne.

Art. 657. — Tout copropriétaire peut faire bâtir contre un mur mitoyen, et y faire placer des poutres ou solives dans toute l'épaisseur du mur, à cinquante-quatre millimètres [deux pouces] près, sans préjudice du droit qu'a le voisin de faire réduire à l'ébauchoir la poutre jusqu'à la moitié du mur, dans le cas où il voudrait lui-même asseoir des poutres dans le même lieu, ou y adosser une cheminée.

Art. 658. — Tout copropriétaire peut faire exhausser le mur mitoyen ; mais il doit payer seul la dépense de l'exhaussement, les réparations d'entretien au-dessus de la hauteur de la clôture commune, et en outre l'indemnité de la charge en raison de l'exhaussement et suivant la valeur.

Art. 659. — Si le mur mitoyen n'est pas en état de supporter l'exhaussement, celui qui veut l'exhausser doit le faire reconstruire en entier à ses frais, et l'excédant d'épaisseur doit se prendre de son côté.

Art. 660. — Le voisin qui n'a pas contribué à l'exhaussement, peut en acquérir la mitoyenneté en payant la moitié de la dépense qu'il a coûté, et la valeur de la moitié du sol fourni pour l'excédant d'épaisseur, s'il y en a.

Art. 661. — Tout propriétaire joignant un mur, a de même la faculté de le rendre mitoyen en tout ou en partie, en remboursant au maître du mur la moitié de sa valeur, ou la moitié de la valeur de la portion qu'il veut rendre mitoyenne, et moitié de la valeur du sol sur lequel le mur est bâti.

Art. 662. — L'un des voisins ne peut pratiquer dans le corps d'un mur mitoyen aucun enfoncement, ni y appliquer ou appuyer aucun ouvrage sans le consentement de l'autre, ou sans avoir, à son refus, fait régler par experts les moyens nécessaires pour que le nouvel ouvrage ne soit pas nuisible aux droits de l'autre.

Art. 663. — Chacun peut contraindre son voisin, dans les villes et faubourgs, à contribuer aux constructions et réparations de la clôture faisant séparation de leurs maisons, cours et jardins assis èsdites villes et faubourgs: la hauteur de la clôture sera fixée suivant les réglemens particuliers ou les usages constans et reconnus; et, à défaut d'usages et de réglemens, tout mur de séparation entre voisins, qui sera construit ou rétabli à l'avenir, doit avoir au moins trente-deux décimètres [dix pieds] de hauteur, compris le chaperon, dans les villes de cinquante mille ames et au-dessus, et vingt-six décimètres [huit pieds] dans les autres.

Art. 664. — Lorsque les différens étages d'une maison appartiennent à divers propriétaires, si les titres de propriété ne règlent pas le mode de réparations et reconstructions, elles doivent être faites ainsi qu'il suit:

Les gros murs et le toit sont à la charge de tous les propriétaires, chacun en proportion de la valeur de l'étage qui lui appartient.

Le propriétaire de chaque étage fait le plancher sur lequel il marche;

Le propriétaire du premier étage fait l'escalier qui y conduit; le propriétaire du second étage fait, à partir du premier, l'escalier qui conduit chez lui; et ainsi de suite.

Art. 665. — Lorsqu'on reconstruit un mur mitoyen ou une maison, les servitudes actives et passives se continuent à l'égard du nouveau mur ou de la nouvelle maison, sans toutefois qu'elles puissent être aggravées, et pourvu que la reconstruction se fasse avant que la prescription soit acquise.

Art. 666. — Tous fossés entre deux héritages sont présumés mitoyens s'il n'y a titre ou marque du contraire.

Art. 667. — Il y a marque de non-mitoyenneté lorsque la levée ou le rejet de la terre se trouve d'un côté seulement du fossé.

Art. 668. — Le fossé est censé appartenir exclusivement à celui du côté duquel le rejet se trouve.

Art. 669. — Le fossé mitoyen doit être entretenu à frais communs.

Art. 670. — Toute haie qui sépare des héritages est réputée mitoyenne, à moins qu'il n'y ait qu'un seul des héritages en état de clôture, ou s'il n'y a titre ou possession suffisante au contraire.

Art. 671. — Il n'est permis de planter des arbres de haute tige qu'à la distance prescrite par les réglemens particuliers actuellement existans, ou par les usages constans et reconnus; et, à défaut de réglemens et usages, qu'à la distance de deux mètres de la ligne séparative des deux héritages pour les arbres à haute tige, et à la distance d'un demi-mètre pour les autres arbres et haies vives.

Art. 672. — Le voisin peut exiger que les arbres et haies plantés à une moindre distance soient arrachés.

Celui sur la propriété duquel avancent les branches des arbres du voisin, peut contraindre celui-ci à couper ces branches.

Si ce sont les racines qui avancent sur son héritage, il a droit de les y couper lui-même.

Art. 673. — Les arbres qui se trouvent dans la haie mitoyenne, sont mitoyens comme la haie ; et chacun des deux propriétaires a droit de requérir qu'ils soient abattus.

SECTION II.

De la distance et des ouvrages intermédiaires requis pour certaines constructions.

Article 674. — Celui qui fait creuser un puits ou une fosse d'aisance près d'un mur mitoyen ou non ;

Celui qui veut y construire cheminée ou âtre, forge, four ou fourneau,

Y adosser une étable,

Ou établir contre ce mur un magasin de sel ou amas de matières corrosives,

Est obligé à laisser la distance prescrite par les réglemens et usages particuliers sur ces objets, ou à faire les ouvrages prescrits par les mêmes réglemens et usages, pour éviter de nuire au voisin.

SECTION III.

Des vues sur la propriété de son voisin.

Article 675. — L'un des voisins ne peut, sans le consentement de l'autre, pratiquer dans le mur mitoyen aucune fenêtre ou ouverture, en quelque manière que ce soit, même à verre dormant.

Art. 676. — Le propriétaire d'un mur non mitoyen, joignant immédiatement l'héritage d'autrui, peut pratiquer dans ce mur des jours ou fenêtres à fer maillé et verre dormant.

Ces fenêtres doivent être garnies d'un treillis de fer, dont les mailles auront un décimètre (environ trois pouces huit lignes] d'ouverture au plus, et d'un châssis à verre dormant.

Art. 677. — Ces fenêtres ou jours ne peuvent être établis qu'à vingt-six décimètres [huit pieds] au-dessus du plancher ou sol de la chambre qu'on veut éclairer, si c'est à rez-de-chaussée, et à dix-neuf décimètres [six pieds] au-dessus du plancher pour les étages supérieurs.

Art. 678. — On ne peut avoir des vues droites ou fenêtres d'aspect, ni balcons ou autres semblables saillies sur l'héritage clos ou non clos de son voisin, s'il n'y a dix-neuf décimètres [six pieds] de distance entre le mur où on les pratique et ledit héritage.

Art. 679. — On ne peut avoir des vues par côté ou obliques sur le même héritage, s'il n'y a six décimètres [deux pieds] de distance.

Art. 680. — La distance dont il est parlé dans les deux articles précédens, se compte depuis le parement extérieur du mur où l'ouverture se fait, et, s'il y a balcons ou autres semblables saillies, depuis leur ligne extérieure jusqu'à la ligne de séparation des deux propriétés.

SECTION IV.

De l'égout des toits.

Article 681. — Tout propriétaire doit établir des toits de manière que les eaux pluviales s'écoulent sur son terrain ou sur la voie publique; il ne peut les faire verser sur le fonds de son voisin.

SECTION V.

Du droit de passage.

Article 682. — Le propriétaire dont les fonds sont enclavés et qui n'a aucune issue sur la voie publique, peut réclamer un passage sur les fonds de ses voisins pour l'exploitation de son héritage, à la charge d'une indemnité proportionnée au dommage qu'il peut occasionner.

Art. 683. — Le passage doit régulièrement être pris du côté où le trajet est le plus court du fonds enclavé à la voie publique.

Art. 684. — Néanmoins il doit être fixé dans l'endroit le moins dommageable à celui sur le fonds duquel il est accordé.

Art. 685. — L'action en indemnité, dans le cas prévu par l'article 682, est prescriptible; et le passage doit être continué, quoique l'action en indemnité ne soit plus recevable.

CHAPITRE III.

Des servitudes établies par le fait de l'homme.

SECTION PREMIÈRE.

Des diverses espèces de servitudes qui peuvent être établies sur les biens.

Article 686. — Il est permis aux propriétaires d'établir sur leurs propriétés ou en faveur de leurs propriétés telles servitudes que bon leur semble, pourvu néanmoins que les services établis ne soient imposés ni à la personne, ni en faveur de la personne, mais seulement à un fonds et pour un fonds, et pourvu que ces services n'aient d'ailleurs rien de contraire à l'ordre public.

L'usage et l'étendue des servitudes ainsi établies se règlent par le titre qui les constitue; à défaut de titre, par les règles ci-après.

Art. 687. — Les servitudes sont établies ou pour l'usage des bâtimens, ou pour celui des fonds de terre.

Celles de la première espèce s'appellent *urbaines*, soit que les bâtimens auxquels elles sont dues soient situés à la ville ou à la campagne;

Celles de la seconde espèce se nomment *rurales*.

Art. 688. — Les servitudes sont ou continues, ou discontinues.

Les servitudes continues sont celles dont l'usage est ou peut être continuel sans avoir besoin du fait actuel de l'homme : tels sont, les conduites d'eau, les égouts, les vues, et autres de cette espèce.

Les servitudes discontinues sont celles qui ont besoin du fait actuel de l'homme pour être exercées : tels sont les droits de passage, puisage, pacage et autres semblables.

Art. 689. — Les servitudes sont apparentes, ou non apparentes.

Les servitudes apparentes sont celles qui s'annoncent par des ouvrages extérieurs, tels qu'une porte, une nêtre, un acqueduc.

Les servitudes non apparentes sont celles qui n'ont pas de signe extérieur de leur existence, comme, par exemple, la prohibition de bâtir sur un fonds, ou de ne bâtir qu'à une hauteur déterminée.

SECTION II.

Comment s'établissent les servitudes.

Article 690. — Les servitudes continues et apparentes s'acquièrent par titre, ou par la possession de trente ans.

Art. 691. — Les servitudes continues non apparentes et les servitudes discontinues, apparentes ou non apparentes, ne peuvent s'établir que par titres.

La possession même immémoriale ne suffit pas pour les établir ; sans cependant qu'on puisse attaquer aujourd'hui les servitudes de cette nature déjà acquises par la possession, dans les pays où elles pouvaient s'acquérir de cette manière.

Art. 692. — La destination du père de famille vaut tre à l'égard des servitudes continues et apparentes.

Art. 693. — Il n'y a destination du père de famille que lorsqu'il est prouvé que les deux fonds actuellement divisés ont appartenu au même propriétaire, et que c'est par lui que les choses ont été mises dans l'état duquel résulte la servitude.

Art. 694. — Si le propriétaire de deux héritages entre lesquels il existe un signe apparent de servitude dispose de l'un des héritages sans que le contrat contienne aucune convention relative à la servitude, elle continue d'exister activement ou passivement en faveur du fonds aliéné ou sur le fonds aliéné.

Art. 695. — Le titre constitutif de la servitude, à l'égard de celles qui ne peuvent s'acquérir par la prescription, ne peut être remplacé que par un titre récognitif de la servitude, et émané du propriétaire du fonds asservi.

Art. 696. — Quand on établit une servitude, on est censé accorder tout ce qui est nécessaire pour en user.

Ainsi la servitude de puiser de l'eau à la fontaine d'autrui, emporte nécessairement le droit de passage.

SECTION III.

Des droits du propriétaire du fonds auquel la servitude est due.

Article 697. — Celui auquel est due une servitude, a droit de faire tous les ouvrages nécessaires pour en user et pour la conserver.

Art. 698. — Ces ouvrages sont à ses frais, et non à ceux du propriétaire du fonds assujetti, à moins que le titre d'établissement de la servitude ne dise le contraire.

Art. 699. — Dans le cas même où le propriétaire du fonds assujetti est chargé par le titre de faire à ses frais les ouvrages nécessaires pour l'usage ou la conservation de la servitude, il peut toujours s'affranchir de la charge, en abandonnant le fonds assujetti au propriétaire du fonds auquel la servitude est due.

Art. 700. — Si l'héritage pour lequel la servitude a été établie vient à être divisé, la servitude reste due pour chaque portion, sans néanmoins que la condition du fonds assujetti soit aggravée.

Ainsi, par exemple, s'il s'agit d'un droit de passage, tous les copropriétaires seront obligés de l'exercer par le même endroit.

Art. 701. — Le propriétaire du fonds débiteur de la servitude ne peut rien faire qui tende à en diminuer l'usage ou à le rendre plus incommode.

Ainsi, il ne peut changer l'état des lieux, ni transporter l'exercice de la servitude dans un endroit différent de celui où elle a été primitivement assignée.

Mais cependant, si cette assignation primitive était devenue plus onéreuse au propriétaire du fonds assujetti, ou si elle l'empêchait d'y faire des réparations avantageuses, il pourrait offrir au propriétaire de l'autre fonds un endroit aussi commode pour l'exercice de ses droits, et celui-ci ne pourrait pas le refuser.

Art. 702. — De son côté, celui qui a un droit de servitude, ne peut en user que suivant son titre, sans pouvoir faire ni dans le fonds qui doit la servitude, ni dans le fonds à qui elle est due, de changement qui aggrave la condition du premier.

SECTION IV.

Comment les servitudes s'éteignent.

Article 703. — Les servitudes cessent lorsque les choses se trouvent en tel état qu'on ne peut plus en user.

Art. 704. — Elles revivent si les choses sont rétablies de manière qu'on puisse en user; à moins qu'il ne se soit déjà écoulé un espace de temps suffisant pour faire présumer l'extinction de la servitude, ainsi qu'il est dit à l'article 707.

Art. 705. — Toute servitude est éteinte lorsque le fonds à qui elle est due et celui qui la doit sont réunis dans la même main.

Art. 706. — La servitude est éteinte par le non-usage pendant trente ans.

Art. 707. — Les trente ans commencent à courir selon les diverses espèces de servitudes, ou du jour où l'on a cessé d'en jouir, lorsqu'il s'agit de servitudes discontinues, ou du jour où il a été fait un acte contraire à la servitude, lorsqu'il s'agit de servitudes continues.

Art. 708. — Le mode de la servitude peut se prescrire comme la servitude même, et de la même manière.

Art. 709. — Si l'héritage en faveur duquel la servitude est établie, appartient à plusieurs par indivis, la jouissance de l'un empêche la prescription à l'égard de tous.

Art. 710. — Si parmi les copropriétaires il s'en trouve un contre lequel la prescription n'ait pu courir, comme un mineur, il aura conservé le droit de tous les autres.

FIN DU SECOND LIVRE.

Art. [illegible] — Si l'héritage [illegible] est [illegible] appartient à plusieurs [illegible] de [illegible] la prescription [illegible]

Art. [illegible] — Si parmi les copropriétaires il s'en trouve un contre lequel la prescription [illegible] comme un mineur, il aura [illegible]

www.ingramcontent.com/pod-product-compliance
Lightning Source LLC
Chambersburg PA
CBHW061001220326
41599CB00023B/3789
9782012167476